今注本二十四史

三國志

晉 陳壽 撰　宋 裴松之 注
楊耀坤 揭克倫 校注

七　　魏書〔七〕

中國社會科學出版社

三國志 卷二七

魏書二十七

徐胡二王傳第二十七

　　徐邈字景山，燕國薊人也。[1]太祖平河朔，[2]召爲丞相軍謀掾，[3]試守奉高令，[4]入爲東曹議令史。[5]魏國初建，爲尚書郎。[6]時科禁酒，而邈私飲至於沈醉。校事趙達問以曹事，[7]邈曰："中聖人。"[8]達白之太祖，[9]太祖甚怒。度遼將軍鮮于輔進曰：[10]"平日醉客謂酒清者爲聖人，[11]濁者爲賢人，[12]邈性脩慎，偶醉言耳。"竟坐得免刑。後領隴西太守，[13]轉爲南安。[14]文帝踐阼，歷譙相，[15]（平陽）〔陽平〕、安平太守，[16]潁川典農中郎將，[17]所在著稱，賜爵關內侯。[18]車駕幸許昌，[19]問邈曰："頗復中聖人不？"邈對曰："昔子反斃於穀陽，[20]御叔罰於飲酒，[21]臣嗜同二子，不能自懲，時復中之。然宿瘤以醜見傳，[22]而臣以醉見識。"帝大笑，顧左右曰："名不虛立。"遷撫軍大將軍軍師。[23]

明帝以涼州絕遠，[24]南接蜀寇，以邈爲涼州刺史，使持節、領護羌校尉。[25]至，值諸葛亮出祁山，[26]隴右三郡反，[27]邈輒遣參軍及金城太守等擊南安賊，[28]破之。河右少雨，[29]常苦乏穀，邈上脩武威、酒泉鹽池以收虜穀，[30]又廣開水田，募貧民佃之，家家豐足，倉庫盈溢。乃支度州界軍用之餘，[31]以市金帛犬馬，通供中國之費。以漸收斂民間私仗，[32]藏之府庫。然後率以仁義，立學明訓，禁厚葬，斷淫祀，進善黜惡，風化大行，百姓歸心焉。西域流通，[33]荒戎入貢，皆邈勳也。討叛羌柯吾有功，封都亭侯，[34]邑三百戶，加建威將軍。[35]邈與羌、胡從事，不問小過；若犯大罪，先告部帥，使知，應死者乃斬以徇，是以信服畏威。賞賜皆散與將士，無入家者，妻子衣食不充；天子聞而嘉之，隨時供給其家。彈邪繩枉，州界肅清。

正始元年，[36]還爲大司農。[37]遷爲司隸校尉，[38]百寮敬憚之。公事去官。後爲光祿大夫，[39]數歲即拜司空，[40]邈歎曰："三公論道之官，無其人則缺，豈可以老病忝之哉？"遂固辭不受。嘉平元年，[41]年七十八，以大夫薨于家，用公禮葬，諡曰穆侯。子武嗣。六年，朝廷追思清節之士，詔曰："夫顯賢表德，聖王所重；舉善而教，仲尼所美。故司空徐邈、征東將軍胡質、衛尉田豫皆服職前朝，[42]歷事四世，[43]出統戎馬，入贊庶政，忠清在公，憂國忘私，不營產業，身沒之後，家無餘財，朕甚嘉之。其賜邈等家穀二千斛，錢三十萬，布告天下。"邈同郡韓觀曼游，有鑒識器幹，與邈齊名，而在孫禮、盧毓先，爲豫州刺史，[44]甚有治功，卒官。〔一〕盧欽著書，稱逸曰："徐公志高行絜，才博氣猛。其施之也，高而不狷，絜而不介，博而守約，猛而能寬。聖人以清爲難，而徐公之所易也。"或問欽："徐公當武帝之時，人以爲通，自在涼州及還京師，人以爲介，何也？"欽答曰："往者毛孝先、崔季珪等用事，[45]貴清素之士，于時皆變易車服以求名高，而徐公不改其常，故人以爲通。比來天下奢靡，轉相倣效，而徐公雅尚自若，不與俗同，故前日之通，乃今日之介也。是世人之無常，而徐公之有常也"。

〔一〕《魏名臣奏》載黃門侍郎杜恕表，稱："韓觀、王昶，信有兼才，高官重任，不但三州。"

［1］燕國：王國名。治所薊縣，在今北京城西南。
［2］河朔：泛指黃河中下游地區，主要指冀、并、青三州之地。
［3］丞相軍謀掾：官名。丞相府之僚屬，主參謀軍政。
［4］試守：試任。爲漢代官吏任用制度之一，一般以一年爲期，稱職者即授其實職。　奉高：縣名。治所在今山東泰安市東。
［5］東曹議令史：官名。此指丞相東曹議令史。即丞相府東曹之屬吏。東曹主二千石長吏遷除及軍吏。
［6］尚書郎：官名。東漢之制，取孝廉之有才能者入尚書臺，初入臺稱守尚書郎中，滿一年稱尚書郎，三年稱侍郎，統稱尚書郎。曹魏襲之，而分曹有異。曹魏有殿中、吏部、駕部、度支等二十五郎，秩皆四百石，第六品，主作文書起草。
［7］校事：官名。建安中曹操置，以身邊地位較低之親信充

任，負責監察百官及吏民，直接隸屬於曹操，威權甚大。曹魏沿置，亦稱撫軍校事。

[8] 中（zhòng）聖人：醉酒之隱語。當時曹操禁酒甚嚴，人們諱言酒字，稱清酒爲聖人，濁酒爲賢人。

[9] 白之：趙幼文《校箋》謂《文選集注》袁彥伯《三國名臣贊》引《鈔》"白"下無"之"字。《太平御覽》卷八四六引同。

[10] 度遼將軍：官名。東漢安帝後常置，秩二千石，與使匈奴中郎將、護羌校尉、護烏丸校尉等同掌西北邊防及匈奴、鮮卑、烏丸、西羌諸部事。漢末，曾分置左、右度遼將軍。曹魏沿置，亦稱渡遼將軍。第三品。

[11] 酒清者：趙幼文《校箋》謂《文選集注》引《鈔》無"者"字，《太平御覽》卷四九七引同。

[12] 濁者：趙幼文《校箋》謂《太平御覽》引"者"字作"酒"。

[13] 隴西：郡名。治所原在狄道縣（今甘肅臨洮縣），漢安帝永初五年（111）徙治所於襄武縣，在今甘肅隴西縣東南。

[14] 南安：郡名。治所獂（huán）道，在今甘肅隴西縣東南渭水東岸。

[15] 譙：王國名。治所譙縣，在今安徽亳州市。　相：官名。王國相，由朝廷直接委派，執掌王國行政大權，相當於郡太守。

[16] 陽平：各本皆作"平陽"。錢大昕云："案《晉志》平陽郡魏少帝置。據此傳，則文帝時已有此郡矣。或云'平陽'當爲'陽平'。"（《廿二史考異》卷一五）盧弼《集解》亦云："按《齊王芳紀》正始八年'分河東之汾北十縣爲平陽郡'，不應黃初時即有平陽太守。《文紀》黃初二年'以魏郡東部爲陽平郡'，錢說或爲陽平郡近是。"錢、盧之說正確。今據《文帝紀》改。陽平郡治所館陶縣，在今河北館陶縣。　安平：郡名。治所信都縣，在今河北冀縣。

[17] 潁川：郡名。治所陽翟縣，在今河南禹州市。　典農中郎將：官名。建安初曹操設置的屯田官。曹操施行民屯制度，在郡國設置典農中郎將（秩二千石）或典農校尉（秩比二千石），管理該屯田區的農業生産、民政和田租，地位相當於郡太守，但直屬中央大司農。

　　[18] 關内侯：爵名。漢制二十級爵之第十九級，次於列侯，祇有封户收取租税而無封地。魏文帝定爵制爲十等，關内侯在亭侯下，仍爲虚封，無食邑。

　　[19] 許昌：縣名。治所在今河南許昌縣東。

　　[20] 子反：春秋楚臣。　穀陽：又作"穀陽豎""豎穀陽""豎陽穀"。子反之侍從。《史記》卷四〇《楚世家》："共王十六年（前575），晉伐鄭。鄭告急，共王救鄭。與晉兵戰鄢陵，晉敗楚，射中共王目。共王召將軍子反。子反嗜酒，從者豎陽穀進酒，醉。王怒，射殺子反，遂罷兵歸。"《左傳·成公十六年》則謂子反自殺而死。

　　[21] 御叔：春秋魯大夫。魯襄公二十二年（前551），派臧武仲出使晉國。因遇雨，臧武仲就去看望御叔。御叔正在其采邑（御邑在今山東鄆城縣東），將飲酒，見到臧武仲，出言不遜。魯執政穆叔（即叔孫豹）得知後，説御叔："不稱己意就傲慢使者，是國之蠹蟲。"下令增其采邑賦税一倍，以爲懲罰。（見《左傳·襄公二十二年》）

　　[22] 宿瘤：人名。戰國時齊國之醜女。劉向《列女傳》卷六："宿瘤女者，齊東郭采桑之女，閔王之后也。項有大瘤，故號宿瘤。"

　　[23] 軍師：官名。魏大司馬、大將軍、三公、諸征鎮將軍府等皆置軍師，主管軍務，第五品。

　　[24] 涼州：魏涼州刺史治所姑臧，在今甘肅武威市。

　　[25] 使持節：漢末、三國，皇帝授予出征或出鎮之軍事長官的一種權力。至晉代，此種權力明確爲可誅殺二千石以下官員。若

皇帝派遣大臣執行出巡或祭吊等事務時，加使持節，則表示權力和尊崇。　護羌校尉：官名。東漢章帝以後常置，秩比二千石，多以邊郡太守、都尉轉任。除監護内附羌人各部落外，亦常將羌兵協同作戰，戍衛邊塞。魏、晉沿置。

［26］祁山：山名。在今甘肅禮縣東。

［27］隴右：地區名。指隴山以西之地。約當今甘肅隴山、六盤山以西和黃河以東一帶。

［28］參軍：官名。此爲護羌校尉臨時所置參軍，主參謀軍務。
　金城：郡名。曹魏時治所在榆中縣，在今甘肅榆中縣西北黃河南岸。

［29］河右：地區名。亦稱河西。指黃河上游以西之地，即今甘肅河西走廊一帶。

［30］武威：郡名。治所武威縣，在今甘肅武威市。　酒泉：郡名。治所福禄縣，在今甘肅酒泉市。

［31］支度：趙一清《注補》謂《晉書・食貨志》作"度支"。按，作"支度"亦通，即計算、籌算之意。如《周書》卷三三《王悦傳》："時懸兵深入，悦支度路程，勒其部伍。"

［32］仗：百衲本作"杖"，殿本、盧弼《集解》本、校點本作"仗"。今從殿本等。仗，弓、劍、矛、戟等兵器之總稱。

［33］西域：地區名。指玉門關（今甘肅敦煌市西北）以西葱嶺以東之廣大地區。

［34］都亭侯：爵名。位在鄉侯下，食禄於都亭。都亭，城郭附近之亭。

［35］建威將軍：官名。西漢末新莽時置，爲領兵將領。東漢、魏、晉沿置。魏、晉爲四品。

［36］正始：魏少帝齊王曹芳年號（240—249）。

［37］大司農：官名。秩中二千石，第三品。掌國家的財政收支及諸郡縣管理屯田之典農官。

［38］司隸校尉：官名。秩比二千石，第三品。掌糾察京師百

官違法者，並治所轄各郡，相當於州刺史。

［39］光禄大夫：官名。秩比二千石，第三品，位次三公。無定員，無固定職守，相當於顧問。諸公告老及在朝重臣加此銜以示優重。

［40］司空：官名。曹魏後期仍與太尉、司徒並爲三公，爲名譽宰相，無實際職掌，多爲大臣加官。第一品。

［41］嘉平：魏少帝齊王曹芳年號（249—254）。

［42］征東將軍：官名。秩二千石，第二品。黃初中位次三公，資深者爲大將軍。　衛尉：官名。秩中二千石，第三品，掌宮門及宮中警衛。（本洪飴孫《三國職官表》）　服職：百衲本作"服質"，殿本、盧弼《集解》本、校點本作"服職"。今從殿本等。

［43］四世：指武帝曹操、文帝曹丕、明帝曹叡、齊王曹芳。

［44］豫州：魏明帝時刺史治所在項縣（在今河南沈丘縣），齊王芳正始末移治所於安成縣，在今河南正陽縣東北南汝河西南岸。

［45］毛孝先：毛玠字孝先。　崔季珪：崔琰字季珪。

胡質字文德，楚國壽春人也。[1]少與蔣濟、朱績俱知名於江、淮間，仕州郡。蔣濟爲別駕，[2]使見太祖。太祖問曰："胡通達，長者也，寧有子孫不？"濟曰："有子曰質，規模大略不及於父，至於精良綜事過之。"〔一〕太祖即召質爲頓丘令。[3]縣民郭政通於從妹，殺其夫程他，郡吏馮諒繫獄爲證。政與妹皆耐掠隱抵，諒不勝痛，自誣，當反其罪。質至官，察其情色，更詳其事，檢驗具服。

〔一〕案《胡氏譜》：[4]通達名敏，以方正徵。[5]

[1] 楚國：王國名。治所壽春縣，在今安徽壽縣。

[2] 別駕：官名。別駕從事史的簡稱，爲州牧刺史之主要屬吏，州牧刺史巡行各地時，別乘傳車從行，故名別駕。

[3] 頓丘：縣名。治所在今河南清豐縣西南。

[4] 胡氏譜：《隋書·經籍志》《舊唐書·經籍志》《新唐書·藝文志》，皆不著録。

[5] 方正：漢代選舉人才科目之一，多與賢良並稱爲賢良方正。

入爲丞相東曹議令史，州請爲治中。[1]將軍張遼與其護軍武周有隙。[2]遼見刺史温恢求請質，[3]質辭以疾。遼出謂質曰：[4]"僕委意於君，何以相辜如此？"質曰："古人之交也，取多知其不貪，奔北知其不怯，[5]聞流言而不信，故可終也。武伯南身爲雅士，往者將軍稱之不容於口，今以睚眦之恨，[6]乃成嫌隙。[7]睚，五賣反。眦，士賣反。況質才薄，豈能終好？是以不願也。"遼感言，[8]復與周平。〔一〕

〔一〕虞預《晋書》曰：周字伯南，沛國竹邑人。[9]位至光禄大夫。子陔，字元夏。陔及二弟韶、茂，皆總角見稱，[10]並有器望，雖鄉人諸父，未能覺其多少。時同郡劉公榮，[11]名知人，嘗造周。周謂曰："卿有知人之明，欲使三兒見卿，卿爲目高下，以效郭、許之聽，可乎？"[12]公榮乃自詣陔兄弟，與共言語，觀其舉動。出語周曰："君三子皆國士也。元夏器量最優，有輔佐之風，展力仕宦，可爲亞公。[13]叔夏、季夏，不減常伯、納言也。"[14]陔少出仕宦，歷職内外，泰始初爲吏部尚書，[15]遷左僕射、右光禄大夫、開府儀同三司，[16]卒於官。陔以在魏已爲大臣，本非佐命之數，懷遜讓，[17]不得已而居位，故在官職，無所荷任，夙夜思恭而已。終始全潔，當世以爲美談。詔歷二（官）〔宮〕吏部郎。[18]《山濤啓事》稱詔清白有誠，終於散騎常侍。[19]茂至侍中、尚書。[20]潁川荀愷，宣帝外孫，[21]世祖姑子，[22]自負貴戚，要與茂交。茂拒而不答，[23]由是見怨。元康元年，[24]楊駿被誅，[25]愷時爲尚書僕射，以茂駿之姨弟，陷爲駿黨，遂枉見殺。衆咸冤痛之。

[1] 治中：即治中從事。官名。州牧刺史的主要屬吏，居中治事，主衆曹文書。

[2] 護軍：官名。此爲軍中監督官。

[3] 見刺史溫恢求請質：趙幼文《校箋》謂《太平御覽》卷四一〇引"見"字作"就"，"請"字作"交"。

[4] 謂質：趙幼文《校箋》謂《太平御覽》引"謂"字作"遇"。

[5] 奔北：失敗。

[6] 睚（yá）眦（zì）之恨：極小之怨恨。

[7] 乃成：趙幼文《校箋》謂《太平御覽》卷四一〇引"乃"字作"反"。

[8] 遼感言：趙幼文《校箋》謂《太平御覽》引"感"下有"其"字。

[9] 沛國：王國名。治所相縣，在今安徽濉溪縣西北。　竹邑：縣名。治所在今安徽宿縣北符離集。

[10] 總角：指童年。古代兒童束髮爲兩結，向上分開，形如角，稱總角。

[11] 劉公榮：劉旭字公榮，魏末曾爲兗州刺史。（見《晉書》卷四三《王戎傳》）

[12] 郭：指郭泰。字林宗，漢末太原界休（今山西介休縣東

南）人。善於鑒別評論人物。《後漢書》卷六八《郭太傳》説他"性明知人，好獎訓士類"；又説"其獎拔士人，皆如所鑒"。許：指許劭。字子將，漢末汝南平輿（今河南平輿縣北）人。亦善於品評人物。《後漢書》卷六八《許劭傳》説他"好人倫，多所賞識"；又説他與其兄靖"俱有高名，好共覈論鄉黨人物，每月輒更其品題，故汝南俗有'月旦評'焉"。

[13] 亞公：位次三公之官。

[14] 常伯：秦漢以後常爲侍中之別稱。　納言：東漢以來爲尚書之別稱。

[15] 泰始：晋武帝司馬炎年號（265—274）。　吏部尚書：官名。爲尚書省吏部曹長官，主管官吏銓選考課等，第三品，位居列曹尚書之上。

[16] 左僕射（yè）：官名。即尚書左僕射。魏晋時，尚書省次官爲尚書僕射，秩六百石，第三品。或單置，或並置左、右。左、右並置時，左僕射居右僕射上。輔助尚書令執行政務，參議大政，諫諍得失，監察糾彈百官，可封還詔旨，常受命主管官吏選舉。　右光禄大夫：官名。西晋時無職掌，假金章紫綬，禄賜、班位、冠幘、車服、佩玉、置吏卒及諸所賜予與特進同。第二品。開府儀同三司：官名。曹魏始置，爲大臣加號，意謂與三司（太尉、司徒、司空）禮制、待遇相同，許開設府署，自辟僚屬。兩晋因之。

[17] 懷遜讓：趙幼文《校箋》謂郝經《續後漢書》"懷"上有"必"字。

[18] 二宫：各本皆作"二官"。陳景雲《辨誤》謂"二官"當作"二宫"，《晋書》卷四五《武陔傳》即謂武韶歷官吏部郎、太子右衛率，是爲二宫。陳説有理，今從改。

[19] 散騎常侍：官名。曹魏初始置，西晋沿置，位比侍中，秩比二千石，第三品。爲門下重職，散騎省長官。職掌侍從皇帝左右，諫諍得失，應對顧問，與侍中等共平尚書奏事，有異議得駁

奏。亦常爲宰相、諸公等加官，得入宮禁議政。

[20] 侍中：官名。曹魏時，第三品，爲門下侍中寺長官。職掌門下衆事，侍從左右，顧問應對，拾遺補闕，與散騎常侍、黃門侍郎等共平尚書奏事。晉尚置，爲門下省長官。　尚書：官名。西晉初，置吏部、三公、客曹、駕部、屯田、度支六曹尚書，秩皆六百石，第三品。其中吏部職要任重，徑稱吏部尚書，其餘諸曹均稱尚書。

[21] 宣帝：西晉建立後追尊司馬懿爲宣帝。

[22] 世祖：晉武帝司馬炎之廟號。

[23] 拒而不答：百衲本無"而"字，殿本、盧弼《集解》本、校點本皆有。今從殿本等。

[24] 元康：晉惠帝司馬衷年號（291—299）。

[25] 楊駿：西晉初弘農華陰（今陝西華陰市東南）人。其女爲晉武帝皇后，任車騎將軍。晉惠帝即位後，爲太傅、大都督，總攬朝政。被賈后所殺。（見《晉書》卷四〇《楊駿傳》）

太祖辟爲丞相屬。[1]黃初中，[2]徙吏部郎，[3]爲常山太守，[4]遷任東莞。[5]士盧顯爲人所殺，[6]質曰："此士無讎而有少妻，所以死乎！"悉見其比居年少，書吏李若見問而色動，[7]遂窮詰情狀。若即自首，罪人斯得。每軍功賞賜，皆散之於衆，無入家者。在郡九年，吏民便安，將士用命。

遷荆州刺史，[8]加振威將軍，[9]賜爵關內侯。吳大將朱然圍樊城，[10]質輕軍赴之。議者皆以爲賊盛不可迫，質曰："樊城卑下，兵少，故當進軍爲之外援；不然，危矣。"遂勒兵臨圍，城中乃安。遷征東將軍，[11]假節都督青、徐諸軍事。[12]廣農積穀，有兼年之儲，置東征臺，且佃且守。又通渠諸郡，利舟楫，嚴設備以待敵。海邊無事。

性沉實內察，不以其節檢物，所在見思。嘉平二年薨，家無餘財，惟有賜衣書篋而已。軍師以聞，追進封陽陵亭侯，[13]邑百户，諡曰貞侯。子威嗣。六年，詔書襃述質清行，賜其家錢穀。語在《徐邈傳》。威，咸熙中官至徐州刺史，[一][14]有殊績，歷三郡守，所在有名。卒於安定。[15]

〔一〕《晋陽秋》曰：威字伯虎。少有志尚，厲操清白。質之爲荊州也，威自京都省之。家貧，無車馬童僕，威自驅驢單行，拜見父。停澗中十餘日，告歸。臨辭，質賜其絹一疋，[16]爲道路糧。威跪曰："大人清白，[17]不審於何得此絹？"質曰："是吾俸祿之餘，故以爲汝糧耳。"威受之，辭歸。每至客舍，自放驢，取樵炊爨，食畢，復隨旅進道，[18]往還如是。質帳下都督，[19]素不相識，先其將歸，請假還家，陰資裝百餘里要之，因與爲伴，每事佐助經營之，又少進飲食，行數百里。威疑之，密誘問，乃知其都督也，因取向所賜絹答謝而遣之。後因他信，[20]具以白質。質杖其都督一百，除吏名。[21]其父子清慎如此。於是名譽著聞，歷位宰牧。晋武帝賜見，論邊事，語及平生。帝歎其父清，謂威曰："卿清孰與父清？"威對曰："臣不如也。"帝曰："以何爲不如？"對曰："臣父清恐人知，臣清恐人不知，是臣不如者遠也。"官至前將軍、青州刺史。[22]太康元年卒，[23]追贈鎮東將軍。[24]威弟熊，[25]字季象，征南將軍；[26]威子奕，字次孫，平東將軍；[27]並以潔行垂名。

[1] 丞相屬：官名。丞相府之屬吏。丞相府設有諸曹，如東

曹、户曹、金曹、兵曹等等。掾爲曹長，屬爲副貳。

［2］黄初：魏文帝曹丕年號（220—226）。

［3］吏部郎：官名。即尚書吏部郎，屬吏部尚書，主管官吏選任銓叙調動事務，對五品以下官吏之任免有建議權。秩四百石，第六品。

［4］常山：郡名。魏晋時治所真定縣，在今河北正定縣南。趙幼文《校箋》謂《北堂書鈔》卷七六引"常"字作"泰"。按，《北堂書鈔》實作"常"。

［5］東莞：郡名。治所東莞縣，在今山東沂水縣東北。

［6］士：兵士。

［7］書吏：承辦官府文書案牘之吏員。

［8］荆州：曹魏前期刺史治所宛縣，在今河南南陽市。

［9］振威將軍：官名。東漢置，爲雜號將軍，統兵出征。魏、晋沿置，皆四品。

［10］樊城：城名。在襄陽縣北，與襄陽隔漢水相對，在今湖北襄陽市樊城區。

［11］征東將軍：下邳縣（今江蘇睢寧縣西北）城中的《胡質碑》作"鎮東將軍"。（參見袁維春《三國碑述》，北京工藝美術出版社1993年版）

［12］假節：漢末三國時期，皇帝賜予臣下之一種權力。至晋代，此種權力明確爲因軍事可殺犯軍令者。　都督：官名。魏文帝黄初中，置都督諸州軍事，或兼領刺史，或統領所督州之軍事，無固定品級，多帶將軍名號。晋代沿置。　青：州名。刺史治所臨淄縣，在今山東淄博市臨淄區。　徐：州名。刺史治所彭城縣，在今江蘇徐州市。　諸軍事：百衲本無"事"字，殿本、盧弼《集解》本、校點本皆有。今從殿本等。

［13］亭侯：爵名。漢制，列侯大者食縣、邑，小者食鄉、亭。東漢後期遂以食鄉、亭者稱爲鄉侯、亭侯。

［14］咸熙：魏元帝曹奂年號（264—265）。

［15］安定：郡名。治所臨涇縣，在今甘肅鎮原縣東南。

［16］其：校點本無"其"字，百衲本、殿本、盧弼《集解》本皆有。今從百衲本等。

［17］清白：趙幼文《校箋》謂《世説新語·德行篇》注引"白"字作"高"。《藝文類聚》卷五〇、卷八五，《太平御覽》卷二四五、卷五一八、卷八一七引"白"字俱作"高"。

［18］旅：通"侣"，伴侶。《詩·周頌·有客》："敦琢其旅。"馬瑞辰《傳箋通釋》："旅、吕亦雙聲。《漢志》：'吕，旅也。'又通作'侣'。"

［19］帳下都督：官名。曹魏時，開府將軍屬官有帳下督，第七品。又有帳下都督、帳下守督之名。

［20］信：傳送公文函件的人。

［21］杖其都督一百除吏名：趙幼文《校箋》謂《世説新語·德行篇》注引"杖"下無"其"字，"吏"上有"其"字。

［22］前將軍：官名。在漢代，與後、左、右將軍皆位如上卿，掌京師兵衛與邊防屯警。魏晉亦置，第三品。權位漸低，略高於一般雜號將軍，不典禁兵，不與朝政。

［23］太康：晉武帝司馬炎年號（280—289）。

［24］鎮東將軍：官名。位次四征將軍，領兵如征東將軍。西晉定爲第三品，若持節都督則進爲二品。

［25］羆：殿本、盧弼《集解》本作"熊"，百衲本、校點本作"羆"，《晉書》卷九〇《良吏胡威傳》亦作"羆"。今從百衲本等。

［26］征南將軍：官名。西晉定爲三品，若持節都督則進爲二品。一般多授持節都督，出鎮方面，地位顯要。

［27］平東將軍：官名。漢末建安初置。曹魏時，與平西、平南、平北將軍合稱四平將軍，權任頗重，多持節都督或監某一地區軍事，時或爲刺史等地方長官兼理軍務之加官，第三品。晉沿置。

王昶字文舒，太原晉陽人也。[一][1]少與同郡王淩俱知名。淩年長，昶兄事之。文帝在東宮，昶爲太子文學，[2]遷中庶子。[3]文帝踐阼，徙散騎侍郎，[4]爲洛陽典農。[5]時都畿樹木成林，昶斫開荒萊，[6]勤勸百姓，墾田特多。遷兗州刺史。[7]明帝即位，加揚烈將軍，[8]賜爵關內侯。昶雖在外任，心存朝廷，以爲魏承秦、漢之弊，法制苛碎，不大釐改國典以準先王之風，而望治化復興，不可得也。乃著《治論》，略依古制而合於時務者二十餘篇，又著《兵書》十餘篇，言奇正之用，[二]青龍中奏之。[9]

　　［一］案《王氏譜》：昶伯父柔，字叔優；父澤，字季道。《郭林宗傳》曰：叔優、季道幼少之時，聞林宗有知人之鑒，共往候之，請問才行所宜，以自處業。林宗笑曰："卿二人皆二千石才也。[10]雖然，叔優當以仕宦顯，季道宜以經術進，若違才易務，亦不至也。"叔優等從其言。叔優至北中郎將，[11]季道代郡太守。[12]

　　［二］《孫子兵法》曰：[13]兵以正合，[14]以奇勝；奇正還相生，若循環之無端。[15]

　　[1] 太原：郡名。治所晉陽縣，在今山西太原市西南古城營西古城。

　　[2] 太子文學：官名。曹魏置，太子屬官，亦稱太子文學掾，員數品秩不詳。

　　[3] 中庶子：即太子中庶子。官名。爲太子侍從，東漢時秩六百石，置五員，職如侍中，屬太子少傅。曹魏沿置。第五品。掌侍從、奏事、諫議等。

[4]散騎侍郎：官名。曹魏置，第五品。與散騎常侍、侍中、黃門侍郎等侍從皇帝左右，顧問應對，諫諍拾遺，共平尚書奏事。西晋沿置。

[5]典農：官名。此當爲洛陽典農中郎將，掌洛陽屯田區之農業生産、民政和田租，秩二千石，相當於郡太守，但直屬大司農。治所洛陽西南陽市邑，在今河南洛寧縣東北。

[6]荒萊：指荒地。《周禮·地官·縣師》："辨其夫家人民田萊之數。"鄭玄注："萊，休不耕者。"

[7]兗州：刺史治所廪邱縣，在今山東鄆城縣西北。

[8]揚烈將軍：官名。曹魏置，第五品。

[9]青龍：魏明帝曹叡年號（233—237）。

[10]二千石：指郡太守。

[11]北中郎將：官名。東漢靈帝時所置四中郎將之一，主率軍征伐。魏、晋沿置，多有較固定的轄區和治所。西晋時多鎮鄴。

[12]代郡：東漢治所高柳縣，在今山西陽高縣西北。曹魏移治所於代縣，在今河北蔚縣東北。

[13]孫子兵法：以下所引爲《孫子兵法·勢篇》之節録。

[14]正合：謂正兵合戰、交戰。曹操注："正者當敵，奇兵從旁擊不備也。"

[15]無端：殿本作"無窮"，百衲本、盧弼《集解》本、校點本、《孫子兵法·勢篇》均作"無端"。今從百衲本等。

其爲兄子及子作名字，皆依謙實，以見其意，故兄子默字處静，沈字處道，其子渾字玄冲，深字道冲。遂書戒之曰：

夫人爲子之道，[1]莫大於寶身全行，以顯父母。此三者人知其善，而或危身破家，陷于滅亡之禍者，何也？由所祖習非其道也。夫孝敬仁義，百行之首（行之）而立身之本也。[2]孝敬則宗族安之，仁義則鄉黨重之，此行成於內，名著于外者矣。人若不篤於至行，而背本逐末，以陷浮華焉，[3]以成朋黨焉；浮華則有虛偽之累，朋黨則有彼此之患。此二者之戒，昭然著明，而循覆車滋衆，逐末彌甚，皆由惑當時之譽，昧目前之利故也。夫富貴聲名，人情所樂，而君子或得而不處，何也？惡不由其道耳。患人知進而不知退，知欲而不知足，故有困辱之累，悔吝之咎。語曰："如不知足，[4]則失所欲。"故知足之足常足矣。覽往事之成敗，察將來之吉凶，未有干名要利，欲而不厭，而能保世持家，[5]永全福祿者也。欲使汝曹立身行己，[6]遵儒者之教，履道家之言，故以玄默沖虛為名，欲使汝曹顧名思義，不敢違越也。古者盤杆有銘，[7]几杖有誡，俯仰察焉，用無過行；況在己名，可不戒之哉！夫物速成則疾亡，晚就則善終。朝華之草，夕而零落；松柏之茂，隆寒不衰。是以大雅君子惡速成，戒闕黨也。[8]若范匄對秦客而武子擊之，[9]折其委笄，惡其掩人也。〔一〕夫人有善鮮不自伐，[10]有能者寡不自矜；伐則掩人，矜則陵人。掩人者人亦掩之，陵人者人亦陵之。故三郤為戮于晉，[11]王叔負罪於周，[12]不惟矜善自伐好爭之咎乎？故君子不自稱，非以讓人，惡其蓋人也。夫能屈以為伸，讓以為得，弱以為彊，鮮不遂矣。夫毀譽，愛惡之原而禍福之機也，是以聖人慎之。孔子曰：[13]"吾之於人，誰毀誰譽；如有所譽，必有所試。"又曰："子貢方人。[14]賜也賢乎哉，我則不暇。"以聖人之德，猶尚如此，況庸庸之徒而輕毀譽哉？

昔伏波將軍馬援戒其兄子，[15]言："聞人之惡，當如聞父母之名；耳可得而聞，口不可得而言也。"斯戒至矣。〔二〕人或毀己，當退而求之於身。若己有可毀之行，則彼言當矣；若己無可毀之行，則彼言妄矣。當則無怨于彼，妄則無害於身，又何反報焉？且聞人毀己而忿者，惡醜聲之加人也，[16]人報者滋甚，不如默而自脩己也。諺曰："救寒莫如重裘，止謗莫如自脩。"斯言信矣。若與是非之士，凶險之人，近猶不可，況與對校乎？其害深矣。夫虛偽之人，言不根道，行不顧言，其爲浮淺較可識別；而世人惑焉，猶不檢之以言行也。近濟陰魏諷、山陽曹偉皆以傾邪敗没，[17]熒惑當世，挾持姦慝，驅動後生。雖刑於鈇鉞，大爲烱戒，然所汙染，固以衆矣。可不慎與！〔三〕

若夫山林之士，夷、叔之倫，[18]甘長飢於首陽，[19]安赴火於縣山，[20]雖可以激貪勵俗，然聖人不可爲，吾亦不願也。今汝先人世有冠冕，惟仁義爲名，守慎爲稱，孝悌於閨門，務學於師友。吾與時人從事，雖出處不同，然各有所取。潁川郭伯益，好尚通達，敏而有知。其爲人弘曠不足，輕貴有餘；得其人重之如山，不得其人忽之如草。吾以所知親之昵之，不願兒子爲之。[四]北海徐偉長，[21]不治名高，不求苟得，澹然自守，惟道是務。其有所是非，則託古人以見其意，當時無所褒貶。吾敬之重之，願兒子師之。東平劉公幹，[22]博學有高才，誠節有大意，[23]然性行不均，少所拘忌，得失足以相補。吾愛之重之，不願兒子慕之。[五]樂安任昭先，[24]淳粹履道，内敏外恕，推遜恭讓，[25]處不避洿，怯而義勇，在朝忘身。吾友之善之，願兒子遵之。[六]若引而伸之，觸類而長之，汝其庶幾舉一隅耳。[26]及其用財先九族，[27]其施舍務周急，其出入存故老，其論議貴無貶，其進仕尚忠節，其取人務道實，[28]其處世戒驕淫，[29]其貧賤慎無戚，其進退念合宜，其行事加九思，[30]如此而已。吾復何憂哉？

〔一〕《國語》曰：范文子暮退於朝，[31]武子曰："何暮也？"對曰："有秦客廋辭于朝，[32]大夫莫之能對也，吾知三焉。"武子怒曰："大夫非不能也，讓父兄也。爾童子而三掩人於朝，吾不在晉國，[33]亡無日也。"[34]擊之以杖，折其委笄。[35]臣松之案：對秦客者，范燮也。此云范匄，蓋誤也。

〔二〕臣松之以爲援之此誡，可謂切至之言，不刊之訓也。凡道人過失，蓋謂居室之怨，人未之知，則由己而發者也。若乃行事，得失已暴于世，因其善惡，即以爲誡，方之于彼，則有愈焉。然援誡稱龍伯高之美，[36]言杜季良之惡，[37]致使事徹時主，季良以敗。言之傷人，孰大於此？與其所誡，自相違伐。

〔三〕《世語》曰：黃初中，孫權通章表。偉以白衣登江上，[38]與權交書求署，欲以交結京師，故誅之。

〔四〕伯益名奕，郭嘉之子。

〔五〕臣松之以爲文舒復擬則文淵，[39]顯言人之失。魏諷、曹偉，事陷惡逆，著以爲誡，差無可尤。至若郭伯益、劉公幹，雖其人皆往，善惡有定；然既友之於昔，[40]不宜復毀之於今，而乃形于翰墨，永傳後葉，於舊交則違久要之義，[41]於子孫則揚人前世之惡。於夫鄙懷，[42]深所不取。善乎東方之誡子也，[43]以首陽爲拙，[44]柳下爲工，[45]寄旨古人，無傷當時。方之馬、王，[46]不亦遠哉！

〔六〕昭先名嘏。《別傳》曰：[47]嘏，樂安博昌人。[48]世爲著姓，夙智性成，[49]故鄉人爲之語曰："蔣氏翁，任氏童。"父旐，[50]字子旟，以至行稱。漢末，黃巾賊起，天下饑荒，人民相食。寇到博昌，聞旐姓字，乃相謂曰："宿聞任子旟，天下賢人也。今雖作賊，那可入其鄉邪？"遂相帥而去。由是聲聞遠近，州郡並招舉孝廉，[51]歷酸棗、祝阿令。[52]嘏八歲喪母，號泣不絕聲，自然之哀，同於成人，故幼以至性見稱。年十四始學，疑不再問，三年中誦五經，皆究其義，兼包羣言，無不綜覽，於時學者號之神童。遂遇荒亂，家貧賣魚，會官稅魚，[53]魚貴數倍，[54]嘏取直如常。又與人共買生口，各雇八匹。後生口家來贖，時價直六十四。共買者欲隨時價取贖，嘏自取本價八匹。共買者慚，亦還取本價。比居者擅耕嘏地數十畝種之，人以語嘏，嘏曰："我自以借之耳。"耕者聞之，慚謝還地。及邑中爭訟，皆詣嘏質之，然後意厭。其子弟有不順者，父兄竊數之曰："汝所行，豈可令任君知邪！"其禮教所化，率皆如此。會太祖創業，召海內至德，嘏應其舉，爲臨菑侯庶子、相國東曹屬、尚書郎。[55]文帝時，爲黃門侍郎。[56]每納忠言，輒手書（懷）〔壞〕本，[57]自在禁省，歸書不封。帝嘉其淑慎，累遷東郡、趙郡、河東太守。[58]所在化行，有遺風餘教。嘏爲人淳粹愷悌，[59]虛己若不足，恭敬如有畏。其脩身履義，[60]皆沈默潛行，不顯其美，故時人少得稱之。著書三十八篇，[61]凡四萬餘言。嘏卒後，故吏東郡程咸、趙國劉固、河東上官崇等，[62]錄其事行及所著書奏之。詔下秘書，[63]以貫羣言。

[1] 夫人：百衲本"人"字作"子"，殿本、盧弼《集解》本、校點本皆作"人"。今從殿本等。

[2] 百行之首：各本"百行之首"下皆有"行之"二字。盧弼《集解》引姚範曰："'行之'二字疑衍。"吳金華《校詁》謂《金樓子》卷二、《群書治要》卷二六、《重廣會史》卷六五所引王昶此書均無"行之"二字。今據姚、吳之説刪。

[3] 浮華：謂標榜交結。

[4] 如不知足：趙幼文《校箋》謂《群書治要》卷二六引無"如"字。

[5] 保世：殿本"世"字作"身"，今從百衲本、盧弼《集解》本、校點本作"世"。

[6] 行己：趙幼文《校箋》謂《册府元龜》卷八一五（當作八一六）引"己"字作"道"。按，宋本《册府元龜》亦作"己"。

[7] 盤杅：亦作"盤盂"。皆盛物之青銅器，圓形者稱盤，方形者稱盂。古人常於其上銘刻文字。《戰國策·趙策一》："昔者，五國之王嘗合橫而謀伐趙，參分趙國壤地，著之盤盂。"

[8] 闕黨：地名。亦即闕里，孔子所居之地。在今山東曲阜市城內闕里街。《論語·憲問》："闕黨童子將命。或問之曰：'益者與？'子曰：'吾見其居於位也，見其與先生並行也。非求益者也，欲速成者也。'"

[9] 而：殿本、盧弼《集解》本作"至"，百衲本、校點本作"而"。今從百衲本等。

［10］伐：自我誇耀。

［11］三郤：指郤錡、郤犨、郤至，皆春秋晉國大夫。晉厲公奢侈，欲將不受寵信的大夫全部去掉。受厲公寵信的胥童、夷陽五、長魚矯皆與郤氏有怨仇，他們遂趁機慫恿厲公先除掉大族郤氏。郤錡、郤犨、郤至因而被殺。（見《左傳·成公十七年》）

［12］王叔：即王叔陳生。春秋時周王之卿士。周靈王九年（前563）王叔陳生與另一卿士伯輿爭奪執政權，周王贊助伯輿。王叔陳生怒而逃亡。晉悼公派士匄前去王廷調解糾紛，王叔陳生無理，遂逃到晉國。（見《左傳·襄公十一年》）

［13］孔子曰：此孔子語見《論語·衛靈公》。文字稍有不同。

［14］子貢方人：此語見《論語·憲問》，非孔子語。原文爲："子貢方人。子曰：'賜也賢乎哉？夫我則不暇。'"賜，子貢名。

［15］馬援：漢光武帝建武十七年（41）拜馬援爲伏波將軍。其《誡兄子書》見《後漢書》卷二四《馬援傳》。

［16］人：指自己。

［17］濟陰：郡名。治所定陶縣，在今山東定陶縣西北。　魏諷：事見本書卷一《武帝紀》建安二十四年及裴注引《世語》。山陽：郡名。治所昌邑縣，在今山東金鄉縣西北。

［18］夷叔：指伯夷、叔齊，殷末孤竹君之二子，因逃避君位往投周西伯。及至，西伯卒。武王伐紂，二人擋馬死諫。及武王滅紂建立周王朝，二人恥食周粟，餓死於首陽山上。（見《史記》卷六一《伯夷列傳》）

［19］首陽：山名。有二處，一在山西永濟縣西南，一在河南偃師縣西北。皆傳爲伯夷、叔齊所隱處。

［20］緜山：亦稱介休山，簡稱介山。在今山西介修縣東南。安赴火於緜山，指介之推事。春秋時，晉公子重耳（文公）流亡國外十九年，隨行人中有介之推。重耳回國爲君後，封賞隨行者而不及介之推，介之推遂逃入緜山中。晉文公得知後，欲加封賞，而介之推終不出山。事見《左傳·僖公二十四年》、《史記》卷三九

《晉世家》。劉向《新序·節士》尚云："文公待之不肯出，求之不能得，以謂焚其山宜出，及焚其山，遂不出而焚死。"

［21］北海：郡名。治所劇縣，在今山東昌樂縣西。　徐偉長：徐幹字偉長。見本書卷二一《王粲傳》及裴注引《先賢行狀》。

［22］東平：王國名。治所無鹽縣，在今山東東平縣東。　劉公幹：劉楨字公幹。見本書卷二一《王粲傳》及裴注引《文士傳》《典略》等。

［23］大意：盧弼《集解》本作"大義"，百衲本、殿本、校點本作"大意"。今從百衲本等。大意，大意志，大志。

［24］樂安：郡名。治所高苑縣，在今山東鄒平縣東北苑城鎮。

［25］恭讓：趙幼文《校箋》謂蕭常《續後漢書》"讓"字作"謙"。

［26］舉一隅：謂舉一反三，觸類旁通。《論語·述而》：子曰："不憤不啟，不悱不發。舉一隅不以三隅反，則不復也。"

［27］九族：此當指父族四、母族三、妻族二，共九族。

［28］道實：百衲本、校點本作"實道"，殿本、盧弼《集解》本作"道實"。趙幼文《校箋》謂《群書治要》卷二六、《冊府元龜》卷八一六引俱作"道實"。今從殿本等。

［29］處世：百衲本、殿本、盧弼《集解》本"世"字作"勢"，盧弼云："元本、馮本、監本'勢'作'世'。"校點本作"世"。趙幼文《校箋》謂《群書治要》引亦作"世"。今從校點本。

［30］九思：《論語·季氏》：孔子曰："君子有九思：視思明，聽思聰，色思溫，貌思恭，言思忠，事思敬，疑思問，忿思難，見得思義。"

［31］范文子：即范燮，范武子之子。此事見《國語·晉語五》。

［32］廋（sōu）辭：隱語。《方言》卷三："廋，隱也。"

［33］吾不在晉國：不是我在晉國。

［34］亡無日也：謂范爕早就遭殃了。

［35］委：指委貌冠，又稱玄冠，公卿諸侯行大射禮時所服，用皂色絹製成。　委笄（jī）：委貌冠上的簪子。

［36］龍伯高：與馬援同時人，時爲山都長。馬援在《誡兄子書》中稱贊他"敦厚周慎，口無擇言，謙約節儉，廉公有威"。因此龍伯高被提升爲零陵太守。（見《後漢書》卷二四《馬援傳》）

［37］杜季良：亦馬援同時人，時爲越騎校尉司馬。馬援在《誡兄子書》中説他"豪俠好義，憂人之憂，樂人之樂，清濁無所失"；又説"郡將下車輒切齒，州郡以爲言，吾常爲寒心，是以不願子孫效也"。後有人上書告杜季良，並引用馬援之言，季良因此被免職。（見《後漢書·馬援傳》）

［38］白衣：未做官之普通人。

［39］文淵：馬援字文淵。

［40］友：百衲本作"交"，殿本、盧弼《集解》本、校點本作"友"。今從殿本等。

［41］久要之義：《論語·憲問》孔子曰："久要不忘平生之言，亦可以爲成人矣。"何晏《集解》引孔安國曰："久要，舊約也。"

［42］於夫鄙懷：各本皆如此。殿本《考證》云："宋本作'於鄙夫懷'。"

［43］東方：指東方朔。《漢書》卷六五《東方朔傳贊》錄有東方朔誡子之言。

［44］首陽：指伯夷、叔齊。

［45］柳下：即柳下惠，春秋時魯國賢者。孟子稱贊他説："聞柳下惠之風者，薄夫敦，鄙夫寬。"（《孟子·盡心下》）

［46］馬王：即指馬援、王昶。

［47］別傳：沈家本《三國志注所引書目》謂《隋書·經籍志》《舊唐書·經籍志》與《新唐書·藝文志》皆不著錄《任嘏別傳》。

[48]博昌：縣名。治所在今山東博興縣東南。

[49]性成：殿本、盧弼《集解》本作"早成"，百衲本、校點本作"性成"。今從百衲本等。

[50]旐（zhào）：盧弼《集解》本作"旌"，百衲本、殿本、校點本作"旐"，以下皆同。今從百衲本等。

[51]孝廉：漢代選拔官吏的主要科目。孝指孝子，廉指廉潔之士。原本爲二科，後混同爲一科，也不再限於孝子和廉士。東漢後期定制爲不滿四十歲者不得察舉；被舉者先詣公府課試，以觀其能。郡國每年要向中央推舉一至二人。曹魏定爲郡國口滿十萬者舉孝廉一人，其有優異，不拘户口，並不限年齒，老幼皆可。

[52]酸棗：縣名。治所在今河南延津縣西南。　祝阿：縣名。治所在今山東歷城縣西南。

[53]税魚：趙幼文《校箋》謂《太平御覽》卷四〇三、卷四二六引"税"字作"發"。

[54]魚貴：趙幼文《校箋》謂《太平御覽》卷四二六引作"價貴"。

[55]臨菑侯：曹植。　庶子：官名。漢代列侯國之家臣，管理列侯家事務。魏、晉沿置，兼攝祠祭。王國則置世子庶子。　相國東曹屬：官名。建安十八年（213）魏國初建時置丞相，二十一年改稱相國。相國府置有諸曹掾、屬。東曹屬協助東曹掾典二千石長吏任免事務。不置掾時，即爲曹主。

[56]黃門侍郎：官名。即給事黃門侍郎，東漢時，秩六百石。掌侍從左右，給事禁中，關通中外。初無員數，漢獻帝定爲六員，與侍中出入禁中，近侍帷幄，省尚書奏事。三國沿置，魏定爲五品。

[57]手書壞本：各本作"手書懷本"。趙幼文《校箋》謂《太平御覽》卷二二六（當作二二一）、卷四三〇引"懷"字作"壞"。吳金華《〈三國志集解〉箋記》謂《初學記》卷十二"畫成圖，書壞本"條引《任嘏别傳》亦作"壞本"。今據趙、吳所

[58] 東郡：治所濮陽縣，在今河南濮陽縣西南。 趙郡：治所邯鄲縣，在今河北邯鄲市西南。 河東：郡名。治所安邑縣，在今山西夏縣西北禹王城。

[59] 愷悌：百衲本作"凱弟"，盧弼《集解》本作"凱悌"，殿本、校點本作"愷悌"。今從殿本等。愷悌，和樂平易。《左傳·僖公十二年》："《詩》曰：'愷悌君子，神所勞矣。'"杜預注："愷，樂也；悌，易也。"

[60] 脩身：趙幼文謂《初學記》卷一七"身"字作"德"。

[61] 三十八篇：《隋書·經籍志》子部道家類著錄《任子道論》十卷，河東太守任嘏撰。《舊唐書·經籍志》同。

[62] 趙國：即趙郡，魏明帝太和六年（232）封曹幹爲趙王，遂改爲國，治所移至房子縣，在今河北高邑縣西南。

[63] 秘書：官署名。秘書監爲其長官，下設秘書丞。掌藝文圖籍。

　　青龍四年，[1]詔"欲得有才智文章，謀慮淵深，料遠若近，視昧而察，籌不虛運，策弗徒發，端一小心，清脩密静，乾乾不解，[2]志尚在公者，無限年齒，勿拘貴賤，卿校已上各舉一人"。[3]太尉司馬宣王以昶應選。[4]正始中，轉在徐州，封武觀亭侯，遷征南將軍，[5]假節，都督荊、豫諸軍事。昶以爲國有常衆，戰無常勝；地有常險，守無常勢。今屯宛，[6]去襄陽三百餘里，[7]諸軍散屯，船在宣池，[8]有急不足相赴，乃表徙治新野，[9]習水軍于三州，[10]廣農墾殖，倉穀盈積。

　　嘉平初，太傅司馬宣王既誅曹爽，[11]乃奏博問大臣得失。昶陳治略五事：其一，欲崇道篤學，抑絕浮華，使國子入太學而脩庠序；其二，欲用考試，考試猶準繩也，未有舍準繩而意正曲直，廢黜陟而空論能否也；其三，欲令居官者久於其職，有治績則就增位賜爵；其四，欲約官實祿，[12]勵以廉恥，不使與百姓爭利；其五，欲絕侈靡，務崇節儉，令衣服有章，上下有敍，儲穀畜帛，反民於樸。詔書褒讚。因使撰百官考課事，[13]昶以爲唐虞雖有黜陟之文，而考課之法不垂；周制冢宰之職，[14]大計羣吏之治而誅賞，又無校比之制。由此言之，聖主明於任賢，略舉黜陟之體，以委達官之長，而總其統紀，故能否可得而知也。其大指如此。

二年，[15]昶奏："孫權流放良臣，適庶分爭，[16]可乘釁而制吳、蜀；白帝、夷陵之間，[17]黔、巫、秭歸、房陵皆在江北，[18]民夷與新城郡接，[19]可襲取也。"乃遣新城太守州泰襲巫、秭歸、房陵，荊州刺史王基詣夷陵，昶詣江陵，[20]兩岸引竹絚爲橋，[21]渡水擊之。賊奔南岸，鑿七道並來攻。於是昶使積弩同時俱發，[22]賊大將施績夜遁入江陵城，[23]追斬數百級。昶欲引致平地與合戰，乃先遣五軍案大道發還，使賊望見以喜之，以所獲鎧馬甲首，馳環城以怒之，[24]設伏兵以待之。績果追軍，與戰，克之。績遁走，斬其將鍾離茂、許旻，收其甲首旗鼓珍寶器仗，振旅而還。王基、州泰皆有功。於是遷昶征南大將軍，儀同三司，[25]進封京陵侯。[26]毌丘儉、文欽作亂，引兵拒儉、欽有功，封二子亭侯、關內侯，進位驃騎將軍。[27]諸葛誕反，昶據夾石以逼江陵，[28]持施績、全熙使不得東。[29]誕既誅，詔曰："昔孫臏佐趙，[30]直湊大梁。西兵驟進，亦所以成東征之勢也。"增邑千户，并前四千七百户，遷司空，持節、都督如故。甘露四年薨，[31]謚曰穆侯。子渾嗣，咸熙中爲越騎校尉。〔一〕[32]

〔一〕案《晋書》：渾自越騎入晋，累居方任，[33]平吴有功，封一子江陵侯，位至司徒。[34]渾子濟，字武子，有儁才令望，爲河南尹、太僕。[35]早卒，追贈驃騎將軍。渾弟深，冀州刺史。[36]深弟湛，字處冲，汝南太守。[37]湛子承，字安期，東海内史。[38]承子述，字懷祖，尚書令、衛將軍。[39]述子坦之，字文度，北中郎將，徐、兖二州刺史。昶諸子中，湛最有德譽，而承亦自爲名士，述及坦之並顯重於世，爲時盛門云。自湛已下，[40]事見《晋陽秋》也。

[1] 青龍四年：盧弼《集解》云："前已書'青龍中'，此'青龍'二字複。"

[2] 乾乾：自强不息的樣子。《易·乾卦》九三爻辭："君子終日乾乾，夕惕若厲，無咎。"孔穎達疏："言每恒終竟此日，健健自强，勉力不有止息。"　解：通"懈"。

[3] 卿校：泛指九卿與校尉。

[4] 太尉：官名。東漢時，與司徒、司空並爲三公，共同行使宰相職能，而位列三公之首，名位甚重，或與太傅並録尚書事，綜理全國軍政事務。曹魏前期基本如此。第一品。　司馬宣王：即司馬懿。

[5] 征南將軍：官名。曹魏定爲二品，位次三公。

[6] 宛：百衲本、殿本、盧弼《集解》本作"苑"。錢大昕《廿二史考異》、盧弼《集解》均謂"苑"當作"宛"。校點本正作

"宛"。今從校點本。

[7] 襄陽：縣名。治所在今湖北襄陽市襄州區。

[8] 宣池：梁章鉅《旁證》引沈欽韓曰："宣池當在襄陽，'宣'乃'宜'之誤。即宜城陂也。"

[9] 新野：縣名。治所在今河南新野縣。

[10] 三州：百衲本、校點本作"二州"，殿本、盧弼《集解》本作"三州"。今從殿本等。盧弼《集解》謂"三州"即"三州口"。"三州口"又作"三洲口"。趙一清《注補》引《讀史方輿紀要》卷七九云："白河在襄陽府東北十里，其入漢之處，名三洲口。"

[11] 太傅：官名。曹魏時爲上公，位在三公上，第一品。掌善導，無常職，不常設。

[12] 實祿：實數發俸祿。高堂隆説魏明帝時已是"將吏奉祿，稍見折減，方之於昔，五分居一"（本書卷二五《高堂隆傳》）。

[13] 百官考課事：《北堂書鈔》卷五三、《藝文類聚》卷四八引有王昶《考課事》，各載卿及尚書、侍中之考課各五條。

[14] 冢宰：周官名。亦稱太宰，居六卿之首，主管宫廷供御，參掌大政，總領百官及財賦之政。

[15] 二年：盧弼《集解》本作"三年"，百衲本、殿本、校點本作"二年"。今從百衲本等。

[16] 適：通"嫡"。孫權晚年，欲廢太子孫和，立少子孫亮。此事之前就有陸遜、吾粲、顧譚等人"數陳嫡庶之義，理不可奪"，後又有朱據、屈晃等諫止。孫權皆不聽，吾粲被下獄，顧譚流徙交州，"群司坐諫誅放者十數"。（見本書卷五九《孫和傳》）

[17] 白帝：城名。東漢初公孫述所築，在今重慶奉節縣東白帝山上。爲蜀漢防孫吴之重鎮。　夷陵：縣名。治所在今湖北宜昌市東南。

[18] 黔：謝鍾英《補三國疆域志補注》謂黔屬吴武陵郡，去

新城郡千餘里，"黔"衍文。按謝說有理，但尚無其他助證，暫保存"黔"字。黔即吳武陵郡黔陽縣，治所在今湖北沅陵縣西北。

巫：縣名。治所在今重慶巫山縣。　秭歸：縣名。治所在今湖北秭歸縣。　房陵：縣名。謝鍾英《補三國疆域志補注》云："房陵，吳縣。據《三國志》，在巫、秭歸江北。今歸州（即今秭歸縣）巫山之間江北濱江地，非魏新城郡之房陵也。"

[19] 新城郡：治所房陵縣，在今湖北房縣。

[20] 江陵：縣名。治所在今湖北江陵縣。

[21] 竹絚（gēng）：粗竹繩索。胡三省云："吳引沮、漳之水浸江陵以北之地以限魏兵，故昶爲橋以渡水。"（《通鑑》卷七五魏邵陵厲公嘉平二年注）按，胡氏所說"沮、漳之水"，即今湖北之沮水與漳水，沮水源出於湖北保康縣西南，漳水源出於湖北南漳縣西南。二水俱東南流，至兩河口二水相會，合爲沮漳河，再東南流，至江陵入長江。

[22] 積弩：連弩，連射之弩。

[23] 施績：即朱績。朱績父朱然本姓施，過繼與朱治爲子遂姓朱。此則稱其本姓。（見本書卷五六《朱然傳》）

[24] 城：指江陵城。

[25] 征南大將軍：官名。秩二千石，第二品，位次三公。儀同三司：官非三公，而授予儀制同於三公之待遇。

[26] 京陵：侯國名。治所在今山西平遙縣東北京陵村。

[27] 驃騎將軍：官名。東漢時位比三公，地位尊崇。魏、晉沿置，居諸名號將軍之首，僅作爲將軍名號，加授大臣、重要州郡長官，無具體職掌，二品。開府者位從公，一品。

[28] 夾石：地名。在今湖北遠安縣境。（本謝鍾英《補三國疆域志補注》）

[29] 持：牽制。《荀子·正名》："猶引繩以持曲直。"楊倞注："持，制也。"

[30] 孫臏：戰國齊國人，孫武之後代。曾與龐涓同學兵法，

才能超過龐涓，爲涓所忌。後龐涓爲魏惠王將軍，誑其至魏，處以臏刑（去膝蓋骨），故稱孫臏。後有齊使至魏，因密說齊使，得以秘密載回齊國。被齊威王任爲軍師。其後魏伐趙，趙求救於齊。齊威王使田忌爲將，臏爲師，率兵救趙。田忌欲引兵去趙，孫臏説："不若引兵疾走大梁，據其街路，衝其方虛，彼必釋趙而自救。是我一舉解趙之圍而收弊於魏也。"田忌聽從，魏果撤軍，與齊戰於桂陵（今河南長垣縣西北），魏軍大敗。（見《史記》卷六五《孫子列傳》）

［31］甘露：魏少帝高貴鄉公曹髦年號（256—260）。

［32］越騎校尉：官名。東漢時秩比二千石，掌宿衛兵。魏、晋沿置，四品。

［33］方任：一方之重任。指主管一方軍政之郡守、刺史。《晋書》卷四二《王渾傳》謂王渾入晋後爲徐州刺史、豫州刺史等。

［34］司徒：官名。兩晋時與丞相通職，一般不並置。爲名譽宰相，第一品。加録尚書事銜者爲真宰相。

［35］河南尹：官名。秩二千石。東漢建都洛陽，將京都附近二十一縣合爲一行政區，稱河南尹。相當於一郡；河南尹的長官亦稱河南尹，地區名與官名相同。魏、晋因之，第三品。　太僕：官名。秩中二千石，掌皇帝車馬，兼掌官府畜牧，東漢尚兼掌兵器製作、織綬等。魏、晋因之，第三品。

［36］冀州：西晋刺史治所房子縣，在今河北高邑縣西南。

［37］汝南：郡名。治所平興縣，在今河南平興縣北。

［38］東海：王國名。治所郯縣，在今山東郯城縣北。　内史：官名。即王國相，晋武帝太康十年（289）改稱内史，職仍如太守，掌民政。

［39］尚書令：官名。晋代仍爲尚書臺長官，第三品。已綜理朝廷政務，爲政務長官，參議大政，職如宰相。　衛將軍：官名。東漢時位次大將軍、驃騎將軍、車騎將軍，位亞三公。開府置官屬。魏、晋沿置，位在諸名號將軍之上，多作爲軍府名號，加授大

臣、重要州郡長官，無具體職掌，二品。開府者位從公，一品。

［40］自湛已下：亦見《晉書》卷七五《王湛傳》。

　　王基字伯輿，東萊曲城人也。[1]少孤，與叔父翁居。翁撫養甚篤，基亦以孝稱。年十七，郡召爲吏，非其好也，遂去，入琅邪界游學。[2]黄初中，察孝廉，除郎中。[3]是時青土初定，刺史王淩特表請基爲别駕，後召爲秘書郎，[4]淩復請還。頃之，司徒王朗辟基，[5]淩不遣。朗書劾州曰："凡家臣之良，[6]則升于公輔，[7]公臣之良，則入于王職，是故古者侯伯有貢士之禮。今州取宿衛之臣，留秘閣之吏，所希聞也。"淩猶不遣。淩流稱青土，蓋亦由基協和之輔也。[8]大將軍司馬宣王辟基，未至，擢爲中書侍郎。[9]

　　明帝盛脩宫室，百姓勞瘁。基上疏曰："臣聞古人以水喻民，曰'水所以載舟，[10]亦所以覆舟'。故在民上者，不可以不戒懼。夫民逸則慮易，苦則思難，是以先王居之以約儉，俾不至於生患。昔顔淵云東野子之御，[11]馬力盡矣而求進不已，是以知其將敗。今事役勞苦，男女離曠，願陛下深察東野之弊，留意舟水之喻，息奔駟於未盡，節力役於未困。昔漢有天下，至孝文時唯有同姓諸侯，而賈誼憂之曰：[12]'置火積薪之下而寢其上，因謂之安也。'今寇賊未殄，猛將擁兵，檢之則無以應敵，久之則難以遺後，當盛明之世，不務以除患，若子孫不競，社稷之憂也。使賈誼復起，必深切于曩時矣。"

　　散騎常侍王肅著諸經傳解及論定朝儀，改易鄭玄舊説，[13]而基據持玄義，常與抗衡。遷安平太守，公事去官。大將軍曹爽請爲從事中郎，[14]出爲安豐太守。[15]郡接吳寇，爲政清嚴有威惠，明設防備，敵不敢犯。加討寇將軍。[16]吳嘗大發衆集建業，[17]揚聲欲入攻揚州，[18]刺史諸葛誕使基策之。基曰："昔孫權再至合肥，[19]一至江夏，[20]其後全琮出廬江，[21]朱然寇襄陽，皆無功而還。今陸遜等已死，而權年老，内無賢嗣，中無謀主。權自出則懼内釁卒起，癰疽發潰；遣將則舊將已盡，新將未信。此不過欲補（定）〔定〕支黨，[22]還自保護耳。"後權竟不能出。時曹爽專柄，風化陵遲，基著《時要論》以切世事。[23]以疾徵還，起家爲河南尹，未拜，爽伏誅，基嘗爲爽官屬，隨例罷。

其年爲尚書，出爲荆州刺史，加揚烈將軍，[24]隨征南王昶擊吳。基别襲步協於夷陵，協閉門自守。基示以攻形，而實分兵取雄父邸閣，[25]收米三十餘萬斛，虜安北將軍譚正，[26]納降數千口。於是移其降民，置夷陵縣。[27]賜爵關内侯。基又表城上昶，[28]徙江夏治之，以偪夏口，[29]由是賊不敢輕越江。明制度，整軍農，兼脩學校，南方稱之。時朝廷議欲伐吳，詔基量進趣之宜。基對曰："夫兵動而無功，則威名折於外，財用窮於内，故必全而後用也。若不資通川聚糧水戰之備，則雖積兵江内，無必渡之勢矣。今江陵有沮、漳二水，溉灌膏腴之田以千數。安陸左右，[30]陂池沃衍。若水陸並農，以實軍資，然後引兵詣江陵、夷陵，分據夏口,順沮、漳,資水浮穀而下。賊知官兵有經久之勢,則拒天誅者意沮,而向王化者益固。然後率合蠻夷以攻其內,精卒勁兵以討其外,則夏口以上必拔,而江外之郡不守。[31]如此,吳、蜀之交絕,交絕而吳禽矣。不然,兵出之利,未可必矣。"於是遂止。

司馬景王新統政,[32]基書戒之曰:"天下至廣,萬機至猥,誠不可不矜矜業業,坐而待旦也。[33]夫志正則衆邪不生,心靜則衆事不躁,思慮審定則教令不煩,親用忠良則遠近協服。故知和遠在身,定衆在心。許允、傅嘏、袁侃、崔贊皆一時正士,[34]有直質而無流心,可與同政事者也。"景王納其言。

高貴鄉公即尊位,進封常樂亭侯。毌丘儉、文欽作亂,以基爲行監軍,[35]假節,統許昌軍,[36]適與景王會於許昌。景王曰:"君籌儉等何如?"基曰:"淮南之逆,[37]非吏民思亂也,儉等誑脅迫懼,畏目下之戮,是以尚羣聚耳。若大兵臨偪,必土崩瓦解,儉、欽之首,不終朝而縣於軍門矣。"景王曰:"善。"乃令基居軍前。議者咸以儉、欽慓悍,難與爭鋒。詔基停駐。基以爲:"儉等舉軍足以深入,而久不進者,是其詐偽已露,衆心疑沮也。今不張示威形以副民望,而停軍高壘,有似畏懦,非用兵之勢也。若或虜略民人,[38]又州郡兵家爲賊所得者,[39]更懷離心;儉等所迫脅者,自顧罪重,[40]不敢復還,此爲錯兵無用之地,[41]而成姦宄之源。吳寇因之,則淮南非國家之有,譙、沛、汝、豫危而不安,[42]此計之大失也。軍宜速進據南頓,[43]南頓有大邸閣,計足軍人四十日糧。保堅城,因積穀,先人有奪人之心,[44]此平賊之要也。"基屢請,乃聽進據濦水。[45]既至,復言曰:"兵聞拙速,未覩工遲之久。[46]方今外有彊寇,內有叛臣,若不時決,則事之深淺未可測也。議者多欲將軍持重。將軍持重是也,停軍不進非也。持重非不行之謂也,進而不可犯耳。今據堅城,保壁壘,以積實資虜,縣運軍糧,甚非計也。"景王欲須諸軍集到,猶尚未許。基曰:"將在軍,君令有所不受。[47]彼得則利,我得亦利,是謂爭城,[48]南頓是也。"遂輒進據南頓,儉等從項亦爭欲往,[49]發十餘里,聞基先到,復還保項。時兗州刺史鄧艾屯樂嘉,[50]儉使文欽將兵襲艾。基知其勢分,進兵偪項,儉衆遂敗。欽等已平,遷鎮南將軍,[51]都督豫州諸軍事,領豫州刺史,[52]進封安樂鄉侯。上疏求分戶二百,賜叔父子喬爵關內侯,以報叔父拊育之德。有詔特聽。

　　諸葛誕反,基以本官行鎮東將軍,[53]都督揚、豫諸軍事。時大軍在項,以賊兵精,詔基斂軍堅壘。基累啟求進討。會吳遣朱異來救誕,軍於安城。[54]基又被詔引諸軍轉據北山,[55]基謂諸將曰:"今圍壘轉固,兵馬向集,但當精脩守備以待越逸,而更移兵守險,使得放縱,雖有智者,不能善〔其〕後矣。"[56]遂守便宜上疏曰:"今與賊家對敵,[57]當不動如山。若遷移依險,人心搖蕩,於勢大損。[58]諸軍並據深溝高壘,衆心皆定,不可傾動,此御兵之要也。"書奏,報聽。[59]

大將軍司馬文王進屯丘頭,[60]分部圍守,各有所統。基督城東城南二十六軍,文王敕軍吏入鎮南部界,一不得有所遣。[61]城中食盡,晝夜攻壘,基輒拒擊,破之。壽春既拔,文王與基書曰:"初議者云云,求移者甚衆,[62]時未臨履,[63]亦謂宜然。將軍深算利害,獨秉固志,上違詔命,下拒衆議,終至制敵禽賊,[64]雖古人所述,不是過也。"[65]文王欲遣諸將輕兵深入,招迎唐咨等子弟,[66]因釁有蕩覆吳之勢。基諫曰:"昔諸葛恪乘東關之勝,[67]竭江表之兵,以圍新城,[68]城既不拔,而衆死者太半。姜維因洮上之利,[69]輕兵深入,糧餉不繼,軍覆上邽。[70]夫大捷之後,上下輕敵,輕敵則慮難不深。今賊新敗於外,又內患未弭,是其脩備設慮之時也。且兵出踰年,人有歸志,今俘馘十萬,罪人斯得,自歷代征伐,未有全兵獨克如今之盛者也。武皇帝克袁紹於官渡,[71]自以所獲已多,不復追奔,懼挫威也。"文王乃止。以淮南初定,轉基爲征東將軍,都督揚州諸軍事,進封東武侯。[72]基上疏固讓,歸功參佐,由是長史、司馬等七人皆侯。[73]

是歲,基母卒,詔秘其凶問,迎基父豹喪合葬洛陽,追贈豹北海太守。甘露四年,轉爲征南將軍,[74]都督荊州諸軍事。常道鄉公即尊位,增邑千戶,并前五千七百戶。前後封子二人亭侯、關內侯。

景元二年,[75]襄陽太守表吳賊鄧由等欲來歸化,基被詔,當因此震蕩江表。基疑其詐,馳驛陳狀。且曰:"嘉平以來,累有內難,當今之務,在于鎮安社稷，綏寧百姓，未宜動衆以求外利。"文王報書曰："凡處事者，多曲相從順，鮮能確然共盡理實。誠感忠愛，每見規示，輒敬依來指。"後由等竟不降。〔一〕

〔一〕司馬彪《戰略》載基此事，詳於本傳。曰："景元二年春三月，[76]襄陽太守胡烈表上'吴賊鄧由、李光等，同謀十八屯，欲來歸化，遣將張吴、鄧生，并送質任。克期欲令郡軍臨江迎拔'。大將軍司馬文王啓聞。詔征南將軍王基部分諸軍，使烈督萬人徑造沮水，荆州、義陽南屯宜城，[77]承書鳳發。若由等如期到者，便當因此震蕩江表。基疑賊詐降，誘致官兵，馳驛止文王，說由等可疑之狀。'且當清澄，未宜便舉重兵深入應之。'又曰：'夷陵東道，當由車御，至赤岸乃得渡沮，[78]西道當出箭谿口，[79]乃趣平土，皆山險狹，[80]竹木叢蔚，卒有要害，弩、馬不陳。[81]今者筋角弩弱，[82]水潦方降，廢盛農之務，徼難必之利，此事之危者也。昔子午之役，[83]兵行數百里而值霖雨，[84]橋閣破壞，後糧腐敗，前軍縣乏。姜維深入，不待輜重，士衆飢餓，覆軍上邽。文欽、唐咨，舉吴重兵，昧利壽春，身没不反。此皆近事之鑒戒也。嘉平以來，累有内難。當今之宜，當鎮安社稷，撫寧上下，力農務本，懷柔百姓，未宜動衆以求外利也。得之未足爲多，失之傷損威重。'文王累得基書，意疑。尋敕諸軍已上道者，且權停住所在，須後節度。[85]基又言于文王曰：'昔漢祖納酈生之說，[86]欲封六國，寤張良之謀，而趣銷印。基謀慮淺短，誠不及留侯，亦懼襄陽有食其之謬。'文王於是遂罷軍嚴，後由等果不降。"

[1]字伯輿：梁章鉅《旁證》云："《後漢書·鄭康成傳》注作'字伯輿'。" 東萊：郡名。治所黄縣，在今山東龍口市東南舊黄縣東黄城集。 曲城：縣名。治所在今山東萊州市東北。

〔2〕琅邪：郡名。治所開陽縣，在今山東臨沂市北。

〔3〕郎中：官名。東漢時，秩比三百石，分隸五官、左、右三署中郎將，名義上備宿衛，實爲後備官吏人才。魏、晉雖罷五官、左、右三署中郎將，仍置郎中，州郡所舉秀才、孝廉，多先授郎中，再出補長吏。

〔4〕秘書郎：官名。亦稱秘書郎中，掌整理典籍，考覈舊文，刪省浮穢，隸秘書監，第六品。

〔5〕司徒：官名。曹魏前期，仍與太尉、司空並爲三公，共同行使宰相職能，位次太尉，本職掌民政，第一品。

〔6〕家臣：春秋時在大夫家做官者稱家臣。

〔7〕公輔：公侯之輔，即公侯之臣。

〔8〕協和之輔：趙幼文《校箋》謂《北堂書鈔》卷七三引無"之"字，"輔"下有"上"字。按，《北堂書鈔》陳禹謨補注引本書卷二七《王基傳》實作"協和之輔"。

〔9〕中書侍郎：官名。魏文帝黃初初，置中書監、令，下設通事郎，掌詔草，後又增設中書侍郎，亦掌詔草。第五品，晉沿置，設四員。

〔10〕水所以載舟：此語孔子時已有。劉向《新序·雜事第四》載孔子對魯哀公曰："丘聞之：君者舟也，庶人者水也，水則載舟，水則覆舟。"

〔11〕東野子：即東野畢。春秋時魯國之駕車者。魯定公曾問顏淵曰："東野子之善馭乎？"顏淵對曰："善則善矣！雖然，其馬將失。"定公後問其故。顏淵答曰："昔舜巧於使民，而造父巧於使馬。舜不窮其民，造父不窮其馬，是以舜無失民，造父無失馬也。今東野畢之馭，上車執轡，銜體正矣；步驟馳騁，朝禮畢矣；歷險致遠，馬力盡矣。然猶求馬不已，是以知之也。"（《荀子·哀公》）

〔12〕賈誼：西漢政論家。漢文帝時曾爲博士、太中大夫，長沙王太傅，梁懷王太傅。曾多次上疏，批評時政。以下所引見《漢書》卷四八《賈誼傳》，文字稍有差異。

[13] 鄭玄：東漢末大經學家，曾遍注群經。

[14] 大將軍：官名。東漢時，常兼錄尚書事，與太傅、太尉等共同主持政務。漢末，位在三公上。曹魏時爲上公，第一品。從事中郎：官名。三國時，三公府、將軍府皆置爲屬吏，秩六百石，第六品。其職依時、依府而異，或爲主吏，或分諸曹，或掌機密，或參謀議，地位較高，員不定。晋制，領兵之公府置，故常帶將軍號，公及位從公以上加兵者置二人。

[15] 安豐：郡名。治所安風縣，在今安徽霍邱縣西南。

[16] 討寇將軍：官名。魏置，第五品。

[17] 建業：縣名。治所在今江蘇南京市。

[18] 揚州：魏刺史治所壽春縣，在今安徽壽縣。

[19] 合肥：縣名。治所在今安徽合肥市西北。

[20] 江夏：郡名。魏初治所石陽縣，在今湖北漢川市西北。

[21] 廬江：郡名。治所本在舒縣，在今安徽廬江縣西南。建安四年劉勳移於皖縣，在今安徽潛山縣。

[22] 綻（zhàn）：各本皆作"定"。盧弼《集解》謂《通鑑》作"綻"（見《通鑑》卷七五魏邵陵厲公正始八年）。今據《通鑑》改。綻，胡三省注："綻，縫也。"

[23] 時要論：《隋書·經籍志》子部儒家類謂梁有《新書》五卷，王基撰。姚振宗《隋書經籍志考證》謂《時要論》當在《新書》中，特散佚已久，無由考見耳。 以切世事：趙幼文《校箋》謂蕭常《續後漢書》作"譏切時政"。

[24] 揚烈將軍：袁維春《三國碑述》謂《王基殘碑》作"揚武將軍"。錢大昕《潛研堂金石文跋尾》亦謂碑作"揚武將軍"，本傳作"揚烈"誤。

[25] 雄父邸閣：在今湖北宜昌市西北。（本謝鍾英《補三國疆域志補注》）邸閣，屯積軍糧之所。

[26] 安北將軍：官名。魏、晋皆三品。爲出鎮北方某一地區之軍事長官，或爲刺史兼理軍務之加官。吳亦同置。

[27] 夷陵：縣名。治所在今湖北宜昌市東南。吳增僅云："夷陵之置，蓋亦虛置以處南郡之降民，非有實土。"楊守敬則云："此夷陵，即南郡之夷陵，吳黃武元年改爲西陵，嘉平三年爲魏所破，仍稱夷陵"；"若就新制言之，當曰宜都之西陵"。（吳增僅《三國郡縣表附考證》楊守敬《補證》）

[28] 上昶：城名。在今湖北安陸市西南。

[29] 夏口：地名。在今湖北武漢市原漢水入長江處。

[30] 安陸：縣名。治所在今湖北安陸市西北。

[31] 而：百衲本作"其"，殿本、盧弼《集解》本、校點本作"而"。今從殿本等。　江外：亦稱江表。中原人稱長江以南爲江外、江表。

[32] 司馬景王：司馬師。其弟司馬昭爲晋王後，追尊他爲景王。

[33] 坐而待旦：謂勤於政事。《孟子·離婁下》："周公思兼三王，以施四事；其有不合者，仰而思之，夜以繼日；幸而得之，坐以待旦。"

[34] 許允崔贊：均見本書卷九《夏侯尚附玄傳》及裴注引《魏略》。

[35] 行監軍：官名。蓋軍隊出征時，置以監視將帥之官，權勢頗重。此則統領軍隊。

[36] 許昌軍：胡三省云："魏受漢禪，以許昌爲別宮，屯重兵以爲東南二方之根本。"（《通鑑》卷七六魏高貴鄉公正元二年注）

[37] 淮南：郡名。治所壽春縣，在今安徽壽縣。當時鎮東將軍毌丘儉、揚州刺史文欽皆屯駐壽春，故以淮南稱之。

[38] 民人：盧弼《集解》本作"人民"，百衲本、殿本、校點作"民人"。今從百衲本等。

[39] 兵家：即士家。曹魏施行士家制，士兵之家集中居住，有單獨的兵籍；子孫世代爲兵，不得政府允許，不能脱離兵籍。

[40] 罪重：百衲本作"非重"，殿本、盧弼《集解》本、校

點本作"罪重"。今從殿本等。

〔41〕錯：胡三省云："置也。停軍不進，是置之於無用之地。"（《通鑑》卷七六魏高貴鄉公正元二年注）

〔42〕豫：胡三省云："豫即潁川也。豫州時治潁川，故曰'譙、沛、汝、豫'，四郡皆屬豫州。"（《通鑑》卷七六魏高貴鄉公正元二年注）

〔43〕南頓：縣名。治所在今河南項城市西南南頓集。

〔44〕先人有奪人之心：古兵書之言。《左傳·宣公十二年》："《軍志》曰'先人有奪人之心'。"杜預注："奪敵戰心。"

〔45〕㶏水：故道承自今河南鄢城縣西南汝河，東流至商水縣西北入潁水。

〔46〕未覩工遲之久：《通鑑》引作"未覩爲巧之久"（《通鑑》卷七六魏高貴鄉公正元二年）。《孫子兵法·作戰篇》云："故兵聞拙速，未覩巧之久也。"意謂用兵打仗祇聽説老老實實地求得速勝，沒有見過弄巧立異陷於持久而有好處的。（本郭化若《孫子譯注》）

〔47〕君令有所不受：語見《孫子兵法·九變篇》。

〔48〕爭城：《通鑑》引作"爭地"（《通鑑》卷七六魏高貴鄉公正元二年）。《孫子兵法·九地篇》云："我得則利，彼得亦利者，爲爭地。"

〔49〕項：縣名。治所在今河南沈丘縣。

〔50〕樂嘉：西漢時爲汝南郡之博陽侯國，王莽時改名樂嘉（今本《漢書》作"樂家"）。東漢時雖未設縣，樂嘉之名卻一直保存。故址在今河南商水縣東南。（本《讀史方輿紀要》）

〔51〕鎮南將軍：官名。第二品。位次四征將軍，領兵如征南將軍。多爲持節都督，出鎮方面。

〔52〕豫州：魏末刺史治所安成縣，在今河南正陽縣東北南汝河西南岸。

〔53〕鎮東將軍：官名。第二品。位次四征將軍，領兵如征東

將軍。多爲持節都督，出鎮方面。

　　[54] 安城：地名。在今安徽壽縣附近。

　　[55] 北山：山名。在今安徽壽縣東北。

　　[56] 善其後矣：各本皆無"其"字。殿本《考證》云："《太平御覽》作'善其後矣'，多'其'字。"盧弼《集解》云："《通鑑》'善'下有'其'字，《御覽》同。"趙幼文《校箋》云："考《通典·兵十一》、《御覽》卷二百八十五引俱有'其'字，應據補。"今從諸家説補"其"字。

　　[57] 今與賊家對敵：盧弼《集解》云："《通典》《御覽》均作'今與賊交利對敵'。"趙幼文《校箋》謂此見《通典·兵十一》、《太平御覽》卷二八五。

　　[58] 於勢：百衲本作"景勢"，殿本、盧弼《集解》本、校點本作"於勢"。今從殿本等。

　　[59] 報聽：胡三省云："報基聽行其策。時帝在軍，故諸軍節度，皆稟詔指而裁其可否者，實司馬昭也。"（《通鑑》卷七七魏高貴鄉公甘露二年注）

　　[60] 司馬文王：即司馬昭。　丘頭：地名。在今河南沈丘縣東南。司馬昭平諸葛誕後，改名武丘。

　　[61] 譴：百衲本作"譴"，殿本、盧弼《集解》本、校點本作"遣"。趙幼文《校箋》謂《册府元龜》卷三六六（當作二六二）引作"譴"。今從百衲本。

　　[62] 求移者甚衆：胡三省云："謂前詔諸軍轉據北山。"（《通鑑》卷七七魏高貴鄉公甘露三年注）

　　[63] 臨履：胡三省云："臨履謂親臨其地而履行營壘處所也。"（《通鑑》卷七七魏高貴鄉公甘露三年注）

　　[64] 禽賊：趙幼文《校箋》謂《太平御覽》卷二八五引"賊"字作"寇"。

　　[65] 不是過也：趙幼文《校箋》謂《太平御覽》引"是"字作"足"。《册府元龜》卷二六二引此句作"不過此也"。

［66］唐咨：本魏人，黃初中降吳，吳以爲將軍。見本書卷二八《諸葛誕傳》。

［67］東關：地名。在今安徽巢湖市東南裕溪河東岸。詳解見本書卷四《三少帝紀》齊王芳嘉平四年"東關"注。

［68］新城：指合肥新城，即魏之合肥城。諸葛恪圍合肥新城事，見本書卷四《高貴鄉公紀》嘉平五年。

［69］洮上：洮水邊。洮水即今甘肅黃河支流洮河。

［70］上邽：縣名。治所在今甘肅天水市。姜維敗於上邽事，見本書卷四《高貴鄉公紀》甘露元年。

［71］官渡：地名。在今河南中牟縣東北。

［72］東武：侯國名。治所在今山東諸城市。

［73］長史：官名。漢代，三公府設有長史，以輔助三公。將軍府之屬官亦有長史，以總理幕府。曹魏沿置。　司馬：官名。將軍府之屬官，掌參贊軍務，管理府內武職，位僅次於長史。

［74］征南將軍：官名。秩二千石，第二品。位次三公。領兵屯新野，統荊、豫二州刺史。資深者爲大將軍。

［75］景元：魏元帝曹奐年號（260—264）。

［76］三月：盧弼《集解》本作"二月"，百衲本、殿本、校點本作"三月"。今從百衲本等。

［77］義陽：據上下文義，此當爲郡名。魏文帝黃初中曾置義陽郡，治所安昌縣，在今湖北棗陽市東南。而至齊王芳正始中郡已廢，（本吳增僅《三國郡縣表附考證》）此時不當有義陽郡。若義陽縣，治所則在今河南信陽市北，與宜城又似太遠。　宜城：縣名。治所在今湖北宜城縣南。

［78］赤岸：地名。當在今湖北遠安縣沮水之東。（本謝鍾英《補三國疆域志補注》）　沮：百衲本作"坦"，殿本、盧弼《集解》本、校點本作"沮"。今從殿本等。

［79］箭谿口：地名。當在今遠安縣西。（本謝鍾英《補三國疆域志補注》）

［80］山險狹：殿本《考證》謂《册府元龜》作"山路險狹"。趙幼文《校箋》謂此《册府元龜》見卷四〇二。

［81］弩馬不陳：胡三省云："謂猝然敵人於要害之處設伏邀擊，弩、馬不得陳其力也。"（《通鑑》卷七七魏元帝景元二年注）

［82］筋角弩弱：各本均作"筋角弩弱"；《通鑑》卷七七魏元帝景元二年引作"筋角濡弱"。濡（ruǎn）弱，即軟弱，柔弱。胡三省注引《周禮·考工記》謂弓人爲弓，"冬析幹，春液角，夏治筋，秋合三材"。春夏之交，陽氣蒸潤，筋角濡弱，則弓弩之力不勁。

［83］子午之役：指魏明帝太和四年（230）曹真從子午谷伐蜀，遇連綿大雨，不得進而還。見本書卷三《明帝紀》、卷九《曹真傳》。

［84］霖雨：殿本、盧弼《集解》本作"淋雨"，百衲本、校點本作"霖雨"。今從百衲本等。

［85］須後：盧弼《集解》云："《通鑑》'後'作'候'。胡注：'須，待也'。"

［86］酈生：即酈食（yì）其（jī）。曾爲漢高祖劉邦之謀士。漢三年（前204）項羽急圍劉邦於滎陽，劉邦恐懼憂愁，酈食其因爲劉邦謀劃説："陛下誠能復立六國後世，畢已受印，此其君臣百姓必皆戴慕陛下之德，莫不鄉風慕義，願爲臣妾。德義已行，陛下南鄉稱霸，楚必斂衽而朝。"劉邦遂令速刻印。其後張良入見劉邦，得知刻印封六國之事後，因陳述八不可，說："誠用客之謀，陛下事去矣。"劉邦聽後恍然大悟，罵曰："豎儒，幾敗而公事！"又令速銷毀封印。（見《史記》卷五五《留侯世家》）

是歲基薨，[1]追贈司空，謚曰景侯。子徽嗣，早卒。咸熙中，開建五等，[2]以基著勳前朝，改封基孫廙，而以東武餘邑賜一子爵關内侯。晉室踐阼，下詔曰："故司空王基既著德立勳，又治身清素，不營產業，久在重任，家無私積，可謂身沒行顯，足用勵俗者也。其以奴婢二人賜其家。"

[1] 是歲基薨：周壽昌《注證遺》云："乾隆時洛陽人墾土，得斷碑，錢竹汀先生諸人審，係王基碑，考之傳多合。碑云'景元二年四月辛丑薨，年七十二'。此可補史所遺。"
[2] 五等：公、侯、伯、子、男五等封爵。

評曰：徐邈清尚弘通，[1]胡質素業貞粹，[2]王昶開濟識度，[3]王基學行堅白，[4]皆掌統方任，垂稱著績。可謂國之良臣，時之彥士矣。

[1] 清尚：清廉高尚。
[2] 素業：清白之操守。
[3] 開濟：謂情操志向開通美好。
[4] 堅白：謂志節堅貞，不可動搖。《論語·陽貨》子曰："不曰堅乎，磨而不磷；不曰白乎，涅而不緇。"何晏《集解》引孔安國曰："言至堅者，磨之而不薄；至白者，染之於涅而不黑。喻子雖在濁亂，濁亂不能污。"

三國志 卷二八

魏書二十八

王毌丘諸葛鄧鍾傳第二十八

王淩字彥雲，太原祁人也。[1]叔父允，爲漢司徒，[2]誅董卓。卓將李傕、郭汜等爲卓報仇，入長安，殺允，盡害其家。淩及兄晨，時年皆少，踰城得脱，亡命歸鄉里。淩舉孝廉，[3]爲發干長，[一][4]稍遷至中山太守，[5]所在有治，[6]太祖辟爲丞相掾屬。[7]

〔一〕《魏略》曰：淩爲長，遇事，髡刑五歲，[8]當道掃除。時太祖車過，問此何徒，左右以狀對。太祖曰："此子師兄子也，[9]所坐亦公耳。"于是主者選爲驍騎主簿。[10]

[1] 太原：郡名。治所晋陽縣，在今山西太原市西南營西古城。　祁：縣名。治所在今山西祁縣東南祁城。

[2] 司徒：官名。東漢時，與太尉、司空並爲三公，共同行使宰相職能，位次太尉。本職掌民政。

[3] 孝廉：漢代選拔官吏的主要科目。孝指孝子，廉指廉潔之

士。原本爲二科，後混同爲一科，也不再限於孝子和廉士。東漢後期定制爲不滿四十歲者不得察舉；被舉者先詣公府課試，以觀其能。郡國每年要向中央推舉一至二人。

　　［4］發干：縣名。治所在今山東冠縣東南。

　　［5］中山：郡名。治所盧奴縣，在今河北定州市。

　　［6］有治：盧弼《集解》云："或曰'治'下疑脫字。"趙幼文《校箋》謂《册府元龜》卷七二六引"治"下有"迹"字，疑是。

　　［7］丞相掾屬：官名。丞相府之長吏。丞相府設有諸曹，如東曹、戶曹、金曹、兵曹等等。掾爲曹長，屬爲副貳。

　　［8］髡（kūn）刑：剃去頭髮的刑罰。

　　［9］子師：王允字子師。

　　［10］驍騎主簿：官名。蓋驍騎將軍之主簿，主典領文書，辦理事務。洪飴孫《三國職官表》謂王凌曾爲驍騎將軍主簿，而曹仁建安十八年（213）曾行驍騎將軍。

　　　　文帝踐阼，拜散騎常侍，[1]出爲兗州刺史，[2]與張遼等至廣陵討孫權。[3]臨江，夜大風，吳將吕範等船漂至北岸。凌與諸將逆擊，[4]捕斬首虜，獲舟船，有功，封宜城亭侯，[5]加建武將軍，[6]轉在青州。[7]是時海濱乘喪亂之後，法度未整。凌布政施教，賞善罰惡，甚有綱紀，百姓稱之，不容於口。後從曹休征吳，與賊遇於夾石，[8]休軍失利，凌力戰決圍，休得免難。仍徙爲揚、豫州刺史，[9]咸得軍民之歡心。始至豫州，旌先賢之後，求未顯之士，各有條教，意義甚美。初，凌與司馬朗、賈逵友善，及臨兗、豫，繼其名跡。正始初，[10]爲征東將軍，[11]假節、都督揚州諸軍事。[12]二年，吳大將全琮數萬衆寇芍陂，[13]淩率諸軍逆討，與賊爭塘，力戰連日，賊退走。進封南鄉侯，[14]邑千三百五十户，遷車騎將軍，儀同三司。[15]

是時，淩外甥令狐愚以才能爲兗州刺史，屯平阿。[16]舅甥並典兵，專淮南之重。[17]淩就遷爲司空。[18]司馬宣王既誅曹爽，進淩爲太尉，[19]假節鉞。[20]淩、愚密協計，謂齊王不任天位，楚王彪長而才，欲迎立彪都許昌。[21]嘉平元年九月，[22]愚遣將張式至白馬，[23]與彪相問往來。淩又遣舍人勞精詣洛陽，[24]語子廣。廣言："廢立大事，勿爲禍先。"〔一〕其十一月，愚復遣式詣彪，未還，會愚病死。〔二〕二年，熒惑守南斗，[25]淩謂："斗中有星，當有暴貴者。"〔三〕三年春，吳賊塞涂水。[26]淩欲因此發，[27]大嚴諸軍，表求討賊；詔報不聽。淩陰謀滋甚，遣將軍楊弘以廢立事告兗州刺史黃華，華、弘連名以白太傅司馬宣王。宣王將中軍乘水道討淩，[28]先下赦赦淩罪，又將尚書廣東，[29]使爲書喻淩，大軍掩至百尺逼淩。[30]淩自知勢窮，乃乘船單出迎宣王，遣掾王彧謝罪，[31]送印綬、節鉞。軍到丘頭，[32]淩面縛水次。[33]宣王承詔遣主簿解縛反服，[34]見淩，慰勞之，還印綬、節鉞，遣步騎六百人送還京都。淩至項，[35]飲藥死。〔四〕宣王遂至壽春。張式等皆自首，乃窮治其事。彪賜死，諸相連者悉夷三族。〔五〕[36]朝議咸以爲《春秋》之義，齊崔杼、鄭歸生皆加追戮，[37]陳屍斲棺，載在方策。淩、愚罪宜如舊典。乃發淩、愚冢，剖棺，暴屍於所近市三日，燒其印綬、朝服，

親土埋之。[六][38] 進弘、華爵爲鄉侯。廣有志尚學行，死時年四十餘。[七]

〔一〕《漢晉春秋》曰：凌、愚謀，以帝幼制於彊臣，不堪爲主，楚王彪長而才，[39]欲迎立之，以興曹氏。凌使人告廣，廣曰："凡舉大事，應本人情。今曹爽以驕奢失民，何平叔虛而不治，[40]丁、畢、桓、鄧雖並有宿望，[41]皆專競于世。加變易朝典，政令數改，所存雖高而事不下接，[42]民習于舊，衆莫之從。故雖勢傾四海，聲震天下[43]，同日斬戮，名士減半，而百姓安之，莫或之哀，失民故也。今懿情雖難量，事未有逆，[44]而擢用賢能，廣樹勝己，[45]修先朝之政令，副衆心之所求。爽之所以爲惡者，彼莫不必改，[46]夙夜匪懈，以恤民爲先。父子兄弟，並握兵要，未易亡也。"凌不從。

臣松之以爲如此言之類，皆前史所不載，而猶出習氏。且制言法體不似於昔，疑悉鑿齒所自造者也。

〔二〕《魏書》曰：愚字公治，本名浚，黃初中，[47]爲和戎護軍，[48]烏丸校尉田豫討胡有功，[49]小違節度，愚以法繩之。帝怒，械繫愚，免官治罪，詔曰"浚何愚"，遂以名之。正始中，爲曹爽長史，[50]後出爲兗州刺史。

《魏略》曰：愚聞楚王彪有智勇。初東郡有謳言云：[51]"白馬河出妖馬，夜過官牧邊鳴呼，衆馬皆應，明日見其迹，大如斛，行數里，還入河中。"又有謠言："白馬素羈西南馳，其誰乘者朱虎騎。"楚王小字朱虎，故愚與王凌陰謀立楚王。乃先使人通意於王，言"使君謝王，[52]天下事不可知，願王自愛"。彪亦陰知其意，答言"謝使君，知厚意也"。

〔三〕《魏略》曰：凌聞東平民浩詳知星，[53]呼問詳。詳疑凌有所挾，欲悅其意，不言吳當有死喪，而言淮南楚分也，[54]今吳、楚同占，當有王者興。故凌計遂定。

〔四〕《魏略》載淩與太傅書曰："卒聞神軍密發，已在百尺，雖知命窮盡，遲於相見，身首分離，不以爲恨，前後遣使，有書未得還報，企踵西望，無物以譬。昨遣書之後，便乘船來相迎，宿丘頭，旦發於浦口，奉被露布赦書，[55]又得二十三日況，累紙誨示，聞命驚愕，五內失守，不知何地可以自處。僕久忝朝恩，歷試無效，統御戎馬，董齊東夏，事有闕廢，中心犯義，罪在二百，[56]妻子同縣，無所禱矣。不圖聖恩天覆地載，橫蒙視息，復覩日月。亡甥令狐愚攜惑羣小之言，僕即時呵抑，使不得竟其語。既人已知，神明所鑒，夫非事無陰，[57]卒至發露，知此梟夷之罪也。生我者父母，活我者子也。"又重曰："身陷刑罪，謬蒙赦宥。今遣掾送印綬，頃至，當如詔書自縛歸命。雖足下私之，官法有分。"及到，如書。太傅使人解其縛。淩既蒙赦，加怙舊好，不復自疑，徑乘小船自趣太傅。太傅使人逆止之，住船淮中，相去十餘丈。淩知見外，乃遙謂太傅曰："卿直以折簡召我，[58]我當敢不至邪？[59]而乃引軍來乎！"太傅曰："以卿非肯逐折簡者故也。"[60]淩曰："卿負我！"太傅曰："我寧負卿，不負國家。"[61]遂使人送來西。[62]淩自知罪重，試索棺釘，[63]以觀太傅意，太傅給之。淩行到項，夜呼掾屬與決曰：[64]"行年八十，身名並滅邪！"[65]遂自殺。

干寶《晉紀》曰：淩到項，見賈逵祠在水側，淩呼曰："賈梁道，[66]王淩固忠于魏之社稷者，唯爾有神知之。"其年八月，太傅有疾，夢淩、逵爲厲，[67]甚惡之，遂薨。

〔五〕《魏略》載：山陽單固，[68]字恭夏，爲人有器實。[69]正始中，兗州刺史令狐愚與固父伯龍善，辟固，欲以爲別駕。[70]固不樂爲州吏，辭以疾。愚禮意愈厚，固不欲應。固母夏侯氏謂固曰："使君與汝父久善，故命汝不止，汝亦固當仕進，[71]自可往耳。"固不獲已，遂往，與兼治中從事楊康並爲愚腹心。[72]後愚與王淩通謀，康、固皆知其計。會愚病，[73]康應司徒召詣洛陽，[74]

固亦以疾解禄。康在京師露其事,太傅乃東取王淩。到壽春,固見太傅,太傅問曰:"卿知其事爲邪?"固對不知。太傅曰:"且置近事。問卿,令狐反乎?"[75]固又曰無。而楊康白,[76]事事與固連。遂收捕固及家屬,皆繫廷尉,考實數十,固故云無有。[77]太傅録楊康,[78]與固對相詰。[79]固辭窮,乃罵康曰:"老傭既負使君,[80]又滅我族,顧汝當活邪!"辭定,事上,須報廷尉,[81]以舊皆聽得與其母妻子相見。固見其母,不仰視,其母知其慚也,字謂之曰:"恭夏,汝本自不欲應州郡也,我强故耳。汝爲人吏,自當爾耳。此自門戶衰,我無恨也。汝本意與我語。"固終不仰,又不語,以至於死。初,楊康自以白其事,冀得封拜,後以辭頗參錯,亦并斬。臨刑,俱出獄,固又罵康曰:"老奴,汝死自分耳。若令死者有知,汝何面目以行地下也!"

〔六〕干寶《晉紀》曰:兖州武吏東平馬隆,[82]託爲愚家客,以私財更殯葬,行服三年,種植松柏。一州之士愧之。

〔七〕《魏氏春秋》曰:廣字公淵。弟飛梟、金虎,並才武過人。太傅嘗從容問蔣濟,濟曰:"淩文武俱贍,當今無雙。廣等志力,有美於父耳。"退而悔之,告所親曰:"吾此言,滅人門宗矣。"[83]

《魏末傳》曰:淩少子字明山,最知名。善書,多技藝,人得其書,皆以爲法。走向太原,追軍及之,時有飛鳥集桑樹,隨枝低印,[84]舉弓射之即倒,追人乃止不復進。明山投親家食,親家告吏,乃就執之。

[1] 散騎常侍:官名。秩比二千石,第三品,典章表詔命手筆之事,與侍中、黃門侍郎等共平尚書奏事。

[2] 兖州:魏刺史治所廩邱縣,在今山東鄄城縣西北。

[3] 廣陵:郡名。魏初治所淮陰縣,在今江蘇淮陰市西南甘羅城。而此時又復移治所於廣陵縣,在今江蘇揚州市西北蜀岡上。

（本吳增僅《三國郡縣表附考證》）

［4］淩：校點本1982年7月第2版誤作"浚"。

［5］宜城：百衲本、殿本、盧弼《集解》本作"宜成"，校點本作"宜城"。趙幼文《校箋》謂郝經《續後漢書》作"宜城"。又按，四庫館臣案云："陳志作'宜成亭侯'，《通志》作'宜城'，與此合。"今從校點本。　亭侯：爵名。漢制，列侯大者食縣邑，小者食鄉、亭。東漢後期遂以食鄉、亭者稱爲鄉侯、亭侯。

［6］建武將軍：官名。漢末曹操置，魏沿置，第四品。

［7］青州：刺史治所臨淄縣，在今山東淄博市東北臨淄鎮北。

［8］夾石：地名。在今安徽桐城市北。

［9］仍徙爲揚豫州刺史：趙幼文《校箋》謂蕭常《續後漢書》無"揚"字，郝經《續後漢書》無"仍"字。按，揚，州名。魏刺史治所壽春縣，在今安徽壽縣。　豫州：魏明帝時刺史治所項縣，在今河南沈丘縣。

［10］正始：魏少帝齊王曹芳年號（240—249）。

［11］征東將軍：官名。秩二千石，第二品。位次三公，資深者爲大將軍。

［12］假節：漢末三國時期，皇帝賜予臣下之一種權力。至晉代，此種權力明確爲因軍事可殺犯軍令者。　都督：官名。魏文帝黃初中置都督諸州軍事，或兼領刺史，或統領所督軍之軍事，無固定品級，多帶將軍名號。

［13］芍陂：在今安徽壽縣南，因渒水經白芍亭東與附近諸水積而成湖，故名。今安豐塘即其遺址。

［14］南鄉：縣名。治所在今河南淅川縣西南舊縣東南原丹江南岸。

［15］車騎將軍：官名。東漢時位比三公，常以貴戚充任。出掌征伐，入參朝政，漢靈帝時常作贈官。魏、晉時位次驃騎將軍，在諸名號將軍上，多作爲軍府名號，加授大臣、重要州郡長官，無具體職掌，二品。開府者位從公，一品。　儀同三司：官非三公，

授予儀制同三公之待遇。

［16］平阿：縣名。治所在今安徽懷遠縣西南。令狐愚事，詳見本書卷一六《倉慈傳》裴注引《魏略》。

［17］淮南：郡名。治所壽春縣。因當時揚州刺史亦治壽春，故淮南即爲魏東南之重鎮。

［18］司空：官名。曹魏後期，仍與太尉、司徒並爲三公，爲名譽宰相，無實際職掌，多爲大臣加官。第一品。

［19］太尉：官名。曹魏後期，仍列三公之首，第一品。爲名譽宰相，無實際職掌，多爲大臣加官。徐紹楨《質疑》云："據《三少帝紀》，凌進太尉在嘉平元年十二月辛卯，而此傳下文尚載嘉平元年九月及十一月之事，則似進太尉尚在九月之前，此書法次序所當校正者。"

［20］假節鉞：漢末三國時期，皇帝賜給重臣的一種權力，加此號者，可代行皇帝旨意，掌握生殺特權。

［21］許昌：縣名。治所在今河南許昌市東。

［22］嘉平：魏少帝齊王曹芳年號（249—254）。

［23］白馬：縣名。治所在今河南滑縣東南城關鎮東。按，楚王國治所在壽春，楚王曹彪亦在壽春，與王凌同在一地，爲何遣將至白馬與曹彪聯繫？盧弼《集解》云："事之離奇，無過於此，千古疑獄，留此破綻以待後人之推求。承祚之筆亦譎而婉矣。"

［24］舍人：官名。魏、晉之王國府、公府、將軍府皆置，主閤内事。第九品。　洛陽：縣名。治所在今河南洛陽市東北白馬寺東。

［25］熒惑：星名。即火星。　南斗：星名。即斗宿，有星六顆。在北斗星南，形似斗，故稱南斗。

［26］涂水：即今安徽、江蘇境内長江北岸支流滁河。據本書卷四七《吴主孫權傳》，吴所塞涂水爲堰，在堂邑縣（今江蘇南京市六合區北）境。

［27］凌：校點本1982年7月第2版誤作"浚"。

［28］中軍：何焯云："此中軍猶言禁軍。不及徵調外軍，故以中軍進也。"（《義門讀書記》卷二六《三國志·魏志》）

［29］尚書：官名。曹魏置吏部、左民、客曹、五兵、度支等五曹尚書，秩皆六百石，第三品。其中吏部職要任重，徑稱爲吏部尚書，其餘諸曹均稱尚書。　廣：即王淩子王廣。

［30］百尺：堰名。在今河南沈丘縣東北。

［31］掾：官名。屬官之通稱。漢魏三公府及其他重要官府皆置掾，分曹治事，掾爲曹長。

［32］丘頭：地名。在今河南沈丘縣東南。

［33］面縛：雙手反綁於背而面向前。

［34］主簿：官名。漢、魏中央及州郡官府皆置主簿，以典領文書，辦理事務。

［35］項：縣名。治所在今河南沈丘縣。

［36］三族：一般指父族、母族、妻族。

［37］崔杼：春秋時齊國大夫。齊莊公六年（前548），因莊公與崔杼之妻通奸，崔杼殺了莊公。後兩年，崔氏內亂，崔杼上吊而死。次年，齊國改葬莊公，並將崔杼之屍暴陳於市。（見《左傳》襄公二十五年、二十七年、二十八年）　歸生：春秋時鄭國宗室，即公子歸生，又名子家。鄭靈公元年（前605），子家殺靈公。至鄭襄公六年（前599），子家死。鄭國人遂剖子家之棺，暴其屍體，並改葬靈公。（見《左傳》宣公四年、十年）

［38］親土：周壽昌《注證遺》云："親土，言即以土埋其屍，不用棺殮者。"

［39］楚王彪：盧弼《集解》本無"彪"字，百衲本、殿本、校點本皆有。今從百衲本等。

［40］何平叔：何晏字平叔。　而：《通鑑》卷七五魏邵陵厲公嘉平元年引作"華"（參盧弼《集解》）。

［41］丁畢桓鄧：即丁謐、畢軌、桓範、鄧颺，其事俱見本書卷九《曹真附爽傳》及裴注引《魏略》。

［42］"下接"句：胡三省云："言雖存心於高曠，而不切事情，與下不接也。"（《通鑑》卷七五魏邵陵厲公嘉平元年注）

［43］震：百衲本作"振"，殿本、盧弼《集解》本、校點本作"震"。按，二字可通，今從殿本等。

［44］事未：百衲本"未"字作"名"，殿本、盧弼《集解》本、校點本作"未"。今從殿本等。

［45］廣樹勝己：胡三省云："謂蔣濟、高柔、孫禮、陳泰、郭淮、鄧艾等。"（《通鑑》卷七五魏邵陵厲公嘉平元年注）

［46］必改：胡三省云："必當作畢。"（《通鑑》卷七五魏邵陵厲公嘉平元年注）趙幼文《校箋》謂郝經《續後漢書》亦作"畢"。

［47］黃初：魏文帝曹丕年號（220—226）。

［48］和戎護軍：官名。曹魏置。洪飴孫《三國職官表》云："魏諸護軍無定員，第六品。諸要鎮及將軍領兵出征者，皆置此官。"

［49］烏丸校尉：官名。即護烏丸校尉。漢武帝時已置烏桓校尉，監領烏桓，後不常設。東漢光武帝建武中，復置護烏丸校尉，秩比二千石，屯上谷廣寧縣（今河北張家口市），常將烏丸等部與度遼將軍等共成衛邊塞。魏、晉沿置，屯地有所不同。　有功：百衲本作"以功"，殿本、盧弼《集解》本、校點本作"有功"。今從殿本等。

［50］長史：官名。漢代，三公府設有長史，以輔助三公。將軍府之屬官亦有長史，以總理幕府。曹魏沿置。

［51］東郡：治所濮陽縣，在今河南濮陽縣西南。

［52］使君：對州郡長官之尊稱。

［53］東平：王國名。治所無鹽縣，在今山東東平縣東。

［54］分：謂分野。古星象家把十二星辰的位置與地上之州、國相對應，稱爲分野。淮南郡爲古楚國之地，故爲楚之分野。

［55］露布：謂公佈文書。

[56] 二百：百衲本、校點本作"三百"，殿本、盧弼《集解》本作"二百"。今從殿本等。趙幼文《校箋》云："《尚書·吕刑》：'大辟之罰，其屬二百。'此'罪在二百'，猶言罪在大辟也。故下文云'妻子同縣'，縣猶梟首。"

[57] 非事：趙幼文《校箋》謂《册府元龜》卷四五二引"非"字作"罪"。

[58] 折簡：胡三省云："古者，簡長二尺四寸，短者半之。漢制，簡長二尺，短者半之。蓋單執一札謂之簡。折簡者，折半之簡，言其禮輕也。"（《通鑑》卷七五魏邵陵厲公嘉平三年注）

[59] 敢不至：趙幼文《校箋》謂《世說新語·方正篇》注引無"敢"字。

[60] 逐折簡者故也：趙幼文《校箋》謂《世說新語·方正篇》注引無"故"字。

[61] 國家：漢魏人稱皇帝爲國家。

[62] 來西：謂西至洛陽。

[63] 棺釘：釘棺之釘。人死殮棺後，即以釘釘之。

[64] 掾屬：屬官之統稱。漢魏時，三公府及其他重要官府皆置掾屬。正曰掾，副曰屬。

[65] 身名並滅邪：吳金華《校詁》云："《世說新語·方正》注作'身名俱滅，命邪！'方與悲嘆語氣相吻。'命邪'猶古語'命矣乎！'此'命'字，疑脱。"

[66] 賈梁道：賈逵字梁道。

[67] 癘：百衲本、殿本作"厲"，盧弼《集解》本、校點本作"癘"。按，二字通，今從《集解》本等。

[68] 山陽：郡名。治所昌邑縣，在今山東金鄉縣西北。

[69] 器實：趙幼文《校箋》謂《册府元龜》卷七二六引"實"字作"識"。按，宋本《册府元龜》亦作"實"。《淮南子·泰族訓》："知械機而實衰也。"高誘注："實，質也。"

[70] 別駕：官名。別駕從事史之簡稱，爲州牧刺史之主要屬

吏，州牧刺史巡行各地時，別乘傳車從行，故名別駕。

［71］固：殿本、盧弼《集解》本作"固"，百衲本、校點本作"故"。今從殿本等。

［72］治中從事：官名。州牧刺史的主要屬吏，居中治事，主衆曹文書。

［73］愚病：趙幼文《校箋》謂郝經《續後漢書》"病"下有"卒"字。

［74］司徒：官名。曹魏後期，仍與太尉、司空並爲三公，第一品。爲名譽宰相，無實際職掌，多爲加官。

［75］反：百衲本、殿本作"及"。殿本《考證》盧明楷云："'及'字不可解，疑爲'反'字之誤。"盧弼《集解》本、校點本作"反"。今從之。

［76］而楊康白：趙幼文《校箋》謂《册府元龜》卷七六四引"而"字作"以"。按，宋本《册府元龜》亦作"而"。

［77］固故云無有：盧弼《集解》云："《通鑑》作'固固云無有'。胡注：'上固其名，下固固執也。'"

［78］錄：拘捕。

［79］與固對相詰：趙幼文《校箋》謂《册府元龜》卷七六四引"對"上有"同"字。按，宋本《册府元龜》亦無"同"字。

［80］老傭：周壽昌《注證遺》云"傭，殆即傭保雜作之傭，亦與呼老奴無異也。"

［81］廷尉：官名。秩中二千石，第三品，掌司法刑獄。

［82］馬隆：《晉書》卷五七有傳。

［83］滅人門宗矣：何焯謂蔣濟之言爲後人所增飾。若在曹爽執權時，蔣濟無緣有此言。而曹爽被誅殺後不久，蔣濟亦死。（見《義門讀書記》卷二六《三國志·魏志》）

［84］卬：百衲本作"邛"，殿本、盧弼《集解》本、校點本作"卬"。今從殿本等。卬，古"仰"字。

毌丘儉字仲恭，[1]河東聞喜人也。[2]父興，黃初中爲武威太守，[3]伐叛柔服，開通河右，[4]名次金城太守蘇則。[5]討賊張進及討叛胡有功，封高陽鄉侯。〔一〕入爲將作大匠。[6]儉襲父爵，爲平原侯文學。[7]明帝即位，爲尚書郎，[8]遷羽林監。[9]以東宮之舊，甚見親待。出爲洛陽典農。[10]時取農民以治宮室，儉上疏曰："臣愚以爲天下所急除者二賊，所急務者衣食。誠使二賊不滅，士民飢凍，雖崇美宮室，猶無益也。"遷荆州刺史。[11]

〔一〕《魏名臣奏》載雍州刺史張既表曰："河右遐遠，喪亂彌久，武威當諸郡路道喉轄之要，[12]加民夷雜處，數有兵難。領太守毌丘興到官，[13]内撫吏民，外懷羌、胡，卒使柔附，[14]爲官效用。黄華、張進初圖逆亂，扇動左右，興志氣忠烈，臨難不顧，爲將校民夷陳説禍福，言則涕泣。于時男女萬口，咸懷感激，形毀髮亂，誓心致命。尋率精兵踧脅張掖，[15]濟拔領太守杜通、西海太守張睦。[16]張掖番和、驪靬二縣吏民及郡雜胡棄惡詣興，[17]興皆安卹，使盡力田。興每所歷，盡竭心力，誠國之良吏。殿下即位，留心萬機，苟有毫毛之善，必有賞録，臣伏緣聖旨，指陳其事。"

[1] 毌丘：百衲本、殿本作"母丘"，盧弼《集解》本、校點本作"毌丘"。有學者謂古姓宜作"母丘"。但"毌丘"也是古姓。《史記》卷四六《田敬仲完世家》："（齊）宣公與鄭人會西城。伐衛，取毌丘。"《索隱》："毌音貫，古國名，衛之邑。今作'毌'者，字殘缺耳。"《正字通》："毌丘，地名，象人冠而名，遂有毌丘氏，後譌爲毋，諸家複姓毋丘音無，楊慎曰'當音貫'。"今從

《集解》本等。

　　[2] 河東：郡名。治所安邑縣，在今山西夏縣西北禹王城。聞喜：縣名。治所在今山西聞喜縣。

　　[3] 武威：郡名。治所武威縣，在今甘肅武威市。

　　[4] 河右：地區名。亦即河西。指黃河上游以西之地，即今甘肅河西走廊一帶。

　　[5] 金城：郡名。曹魏時治所在榆中縣，在今甘肅榆中縣西北黃河南岸。

　　[6] 將作大匠：官名。漢代，秩二千石，掌宮室、宗廟、陵寢及其他土木之營建。曹魏沿置，第三品。

　　[7] 平原侯：各本皆作"平原侯"。盧弼《集解》云："《明帝紀》黃初三年爲平原王。儉爲平原王文學，故下文有'以東宮之舊甚見親待'之語。非曹植所封之平原侯也。此傳'侯'字當爲'王'字之誤。"趙幼文《校箋》則謂《晋書》卷四八《閻纘傳》載閻纘上書理愍懷太子冤，其中列舉魏明帝曹叡有云："及至明帝，因母得罪，廢爲平原侯，爲置家丞庶子、師友文學，皆取正人，共相匡矯。"則曹叡曾降爲平原侯，"侯"字不誤。　文學：官名。曹魏置太子文學，諸王侯亦置，本爲文學侍從官，而常爲皇帝監督諸王侯之耳目。

　　[8] 尚書郎：官名。東漢之制，取孝廉之有才能者入尚書臺，初入臺稱守尚書郎中，滿一年稱尚書郎，三年稱侍郎，統稱尚書郎。曹魏襲之，而分曹有異。曹魏有殿中、吏部、駕部、度支等等二十五郎，秩皆四百石，第六品，主作文書起草。

　　[9] 羽林監：官名。秩六百石，第五品，掌羽林騎兵。宿衛宮禁，護從皇帝。又分爲羽林左、右監，分別主羽林左騎、右騎。

　　[10] 洛陽典農：此當爲洛陽典農中郎將，掌洛陽屯田區之農業生產、民政和田租，秩二千石，相當於郡太守，但直屬大司農。治所洛陽西南陽市邑，在今河南洛寧縣東北。

　　[11] 荊州：魏明帝時刺史治所宛縣，在今河南南陽市。

［12］路道：殿本、盧弼《集解》本作"路通"，百衲本、校點本作"路道"。今從百衲本等。

［13］領：盧弼《集解》謂元本作"頃"。領，兼任官職。

［14］卒使柔附：趙幼文《校箋》謂《册府元龜》卷六八八引作"士卒柔附"。按，宋本《册府元龜》作"卒柔附"。

［15］張掖：郡名。治所觻（lù）得縣，在今甘肅張掖市西北。

［16］西海：郡名。治所居延縣，在今内蒙古額爾濟納旗東南。

［17］番和：縣名。治所在今甘肅永昌縣。　驪靬（jiān）：縣名。治所在今甘肅永昌縣西南。

青龍中，[1]帝圖討遼東，[2]以儉有幹策，徙爲幽州刺史，[3]加度遼將軍，[4]使持節，[5]護烏丸校尉。率幽州諸軍至襄平，屯遼隧。[6]右北平烏丸單于寇婁敦、遼西烏丸都督率衆王護留等，[7]昔隨袁尚奔遼東者，[8]率衆五千餘人降。寇婁敦遣弟阿羅槃等詣闕朝貢，封其渠率二十餘人爲侯、王，賜輿馬繒采各有差。[9]公孫淵逆與儉戰，不利，引還。明年，帝遣太尉司馬宣王統中軍及儉等衆數萬討淵，定遼東。儉以功進封安邑侯，食邑三千九百户。[10]

正始中，儉以高句驪數侵叛，[11]督諸軍步騎萬人出玄菟，[12]從諸道討之。句驪王宫將步騎二萬人，[13]進軍沸流水上，[14]大戰梁口，[15]梁音渴。宫連破走。[16]儉遂束馬縣車，[17]以登丸都，[18]屠句驪所都，斬獲首虜以千數。句驪沛者名得來，數諫宫，〔一〕宫不從其言。得來歎曰："立見此地將生蓬蒿。"遂不食而死，舉國賢之。儉令諸軍不壞其墓，不伐其樹，得其妻子，皆放遣之。宮單將妻子逃竄。儉引軍還。六年，復征之，[19]宮遂奔買溝。[20]儉遣玄菟太守王頎追之，〔二〕過沃沮千有餘里，[21]至肅慎氏南界，[22]刻石紀功，[23]刊丸都之山，銘不耐之城。[24]諸所誅納八千餘口，論功受賞，侯者百餘人。穿山溉灌，民賴其利。

〔一〕臣松之按《東夷傳》：沛者，句驪國之官名。
〔二〕《世語》曰：頎字孔碩，東萊人。[25]晉永嘉中大賊王彌，[26]頎之孫。

[1] 青龍：魏明帝曹叡年號（233—237）。
[2] 遼東：郡名。治所襄平縣，在今遼寧遼陽市老城區。
[3] 幽州：刺史治所薊縣，在今北京城西南。
[4] 度遼將軍：官名。東漢安帝後常置，秩二千石，與使匈奴中郎將、護羌校尉、護烏丸校尉等同掌西北邊防及匈奴、鮮卑、烏丸、西羌諸部事。漢末，曾分置左、右度遼將軍。曹魏沿置，亦稱渡遼將軍。第三品。
[5] 使持節：漢末、三國，皇帝授予出征或出鎮之軍事長官的一種權力。至晉代，此種權力明確爲可誅殺二千石以下官員。若皇帝派遣大臣執行出巡或祭弔等事務時，加使持節，則表示權力和尊崇。
[6] 遼隧：縣名。治所在今遼寧遼陽市西南八十餘里太子河西岸高坨子附近。（詳《〈中國歷史地圖集〉釋文匯編（東北卷)》）
[7] 右北平：郡名。治所土垠縣，在今河北豐潤縣東南。　遼西：郡名。治所陽樂縣。東漢時陽樂縣在今遼寧義縣西偏南古城子溝，曹魏時移至今河北盧龍縣東南。　都督率衆王：烏丸王之稱號。　護留：本書卷三〇《烏丸傳》裴注引《魏略》作"護留葉"。

[8]袁尚：盧弼《集解》本作"袁紹"，百衲本、殿本、校點本作"袁尚"。今從百衲本等。

[9]繒采：校點本作"繒彩"，百衲本、殿本、盧弼《集解》本作"繒采"。今從百衲本等。繒采，彩色繒帛。

[10]食邑三千九百戶：趙幼文《校箋》謂《冊府元龜》卷三七六引無"食"字，《通志》引同。《通志》"三"又作"二"。

[11]高句驪：即高句麗，見本書卷三〇《東夷傳》。當時之國都在丸都城，在今吉林集安市西側山城子。(本《〈中國歷史地圖集〉釋文匯編(東北卷)》)

[12]玄菟：郡名。治所高句驪縣，在今遼寧沈陽城東上柏官屯古城。

[13]宮：即位宮。高句麗王名。　二萬人：趙幼文《校箋》謂《太平御覽》卷二七八引"二"字作"三"。

[14]進軍：趙幼文《校箋》謂《太平御覽》卷二七八、卷三二一引"進"字作"逆"。　沸流水：即今遼寧、吉林境鴨綠江支流渾江。

[15]梁口：地名。在今吉林通化市西南江口村附近。(見《〈中國歷史地圖集〉釋文匯編(東北卷)》)

[16]宮連破走：百衲本"連"字作"軍"，殿本、盧弼《集解》本、校點本作"連"。今從殿本等。

[17]束馬縣(xuán)車：包裹馬足，掛牢車子，以防滑跌傾覆。形容路險難行。

[18]丸都：趙幼文《校箋》謂《太平御覽》卷三一二引"都"下有"山"字。按，丸都山在今吉林集安市西北五里之山城子。(見《〈中國歷史地圖集〉釋文匯編(東北卷)》)

[19]復征之：王國維《觀堂集林·魏毌丘儉丸都山紀功石刻跋》考證，謂無六年復征之事。其說詳見本書卷三〇《東夷高句麗傳》注。

[20]買溝：即買溝婁。城名。在今朝鮮咸鏡北道之會寧，圖

門江右岸。（見《〈中國歷史地圖集〉釋文匯編（東北卷）》）。

〔21〕沃沮：東北古部族名。以長白山爲界，分爲南北沃沮。南沃沮又名東沃沮，在今朝鮮咸鏡道；北沃沮當在今圖門江流域一帶。

〔22〕肅慎：東北古部族名。分佈於今牡丹江、東流松花江及黑龍江下游流域一帶。

〔23〕刻石紀功：清光緒末，輯安縣因修路，在嶺上發現一刻石，殘存四十八字（王國維《觀堂集林·魏毌丘儉丸都山紀功石刻跋》謂殘存五十字），其中有"正始三年高句驪""復遣寇六年五月"等字。經研究，此刻石即《毌丘儉丸都山紀功刻石》。輯安縣即今集安市，亦即漢魏時之丸都城。（見袁維春《三國碑述》）

〔24〕不耐：城名。在今朝鮮江原道安邊郡，一說在江原道德源附近。

〔25〕東萊：郡名。治所黃縣，在今山東龍口市東南舊黃縣東黃城集。

〔26〕永嘉：晋懷帝司馬熾年號（307—313）。 王彌：《晋書》卷一〇〇有傳。

遷左將軍，[1]假節、監豫州諸軍事，[2]領豫州刺史，轉爲鎮南將軍。[3]諸葛誕戰于東關，[4]不利，乃令誕、儉對換。誕爲鎮南，都督豫州。儉爲鎮東，[5]都督揚州。吳太傅諸葛恪圍合肥新城，[6]儉與文欽禦之，太尉司馬孚督中軍東解圍，恪退還。

初，儉與夏侯玄、李豐等厚善。揚州刺史、前將軍文欽，曹爽之邑人也，驍果麤猛，數有戰功，好增虜獲，以徼寵賞，多不見許，怨恨日甚。儉以計厚待欽，情好歡洽。欽亦感戴，投心無貳。正元二年正月,[7]有彗星數十丈,西北竟天,起于吴、楚之分。儉、欽喜,以爲己祥。遂矯太后詔,罪狀大將軍司馬景王,[8]移諸郡國,舉兵反。迫脅淮南將守諸別屯者,及吏民大小,皆入壽春城,爲壇於城西,歃血稱兵爲盟,分老弱守城,儉、欽自將五六萬衆渡淮,西至項。儉堅守,欽在外爲游兵。[一]

〔一〕儉、欽等表曰:"故相國懿,[9]匡輔魏室,歷事忠貞,故烈祖明皇帝授以寄託之任。懿戮力盡節,以寧華夏。又以齊王聰明,無有穢德,乃心勤盡忠以輔上,天下賴之。懿欲討滅二虜以安宇内,[10]始分軍糧,克時同舉,未成而薨。[11]齊王以懿有輔己大功,故遂使師承統懿業,委以大事。而師以盛年在職,無疾託病,坐擁彊兵,無有臣禮,朝臣非之,義士譏之,天下所聞,其罪一也。懿造計取賊,多賫軍糧,克期有日。師爲大臣,[12]當除國難,又爲人子,當卒父業。哀聲未絶而便罷息,[13]爲臣不忠,爲子不孝,其罪二也。賊退過東關,坐自起衆,三征同進,[14]喪衆敗績,歷年軍實,一旦而盡,致使賊來,天下騷動,死傷流離,其罪三也。賊舉國悉衆,號五十萬,來向壽春,圖詣洛陽,會太尉孚與臣等建計,乃杜塞要險,不與爭鋒,還固新城。[15]淮南將士,衝鋒履刃,晝夜相守,勤瘁百日,死者塗地,自魏有軍已來,[16]爲難苦甚,莫過於此。而師遂意自由,不論封賞,權勢自在,無所領録,其罪四也。故中書令李豐等,[17]以師無人臣節,欲議退之。師知而請豐,其夕拉殺,[18]載尸埋棺。豐等爲大臣,帝王腹心,[19]擅加酷暴,死無罪名,師有無君之心,其罪五也。懿每歎説齊王自堪人主,君臣之義定。奉事以來十有五載,始欲歸政,按行武庫,詔問禁兵不得妄出。師自知姦慝,人神所不祐,矯廢君主,加之以罪。孚,師之叔父,性甚仁孝,追送齊王,悲不自勝。羣臣皆怒而師懷忍,不顧大義,其罪六也。又故光祿大夫張緝,[20]無罪而誅,[21]夷其妻子,并及母后,[22]逼恐至尊,彊催督遣,[23]臨時哀愕,莫不傷痛;而師稱慶,反以歡喜,其罪七也。陛下踐阼,聰明神武,事經聖心,欲崇省約,天下聞之,莫不歡慶;而師不自改悔,脩復臣禮,而方徵兵募士,毀壞宮內,列侯自衞。陛下即阼,初不朝覲。陛下欲臨幸師舍以省其疾,復拒不通,不奉法度,其罪八也。近者領軍許允當爲鎮北,[24]以廚錢給賜,而師舉奏加辟,雖云流徙,道路餓殺,天下聞之,莫不哀傷,其罪九也。三方之守,一朝闕廢,多選精兵,以自營衞,五營領兵,[25]闕而不補,多載器杖,充聚本營,天下所聞,人懷憤怨,讒言盈路,以疑海內,其罪十也。多休守兵,以占高第,以空虛四表,欲擅彊勢,以逞姦心,募取屯田,加其復賞,阻兵安忍,壞亂舊法。合聚諸藩王公以著鄴,欲悉誅之,一旦舉事廢主。天不長惡,使目腫不成,[26]其罪十一也。臣等先人皆隨從太祖武皇帝征討凶暴,獲成大功,與高祖文皇帝即受漢禪,開國承家,猶堯舜相傳也。臣與安豐護軍鄭翼、廬江護軍呂宣、太守張休、淮南太守丁尊、督守合肥護軍王休等議,[27]各以累世受恩,千載風塵,思盡軀命,以完全社稷安主爲效。斯義苟立,雖焚妻子,吞炭漆身,[28]死而不恨也。按師之罪,宜加大辟,[29]以彰姦慝。《春秋》之義,一世爲善,十世宥之。懿有大功,海內所書,依古典議,廢師以侯就第。弟昭,忠肅寬明,樂善好士,有高世君子之度,忠誠爲國,不與師同。臣等碎首所保,可以代師輔導聖躬。太尉孚,忠孝小心,所宜親寵,授以保傅。護軍、散騎常侍望,[30]忠公親事,當官稱能,奉迎乘輿,[31]有宿衞之功,[32]可爲中領軍。《春秋》之義,大義滅親,故周公誅弟,[33]石碏戮子,[34]季友鴆兄,[35]上爲國計,下全宗族。殛鯀用禹,[36]聖人明典,古今所稱。乞陛下下臣等所奏,朝堂博議。臣言當道,使師遜位避賢者,罷兵去備,如三皇舊法,[37]則天下協同。若師負勢恃衆不自退者，臣等率將所領，晝夜兼行，惟命是授。臣等今日所奏，惟欲使大魏永存，使陛下得行君意，遠絶亡之禍，百姓安全，六合一體，使忠臣義士，不愧於三皇五帝耳。[38]臣恐兵起，天下擾亂，臣輒上事，移三征及州郡國典農，各安慰所部吏民，不得妄動，謹具以狀聞。惟陛下愛養精神，明慮危害，以寧海内。師專權用勢，賞罰自由，聞臣等舉衆，必下詔禁絶關津，使驛書不通，擅復徵調，有所收捕。此乃師詔，非陛下詔書，在所皆不得復承用。臣等道遠，懼文書不得皆通，輒臨時賞罰，以便宜從事，須定集上也。"[39]

　　[1]左將軍：官名。東漢時，位如上卿，與前、後、右將軍掌京師兵衛與邊防屯警。魏、晋亦置，第三品。權位漸低，略高於一般雜號將軍，不典禁兵，不與朝政，僅領兵征戰。
　　[2]豫州：魏齊王曹芳正始末刺史治所安成縣，在今河南正陽縣東北南汝河西南岸。　監諸軍事：爲地方軍政長官，位在都督諸軍事下，督諸軍事上，職掌略同。
　　[3]鎮南將軍：官名。第二品。位次四征將軍，領兵如征南將軍。多爲持節都督，出鎮方面。
　　[4]東關：地名。在今安徽巢湖市東南裕溪河東岸。詳解見本書卷四《三少帝紀》齊王芳嘉平四年"東關"注。
　　[5]鎮東：即鎮東將軍。品、位同鎮南將軍。
　　[6]合肥新城：在今安徽合肥市西北。
　　[7]正元：魏少帝高貴鄉公曹髦年號（254—256）。
　　[8]大將軍：官名。東漢時，常兼録尚書事，與太傅、太尉等共同主持政務。漢末，位在三公上。曹魏時爲上公，第一品。　司馬景王：即司馬師。魏末其弟司馬昭爲晉王後，追尊他爲景王。
　　[9]相國：官名。建安十八年（213）魏國建，置丞相，至二十一年改爲相國。職掌不變。

［10］以安宇内：趙幼文《校箋》謂郝經《續後漢書》"安"字作"一"。

［11］未成：趙幼文《校箋》謂郝經《續後漢書》"成"字作"行"。

［12］大臣：趙幼文《校箋》謂郝經《續後漢書》"大"字作"人"。

［13］哀聲：趙幼文《校箋》謂郝經《續後漢書》"哀"字作"哭"。

［14］三征：指征南大將軍王昶、征東將軍胡遵、鎮南將軍毌丘儉等。

［15］新城：指合肥新城。

［16］有軍：趙幼文《校箋》謂郝經《續後漢書》"有"字作"興"。

［17］中書令：官名。秩千石，第三品。魏文帝黄初初，改秘書令置，與中書監並掌樞密。

［18］拉殺：用杖擊殺。事詳見本書卷九《夏侯尚附玄傳》及裴注引《世語》《魏氏春秋》《魏略》等。

［19］帝王：趙幼文《校箋》謂郝經《續後漢書》"王"字作"主"。

［20］光禄大夫：官名。秩比二千石，第三品，位次三公。無定員，無固定職守，相當於顧問。諸公告老及在朝重臣加此銜以示優重。

［21］無罪而誅：事亦見本書卷九《夏侯尚附玄傳》。

［22］母后：張緝女張皇后。司馬師誅張緝後，又逼少帝齊王曹芳廢張皇后。

［23］彊催：百衲本"彊"字作"疆"，殿本、盧弼《集解》本、校點本作"彊"。今從殿本等。

［24］領軍：官名。即領軍將軍。掌禁軍，主五校、中壘、武衛三營。第三品。資輕者則稱中領軍。按，本書卷九《夏侯尚附玄

傳》，許允爲中領軍。許允事亦見該傳及裴注引《魏略》。　鎮北：即鎮北將軍。品、位同鎮南將軍。

［25］五營：指屯騎、越騎、步兵、長水、射聲等五校尉所領之營兵。

［26］目腫：司馬師晚年患目瘤。

［27］安豐：郡名。治所安風縣，在今安徽霍邱縣西南。　護軍：官名。諸要鎮及將軍領兵出征者，皆置此官。第六品。　廬江：郡名。魏時治所陽泉縣，在今安徽霍邱縣西。（本洪亮吉《補三國疆域志》）

［28］吞炭漆身：春秋末，晉人豫讓爲智伯客，智伯甚尊寵之。後趙襄子與韓、魏合謀滅智伯，三分其地。豫讓爲了報答智伯知遇之恩，變易姓名刺殺趙襄子。被趙襄子認出後，豫讓又漆身爲癩，吞炭爲啞，毀形變態以刺趙襄子。最終雖未刺到趙襄子，卻得襄子之許，擊刺其衣後自殺而死。（見《史記》卷八六《刺客列傳》）

［29］大辟：死刑。

［30］護軍：此爲護軍將軍。掌禁兵，主武官選舉，隸屬領軍。資重者稱護軍將軍，資輕者稱中護軍。　望：司馬望。司馬孚之子。又按，本書卷四《三少帝紀》及裴注引《魏書》《晉諸公贊》，司馬望之官乃中護軍。

［31］奉迎：校點本"奉"字作"遠"，百衲本、殿本、盧弼《集解》本皆作"奉"。今從百衲本等。

［32］功：百衲本作"舊"，殿本、盧弼《集解》本、校點本作"功"。今從殿本等。

［33］周公誅弟：指周公誅管叔，放蔡叔。管、蔡皆周公之弟。成王即位之初，管、蔡助紂子武庚叛亂。周公平叛而誅放之。《左傳·襄公二十一年》祁奚曰："管、蔡爲戮，周公右王。"

［34］石碏（què）戮子：石碏，春秋時衛國大夫。衛莊公寵愛寵姬之子州吁，而州吁好武傲慢。石碏諫莊公，莊公不聽。石碏之子石厚與州吁親近，石碏禁之不可。至衛桓公即位後，州吁竟殺

桓公而自立。但州吁不得百姓擁護，君位不穩固。石厚問石碏穩定君位之法。石碏要州吁去請陳桓公引薦朝覲周天子，即可取得合法地位。及石厚與州吁到達陳國，石碏即派人告陳國，二人實殺衛君者。陳國即擒拘二人，請衛國派人至陳國處置。衛人遂使右宰往陳國殺死州吁；石碏亦遣其管家往陳國殺了石厚。（見《左傳》隱公三年、四年）

　　[35] 季友：春秋時魯莊公之季弟。魯莊公有三弟，長曰慶父，次曰叔牙，次曰季友。莊公無嫡子，有庶子斑及開，而莊公愛斑，欲以爲嗣。至莊公疾病，問叔牙誰可爲嗣，叔牙以魯有兄終弟及之例而薦慶父。莊公又問季友，季友答："請以死立斑也。"莊公曰："曩者叔牙欲立慶父，奈何？"季友遂以莊公命召叔牙至鍼巫氏家，使鍼季逼叔牙飲鴆酒。叔牙死，魯立其子爲叔孫氏。（見《史記》卷三三《魯周公世家》，又見《左傳·莊公三十二年》）

　　[36] 殛鯀用禹：堯聽四岳之薦，用鯀治水，九年不成。舜繼堯後，遂殛（誅）鯀於羽山，用鯀子禹繼續治水，終成大功。（見《史記》卷一《五帝本紀》）

　　[37] 三皇：指武皇帝曹操、文皇帝曹丕、明皇帝曹叡。

　　[38] 三皇五帝：盧弼《集解》本作"三王五帝"，百衲本、殿本、校點本作"三皇五帝"。今從百衲本等。此"三皇五帝"，指上古之三皇五帝，即伏羲、女媧、神農爲三皇（本《風俗通·皇霸》），黃帝、顓頊、嚳、堯、舜爲五帝（見《史記·五帝本紀》）。

　　[39] 集上：百衲本、殿本作"集上"，盧弼《集解》本、校點本作"表上"，郝經《續後漢書》亦作"集上"。今從百衲本等。

　　大將軍統中外軍討之，別使諸葛誕督豫州諸軍從安風津擬壽春，[1]征東將軍胡遵督青、徐諸軍出于譙、宋之間，[2]絕其歸路。大將軍屯汝陽，[3]使監軍王基督前鋒諸軍據南頓以待之。[4]令諸軍皆堅壁勿與戰。儉、欽進不得鬭,退恐壽春見襲,不得歸,計窮不知所爲。淮南將士,家皆在北,衆心沮散,[5]降者相屬,惟淮南新附農民爲之用。大將軍遣兗州刺史鄧艾督泰山諸軍萬餘人至樂嘉,[6]示弱以誘之,大將軍尋自(洙)〔汝陽〕至。[7]欽不知,果夜來欲襲艾等,會明,見大軍兵馬盛,乃引還。〔一〕大將軍縱驍騎追擊,大破之,欽遁走。是日,儉聞欽戰敗,恐懼夜走,衆潰。比至慎縣,[8]左右人兵稍棄儉去,儉獨與小弟秀及孫重藏水邊草中。安風津都尉部民張屬就射殺儉,[9]傳首京都。屬封侯。秀、重走入吳。將士諸爲儉、欽所迫脅者,悉歸降。〔二〕

〔一〕《魏氏春秋》曰:欽中子俶,[10]小名鴦。年尚幼,勇力絶人,謂欽曰:"及其未定,擊之可破也。"於是分爲二隊,夜夾攻軍。俶率壯士先至,[11]大呼大將軍,[12]軍中震擾。欽後期不應。會明,俶退,欽亦引還。

《魏末傳》曰:殿中人姓尹,字大目,[13]小爲曹氏家奴,[14]常侍在帝側,大將軍將俱行。大目知大將軍一目已突出,啓云:"文欽本是明公腹心,但爲人所誤耳,又天子鄉里。"[15]大目昔爲文欽所信,乞得追解語之,令還與公復好。"大將軍聽遣大目單身往,乘大馬,被鎧胄,[16]追及欽,[17]遥相與語。大目心實欲曹氏安,謬言:"君侯何苦(若)不可復忍數日中也!"[18]欲使欽解其旨。欽殊不悟,乃更厲聲罵大目:"汝先帝家人,不念報恩,而反與司馬師作逆;不顧上天,天不祐汝!"乃張弓傅矢欲射大目,大目涕泣曰:"世事敗矣,善自努力也。"

〔二〕欽與郭淮書曰:"大將軍昭伯與太傅(伯)俱受顧命,[19]登牀把臂,託付天下,此遠近所知。後以勢利,乃絶其祀,及其親黨，皆一時之俊，可為痛心，[20]柰何柰何！公侯恃與大司馬公恩親分著，[21]義貫金石，當此之時，想益毒痛，有不可堪也。王太尉嫌其專朝，[22]潛欲舉兵，事竟不捷，[23]復受誅夷，害及楚王，想甚追恨。太傅既亡，然其子師繼承父業，肆其虐暴，日月滋甚，放主殺后，[24]殘戮忠良，包藏禍心，遂至篡弒。此可忍也，孰不可忍？欽以名義大故，事君有節，忠憤內發，[25]忘寢與食，無所吝顧也。會毌丘子邦自與父書，[26]騰說公侯，盡事主之義，欲奮白髮，[27]同符太公，惟須東問，影響相應，聞問之日，能不慷慨！是以不顧妻孥之痛，即與毌丘鎮東舉義兵三萬餘人，西趨京師，欲扶持王室，掃除姦逆。企踵西望，不得聲問，魯望高子，[28]不足喻急。夫當仁不讓，況救君之難，度道遠艱，故不果期要耳。然同舟共濟，安危勢同，禍痛已連，[29]非言飾所解，自公侯所明也。共事曹氏，積信魏朝，行道之人，皆所知見。然在朝之士，冒利偷生，烈士所恥，公侯所賤，賈豎所不忍為也，況當塗之士邪？軍屯住項，小人以閏月十六日別進兵，就于樂嘉城討師，師之徒眾，尋時崩潰，其所斬截，不復警原，但當長驅徑至京師，而流言先至，毌丘不復詳之，更謂小人為誤，諸軍便爾瓦解。毌丘還走，追尋釋解，無所及。小人還項，復遇王基等十二軍，追尋毌丘，進兵討之，即時克破，所向全勝，要那後無繼何？[30]孤軍梁昌，[31]進退失所，還據壽春，壽春復走，狼狽躓閡，無復他計，惟當歸命大吳，借兵乞食，繼踵伍員耳。[32]不若，僕隸如何快心復君之讐，[33]永使曹氏少享血食，此亦大國之所祐念也。想公侯不使程嬰、杵臼擅名於前代，[34]而使大魏獨無鷹揚之士與？今大吳敦崇大義，深見愍悼。然僕於國大分連接，遠同一勢。日欲俱舉，[35]瓜分中國，[36]不願偏取以為己有。公侯必欲共忍帥胸懷，[37]宜廣大勢，恐秦川之卒不可孤舉。[38]今者之計，宜屈己伸人，託命歸漢，東西俱舉，爾乃可克定師黨耳。[39]深思鄙言，若愚計可從，宜使漢軍克制期要，使六合校考與周、召同封，[40]以託付兒孫。此亦非小事也，大丈夫寧處其落落，[41]是以遠呈忠心，[42]時望嘉應。"時郭淮已卒，[43]欽未知，故有此書。

《世語》曰：毌丘儉之誅，黨與七百餘人，傳侍御史杜友治獄，[44]惟舉首事十人，[45]餘皆奏散。友字季子，東郡人，仕晉冀州刺史、河南尹。[46]子默，字世玄，歷吏部郎、衛尉。[47]

[1]安風津：津渡名。在今安徽霍邱縣北淮河上。

[2]徐：州名。刺史治所彭城縣，在今江蘇徐州市。　譙：縣名。治所在今安徽亳州市。　宋：縣名。治所在今安徽太和縣北。

[3]汝陽：縣名。治所在今商水縣西北。

[4]監軍：官名。三國時期，諸軍出征，多置監軍監視將帥，權勢頗重。　南頓：縣名。治所在今河南項城市南頓集。

[5]沮散：盧弼《集解》本作"沮喪"，百衲本、殿本、校點本作"沮散"。今從百衲本等。

[6]泰山：郡名。治所奉高縣，在今山東泰安市東。　樂嘉：西漢時爲汝南郡之博陽侯國，王莽時改名樂嘉（今本《漢書》作"樂家"）。東漢時雖未設縣，樂嘉之名卻一直保存。故址在今河南商水縣東南。（本《讀史方輿紀要》）

[7]汝陽：各本皆作"洙"。盧弼《集解》云："'洙'當作'汝'，上文'大將軍屯汝陽'是也。《晉書·景帝紀》帝屯汝陽，潛軍銜枚徑造嘉樂。"趙幼文《校箋》謂郝經《續後漢書》作"師自汝陽至"（按，實作"師自汝陽潛兵就艾於樂嘉"），"洙"字作"汝"，下多"陽"字，蓋此脫。今從盧、趙說改。

[8]慎縣：百衲本作"鎮縣"，今從殿本、盧弼《集解》本、校點本作"慎縣"。慎縣治所在今安徽潁上縣西北江口集。

[9]都尉：官名。西漢時郡置都尉，輔佐郡守並掌本郡軍事。東漢廢除，僅在邊郡或關塞之地置都尉及屬國都尉，並漸漸分縣治民，職如太守。魏、晉皆置，第五品。此乃駐守安風津之都尉。

［10］俶：盧弼《集解》本作"淑"，百衲本、殿本、校點本作"俶"。今從百衲本等。

［11］俶：百衲本作"隊"，殿本、盧弼《集解》本、校點本作"俶"。今從殿本等。

［12］大呼大將軍：謂大呼司馬師之名。史家諱言名。

［13］大目：胡三省云："大目時爲殿中校尉。"（《通鑑》卷七六魏高貴鄉公正元二年注）殿中校尉，曹魏置，第七品。領兵侍衛殿內。

［14］小：趙幼文《校箋》謂《册府元龜》卷四五二、卷七六八（當作七六〇）引作"少"。

［15］天子鄉里：文欽爲譙郡人，故爲曹氏鄉里。

［16］鎧胄：校點本作"鎧甲"，百衲本、殿本、盧弼《集解》本、《通鑑》等均作"鎧胄"。今從百衲本等。

［17］追及欽：盧弼《集解》本作"追及欽"，百衲本、殿本、校點本作"追文欽"。按，上文已言文欽，下句又謂"遙相與語"，作"及"爲是，今從《集解》本。

［18］君侯：對封侯者之尊稱。文欽曾封山桑侯。　何苦：百衲本、殿本作"何若若"，盧弼《集解》本、校點本作"何苦若"。殿本《考證》謂《册府元龜》作"何苦"，無"若"字。《通鑑》亦同。趙幼文《校箋》謂此《册府元龜》見卷四五〇與卷七六〇。今從《集解》本與《册府元龜》《通鑑》。又胡三省注此句云："蓋謂文欽何不堅忍數日，與師相持，師病已篤，必當有變也。"

［19］昭伯：曹爽字昭伯。　太傅：各本"太傅"下皆有"伯"字。殿本《考證》云："'伯'字疑衍，或爲'昔'字之訛。"校點本即據殿本《考證》删"伯"字。今從之。太傅，指司馬懿。

［20］可爲：百衲本作"可謂"，殿本、盧弼《集解》本、校點本作"可爲"。今從殿本等。

［21］公侯：對封侯者的尊稱。郭淮最後封爲陽曲侯。　恃：

盧弼《集解》云："疑作'特'。" 大司馬公：指曹真。曹真於魏明帝太和四年（230）爲大司馬。

[22] 王太尉：指王淩。

[23] 事竟不捷：百衲本作"事克不捷"，殿本作"事竟不就"，盧弼《集解》本、校點本作"事竟不捷"。今從《集解》本等。

[24] 殺后：校點本作"弒后"，百衲本、殿本、盧弼《集解》本均作"殺后"。今從百衲本等。

[25] 忠憤：百衲本"忠"字作"忩"，殿本、盧弼《集解》本、校點本作"忠"。今從殿本等。

[26] 毌丘子邦：毌丘儉子甸，字子邦。見後裴注引《世語》。

[27] 白髮：指年老之郭淮。盧弼《集解》云："郭淮於建安中舉孝廉，至正元時，當已七八十矣。"

[28] 高子：春秋時齊國大夫。魯國之慶父與莊公妻哀姜私通，莊公死後，季友立子般（即斑）爲君。不久，慶父使人殺子般，立哀姜妹之子開爲君，是爲閔公。閔公二年（前660），哀姜又與慶父謀殺閔公而立慶父。正當此時，齊桓公"使高子將南陽之甲，立僖公而城魯。或曰自鹿門至於爭門者是也。或曰自爭門至於吏門者是也。魯人至今以爲美談，曰'猶望高子也'"。（《公羊傳》閔公二年。此事又見《國語·齊語》）

[29] 已連：趙幼文《校箋》謂郝經《續後漢書》"連"字作"受"。

[30] 要：吳金華《校詁》謂"要"爲轉折連詞。猶今語"然而畢竟"。趙幼文《校箋》則謂郝經《續後漢書》"要"字作"而"。那：盧弼《集解補》云："顧炎武曰：六朝人多書'奈'爲'那'。《宋書·劉敬宣傳》牢之曰'平玄之後令我那驃騎何'。唐人詩多以'無奈'爲'無那'。"又按，王引之《經傳釋詞》卷六亦云："那者，奈之轉也。"

[31] 梁昌：地名。盧弼《集解》云："未詳。當在壽春

之北。"

[32] 伍員（yún）：春秋時楚國人，名員，字子胥。楚平王時，其父伍奢爲大夫，後被平王所殺。子胥逃亡至吳國，助吳王闔閭取得王位，並整軍經武，國勢日盛。後奉闔閭命，帶兵攻入楚都，楚昭王外逃，遂掘平王墓，鞭屍三百，以報父兄被殺之仇。（見《史記》卷六六《伍子胥列傳》）

[33] 不若：不如此。趙幼文《校箋》謂郝經《續後漢書》"不若"下有"是"字。 僕隸：趙幼文《校箋》謂郝經《續後漢書》無"隸"字。按，《續後漢書》實無"僕隸"二字。

[34] 程嬰：春秋時晉國人，趙朔之友。晉景公時，大夫屠岸賈爲司寇，擅自與諸將攻趙氏，殺趙朔、趙同、趙括、趙嬰齊，皆滅其族。趙朔妻乃晉成公姊，已有身孕，逃入成公宮中藏匿。趙朔門客公孫杵臼因與程嬰密謀保全趙氏後嗣，並約定杵臼先死。至趙朔妻生子後，公孫杵臼取他人之嬰兒背負入山，因被諸將追殺之。程嬰得以保全趙氏孤兒。十五年後，在韓厥幫助下，晉景公得知趙氏孤兒趙武猶在，遂召入宮中，脅迫諸將與之相見。諸將又與程嬰、趙武攻殺屠岸賈，滅其族。晉景公又恢復了趙氏田邑。程嬰信守與公孫杵臼之約，自殺而死。（見《史記》卷四三《趙世家》）

[35] 日欲：百衲本作"曰欲"，殿本、盧弼《集解》本、校點本作"日欲"。今從殿本等。 俱舉：趙幼文《校箋》謂郝經《續後漢書》"舉"字作"與"。

[36] 瓜分：百衲本、殿本作"分分"，殿本《考證》云："元本作'瓜分'。"盧弼《集解》本、校點本亦作"瓜分"。今從《集解》本等。

[37] 帥：殿本、盧弼《集解》本作"師"，百衲本、校點本作"帥"。今從百衲本。盧弼《集解》又云："此處疑有脱誤。"

[38] 秦川：地區名。指今陝西、甘肅秦嶺以北渭水平原一帶。當時郭淮爲征西將軍，都督雍、涼諸軍事，正督帥該地區之軍隊。

[39] 爾：趙幼文《校箋》謂郝經《續後漢書》無"爾"字。

〔40〕周召：指周公、召公。周公封於魯，召公封於燕，皆世代相傳。

〔41〕落落：猶言磊落。

〔42〕遠呈：百衲本"呈"字作"逞"，殿本、盧弼《集解》本、校點本作"呈"。今從殿本等。

〔43〕郭淮已卒：潘眉《考證》云："文欽此書作於正元二年閏正月十六日己亥之後，郭淮在正月三十日癸未卒。"

〔44〕傳：趙幼文《校箋》謂郝經《續後漢書》無"傳"字。侍御史：官名。秩六百石，第七品。掌察舉非法，受公卿群吏奏事，有違失者舉劾之。

〔45〕惟舉：趙幼文《校箋》謂郝經《續後漢書》"舉"字作"誅"。

〔46〕冀州：西晉時，刺史治所房子縣，在今河北高邑縣西南。河南尹：官名。秩二千石。東漢建都洛陽，將京都附近二十一縣合為一行政區，稱河南尹，相當於一郡；河南尹的長官亦稱河南尹，地區名與官名相同。魏晉因之，第三品。

〔47〕吏部郎：官名。尚書吏部曹之長官，屬吏部尚書，主管官吏選任銓叙調動事務，可建議任免五品以下官吏。秩四百石，第六品。　衛尉：官名。秩中二千石，第三品，掌宮門及宮中警衛。西晉時尚兼管武庫、冶鑄。

儉子旬為治書侍御史，[1]先時知儉謀將發，私出將家屬逃走新安靈山上。[2]別攻下之，夷儉三族。〔一〕

〔一〕《世語》曰：旬字子邦，有名京邑。齊王之廢也，旬謂儉曰："大人居方嶽重任，[3]國傾覆而晏然自守，[4]將受四海之責。"儉然之。大將軍惡其為人也。及儉起兵，問屈頓所在，云不來無能為也。[5]儉初起兵，遣子宗四人入吳。太康中，[6]吳平，宗兄弟皆還中國。宗字子仁，有儉風，至零陵太守。[7]宗子奥，巴東監軍、益州刺史。[8]

習鑿齒曰：毌丘儉感明帝之顧命，[9]故爲此役。君子謂毌丘儉事雖不成，可謂忠臣矣。夫竭節而赴義者我也，成之與敗者時也，我苟無時，成何可必乎？忘我而不自必，乃所以爲忠也。古人有言："死者復生，生者不愧。"若毌丘儉可謂能不愧也。[10]

[1]治書侍御史：官名。秩六百石，職掌依據法律審理疑獄，與符節郎共平廷尉奏事。以明習法律者充任。

[2]新安：縣名。治所在今河南澠池縣東。趙一清《注補》："《水經·穀水注》：皁澗水出新安縣東南，流逕毌丘興盛墓東。靈山當在其境。旬時蓋還守祖墓也。"

[3]方嶽重任：胡三省云：古者天子巡狩四方，其方之諸侯各會朝於方岳之下。魏晉之時，征、鎮、安、平總督諸軍，任專方面，時因謂之方岳重任。（《通鑑》卷七六魏高貴鄉公正元年注）

[4]國傾覆：趙幼文《校箋》謂郝經《續後漢書》"國"下有"家"字。

[5]云不來無能爲也：趙幼文《校箋》謂此句疑有奪文，詞義不明。考蕭常《續後漢書》云："司馬師問甸所在，知其不行，曰甸不來，儉無能爲也。"郝經《續後漢書》"來"下亦有"曰"字。

[6]太康：晉武帝司馬炎年號（280—289）。

[7]零陵：郡名。治所泉陵縣，在今湖南永州市。

[8]巴東：郡名。治所魚復縣，在今重慶奉節縣東白帝城。監軍：地方軍政長官。東漢末監軍或兼掌軍務，魏晉南北朝諸州或闕都督，則置監諸軍事，簡稱監軍，爲該地區軍政長官，位在都督諸軍事下，督諸軍事上，職掌略同。巴東爲益州軍事要鎮，故置監軍。　益州：刺史治所成都縣，在今四川成都市舊東、西城區。

[9] 顧命：帝王臨終之遺命。

[10] 能不愧：百衲本、殿本、盧弼《集解》本作"能不愧"，盧弼又謂馮夢禎刊本無"能"字，校點本亦無"能"字。而郝經《續後漢書·毌丘儉傳》苟宗道注引有"能"字，今從百衲本等。

欽亡入吳，吳以欽爲都護、假節、鎮北大將軍、幽州牧、譙侯。〔一〕[1]

〔一〕欽降吳表曰："稟命不幸，常隸魏國，（兩）〔雨〕絶於天。[2]雖側伏隅都，自知無路。司馬師滔天作逆，廢害二主，[3]辛、癸、高、莽，[4]惡不足喻。欽累世受魏恩，烏鳥之情，[5]竊懷憤踴，[6]在三之義，[7]期於弊仆。前與毌丘儉、郭淮等俱舉義兵，當共討師，掃除凶孽，誠臣悽悽愚管所執。智慮淺薄，微節不騁，進無所依，悲痛切心。退惟不能扶翼本朝，抱愧俛仰，靡所自厝。冒緣古義，固有所歸，庶假天威，得展萬一，僵仆之日，亦所不恨。輒相率將，歸命聖化，慚偷苟生，非辭所陳。謹上還所受魏使持節、前將軍、山桑侯印綬。[8]臨表惶惑，伏須罪誅。"

《魏書》曰：欽字仲若，譙郡人。[9]父稷，建安中爲騎將，[10]有勇力。欽少以名將子，材武見稱。魏諷反，欽坐與諷辭語相連，及下獄，掠笞數百，當死，太祖以稷故赦之。太和中，[11]爲五營校督，[12]出爲牙門將。[13]欽性剛暴無禮，所在倨傲陵上，不奉官法，輒見奏遣，明帝抑之。後復以爲淮南牙門將，轉爲廬江太守、鷹揚將軍。[14]王淩奏欽貪殘，不宜撫邊，求免官治罪，由是徵欽還。曹爽以欽鄉里，厚養待之，不治欽事。復遣還廬江，加冠軍將軍，[15]貴寵踰前。欽以故益驕，好自矜伐，以壯勇高人，頗得虛名於三軍。曹爽誅後，進欽爲前將軍以安其心，[16]後代諸葛誕爲揚州刺史。自曹爽之誅，欽常內懼，與諸葛誕相惡，無所與謀。會誕去兵，[17]毌丘儉往，乃陰共結謀。戰敗走，[18]晝夜間行，追者不及，遂得入吴，孫峻厚待之。欽雖在他國，不能屈節下人，自吕據、朱異等諸大將皆憎疾之，惟峻常左右之。

　　[1] 都護：官名。漢獻帝建安中孫權置，後又别置左、右都護，蜀漢則分置中、左、右都護。皆掌軍事。　鎮北大將軍：官名。第二品，位次四征將軍，領兵如征北將軍。資深者爲大將軍。幽州：幽州非吴所有，此爲遥領。　譙：譙縣亦非吴有，亦爲遥封。

　　[2] 雨絶：百衲本、殿本、盧弼《集解》本、校點本均作"兩絶"，盧弼謂馮夢禎刊本、江南書局本作"雨絶"誤。趙幼文《三國志集解辨證》則云："郝經《續後漢書》、謝陛《季漢書》'兩'俱作'雨'。雨絶，蓋魏晋間常語。"（《中華文史論叢》1982年第2輯）今從趙説改"兩絶"爲"雨絶"。雨絶，比喻事情之不可挽回。《文選》陳孔璋《檄吴將校部曲文》："及諸將校，孫權婚親，皆我國家良寶利器，而並見驅迮，雨絶於天。"吕延濟注："雨絶，謂雨下於地，無還雲之期也。"

　　[3] 廢害二主：何焯云："此表後人僞作，高貴鄉公之弑，昭事也，何得預言二主乎？"（《義門讀書記》卷二六《三國志·魏志》）

　　[4] 辛：即帝辛，商紂。商末國君，殘暴荒淫，爲周武王所滅。（見《史記》卷四《殷本紀》）　癸：即帝履癸，夏桀。殘酷剥削，荒淫暴虐，爲商湯所滅。（見《史記》卷二《夏本紀》）高：趙高。秦宦官。秦始皇死，與李斯僞造遺詔，逼殺始皇長子扶蘇，立少子胡亥爲二世皇帝。居中用事，控制朝政。後又殺李斯，不久又殺二世。（見《史記》卷五《秦始皇本紀》）　莽：王莽。西漢末，以外戚掌握政權，後毒死漢平帝，自稱假皇帝。次年立年僅二歲之劉嬰爲太子，號"孺子"。不久，自稱帝，國號"新"。（見《漢書》卷九九《王莽傳》）

　　[5] 烏鳥之情：謂烏鳥反哺之情。喻臣子回報之恩。

[6] 憤踊：百衲本作"催俯"，殿本、盧弼《集解》本、校點本及郝經《續後漢書》皆作"憤踊"。今從殿本等。

[7] 在三之義：謂以死回報君、父、師之義。《國語·晉語一》："'民生于三，事之如一。'父生之，師教之，君食之。非父不生，非食不長，非教不知生之族也，故壹事之，唯其所在，則致死焉。"

[8] 山桑：縣名。治所在今安徽蒙城縣北。

[9] 譙郡：治所譙縣，在今安徽亳州市。

[10] 建安：漢獻帝劉協年號（196—220）。 騎將：泛指騎兵將領。

[11] 太和：魏明帝曹叡年號（227—233）。

[12] 五營校督：官名。曹魏置。盧弼《集解》又云："即北軍中候所監之五營也。"

[13] 牙門將：官名。魏文帝黃初中置，爲統兵武職，位在裨將軍下。蜀漢、孫吳、兩晉亦置。魏、晉皆五品。

[14] 鷹揚將軍：官名。建安中曹操置，魏、兩晉沿置，爲雜號將軍中地位較高者。第五品。

[15] 冠軍將軍：官名。東漢末置，統兵出征。魏沿置，第三品。

[16] 前將軍：官名。在漢代，與後、左、右將軍皆位如上卿，掌京師兵衛與邊防屯警。魏晉亦置，第三品。權位漸低，略高於一般雜號將軍，不典禁兵，不與朝政。

[17] 去兵：趙幼文《校箋》謂郝經《續後漢書》無"兵"字。

[18] 戰敗走：趙幼文《校箋》謂郝經《續後漢書》"戰"字作"及"。

諸葛誕字公休，琅邪陽都人，[1]諸葛豐後也。[2]初以尚書郎爲滎陽令，〔一〕[3]入爲吏部郎。人有所屬託，輒顯其言而承用之，[4]後有當否，則公議其得失以爲褒貶，自是羣僚莫不慎其所舉。累遷御史中丞、尚書，[5]與夏侯玄、鄧颺等相善，收名朝廷，京都翕然。言事者以誕、颺等脩浮華，[6]合虛譽，漸不可長。明帝惡之，免誕官。〔二〕會帝崩，正始初，玄等並在職，[7]復以誕爲御史中丞、尚書，出爲揚州刺史，加昭武將軍。[8]

〔一〕《魏氏春秋》曰：誕爲郎，與僕射杜畿試船陶河，[9]遭風覆没，誕亦俱溺。虎賁浮河救誕，[10]誕曰：“先救杜侯。”[11]誕飄于岸，絶而復蘇。

〔二〕《世語》曰：是時，當世俊士散騎常侍夏侯玄、尚書諸葛誕、鄧颺之徒，共相題表，[12]以玄疇四人爲四聰，[13]誕備八人爲八達，[14]中書監劉放子熙、孫資子密、吏部尚書衞臻子烈三人，[15]咸不及比，以父居勢位，容之爲三豫，凡十五人。帝以構長浮華，皆免官廢錮。

[1] 琅邪：郡名。治所開陽縣，在今山東臨沂市北。　陽都：縣名。治所在今山東沂南市南。

[2] 諸葛豐：西漢人。漢元帝時，曾爲司隸校尉、城門校尉等。爲官剛直不阿，深爲時人稱許。（見《漢書》卷七七《諸葛豐傳》）

[3] 滎陽：縣名。治所在今河南滎陽市東北。

[4] 承用：盧弼《集解》云："《御覽》'承'作'亟'。"趙幼文《校箋》謂《世説新語·品藻篇》注引"承"字作"亟"，《太平御覽》卷二一六引同。亟，急也。作"亟"字是。按，郝經《續後漢書》亦作"承"。作"承"亦通，謂承其意而用之。

[5] 御史中丞：官名。秩千石，第四品，爲御史臺長官，掌監察、執法。

[6] 浮華：謂標榜交結。

[7] 在職：殿本、盧弼《集解》本作"任職"，今從百衲本、校點本作"在職"。

[8] 昭武將軍：官名。曹魏置，爲雜號將軍中權任較重者。第五品。吳亦置。

[9] 僕射：官名。即尚書僕射。魏、晋時爲尚書省次官，秩六百石，第三品。或單置，或並置左、右。左、右並置時，左僕射居右僕射上。輔助尚書令執行政務，參議大政，諫諍得失，監察糾彈百官，可封還詔旨，常授命主管官吏選舉。　陶河：即今河南孟縣、孟津縣之間的黃河河段。

[10] 虎賁（bēn）：勇士。

[11] 杜侯：對杜畿之敬稱。當時杜畿已封豐樂亭侯。

[12] 題表：盧弼《集解》本作"顯表"，百衲本、殿本、校點本作"題表"。今從百衲本等。題表，標榜，吹噓。

[13] 玄疇：殿本《考證》謂《通鑑》作"玄等"。按，"疇"有"等"義，此作"疇"亦可通。

[14] 誕備：殿本《考證》又謂《通鑑》作"誕等"。按，《通鑑》卷七一魏明帝太和四年作"誕輩"。郝經《續後漢書·諸葛誕傳》又作"誕等"。按，作"備"不通，作"輩"作"等"皆可。

[15] 中書監：趙幼文《校箋》謂郝經《續後漢書》"監"下有"令"字。按，中書監，官名。秩千石，第三品。黃初中改秘書令爲中書令；又置中書監，並高於令，掌贊詔命，作文書，典尚書奏事。若密詔下州郡及邊將，則不由尚書。與中書令並掌機密。（本洪飴孫《三國職官表》）　吏部尚書：官名。尚書臺（省）吏部曹長官，主管官吏銓選考課等，第三品，位居列曹尚書之上。

王淩之陰謀也，太傅司馬宣王潛軍東伐，以誕爲鎮東將軍、假節、都督揚州諸軍事，[1]封山陽亭侯。諸葛恪興東關，遣誕督諸軍討之，與戰，不利。還，徙爲鎮南將軍。

後毌丘儉、文欽反，[2]遣使詣誕，招呼豫州士民。[3]誕斬其使，露布天下，令知儉、欽凶逆。大將軍司馬景王東征，使誕督豫州諸軍，渡安風津向壽春。儉、欽之破也，誕先至壽春。壽春中十餘萬口，聞儉、欽敗，恐誅，悉破城門出，流迸山澤，或散走入吳。以誕久在淮南，乃復以爲鎮東大將軍、儀同三司、都督揚州。吳大將孫峻、呂據、留贊等聞淮南亂，會文欽往，乃帥衆將欽徑至壽春；時誕諸軍已至，城不可攻，乃走。誕遣將軍蔣班追擊之，斬贊，傳首，收其印節。進封高平侯，[4]邑三千五百戶，轉爲征東大將軍。

誕既與玄、颺等至親，又王淩、毌丘儉累見夷滅，懼不自安，傾帑藏振施以結衆心，厚養親附及揚州輕俠者數千人爲死士。〔一〕甘露元年冬，[5]吳賊欲向徐堨，[6]計誕所督兵馬足以待之，而復請十萬衆守壽春，又求臨淮築城以備寇，內欲保有淮南。朝廷微知誕有自疑心，以誕舊臣，欲入度之。二年五月，[7]徵爲司空。誕被詔書，愈恐，遂反。召會諸將，自出攻揚州刺史樂綝，殺之。〔二〕斂淮南及淮北郡縣屯田口十餘萬官兵，[8]揚州新附勝兵者四五萬人，[9]聚穀足一年食，閉城自守。遣長史吳綱將小子靚至吳請救。〔三〕吳人大喜，遣將全懌、全端、唐咨、王祚等，率三萬衆，密與文欽俱來應誕。[10]

以誕爲左都護、假節、大司徒、驃騎將軍、青州牧、壽春侯。[11]是時鎮南將軍王基始至，督諸軍圍壽春，未合。咨、欽等從城東北，因山乘險，得將其衆突入城。

〔一〕《魏書》曰：誕賞賜過度。有犯死罪者，[12]虧制以活之。

〔二〕《世語》曰：司馬文王既秉朝政，[13]長史賈充以爲宜遣參佐慰勞四征，[14]于是遣充至壽春。充還啓文王：「誕再在揚州，[15]有威名，民望所歸。今徵，必不來，禍小事淺；不徵，事遲禍大。」乃以爲司空。書至，誕曰：「我作公當在王文舒後，[16]今便爲司空！不遣使者，健步齎書，[17]使以兵付樂綝，此必綝所爲。」乃將左右數百人至揚州，[18]揚州人欲閉門，誕叱曰：「卿非我故吏邪！」徑入，綝逃上樓，就斬之。

《魏末傳》曰：賈充與誕相見，談說時事，因謂誕曰：「洛中諸賢，皆願禪代，君以爲云何？」誕厲色曰：「卿非賈豫州子？[19]世受魏恩，如何負國，欲以魏室輸人乎？非吾所忍聞。若洛中有難，吾當死之。」充默然。誕既被徵，請諸牙門置酒飲宴，[20]呼牙門從兵，[21]皆賜酒令醉，謂衆人曰：「前作千人鎧仗始成，欲以擊賊，今當還洛，不復得用，欲暫出，將見人游戲，須臾還耳；諸君且止。」乃嚴鼓將士七百人出，[22]樂綝聞之，閉州門。誕歷南門宣言曰：「當還洛邑，暫出游戲，揚州何爲閉門見備？」前至東門，東門復閉，乃使兵緣城攻門，州人悉走，因風放火，焚其府庫，遂殺綝。誕表曰：「臣受國重任，統兵在東。揚州刺史樂綝專詐，說臣與吳交通，又言被詔當代臣位，無狀日久。臣奉國命，以死自立，終無異端。忿綝不忠，輒將步騎七百人，以今月六日討綝，[23]即日斬首，函頭驛馬傳送。若聖朝明臣，臣即魏臣；不明臣，臣即吳臣。不勝發憤有日，謹拜表陳愚，悲感泣血，哽咽斷絕，不知所如，乞朝廷察臣至誠。」

臣松之以爲《魏末傳》所言，率皆鄙陋。疑誕表言曲，不至於此也。

〔三〕《世語》曰：黄初末，吴人發長沙王吴芮冢，[24]以其（塼）〔木〕於臨湘爲孫堅立廟。[25]芮容貌如生，衣服不朽。後豫發者見吴綱曰："君何類長沙王吴芮，但微短耳。"綱瞿然曰："是先祖也，君何由見之？"見者言所由，綱曰："更葬否？"答曰："即更葬矣。"自芮之卒年至冢發，四百餘年，綱，芮之十六世孫矣。

[1] 鎮東將軍：官名。魏時第二品，位次四征將軍，領兵如征東將軍。資深者爲大將軍。

[2] 毌丘：校點本1982年7月第2版作"母丘"。

[3] 豫州：魏末刺史治所安成縣，在今河南正陽縣東北南汝河西南岸。

[4] 高平：縣名。治所在今山東微山縣西北。

[5] 甘露：魏少帝高貴鄉公曹髦年號（256—260）。

[6] 徐堨：即徐塘，在今安徽巢湖市東南。

[7] 二年五月：徐紹楨《質疑》云："據《三少帝紀》二年四月甲子以誕爲司空，非五月也。"

[8] 屯田口：趙幼文《校箋》謂郝經《續後漢書》"口"上有"户"字。

[9] 四五萬人：趙幼文《校箋》謂郝經《續後漢書》無"四"字。

[10] 應誕：盧弼《集解》本無"誕"字，百衲本、殿本、校點本均有"誕"字。今從百衲本等。

[11] 大司徒：官名。即司徒，吴置。　驃騎將軍：官名。東漢時位比三公，地位尊崇。三國沿置，居諸名號將軍之首。僅爲名號，加授大臣、重要州郡長官，無具體職掌，第二品。開府者位從公，第一品。

［12］死罪：校點本無"罪"字，百衲本、殿本、盧弼《集解》本皆有。今從百衲本等。

［13］司馬文王：即司馬昭。

［14］四征：胡三省云："魏置征東將軍屯淮南，征南將軍屯襄、沔以備吳，征西將軍屯關隴以備蜀，征北將軍屯幽、并以備鮮卑，皆授以重兵。司馬昭初當國，故充請慰勞以觀其志。"（《通鑑》卷七七魏高貴鄉公甘露二年注）

［15］在：盧弼《集解》本作"任"，百衲本、殿本、校點本作"在"。今從百衲本等。胡三省云："誕先督揚州，東關之敗，改督豫州，毌丘儉既死，復督揚州。"（《通鑑》卷七七魏高貴鄉公甘露二年注）

［16］王文舒：王昶字文舒。

［17］健步：善於急速行走的士兵。

［18］至揚州：胡三省云："征東將軍與揚州刺史同治壽春。"（《通鑑》卷七七魏高貴鄉公甘露二年注）

［19］賈豫州：指賈逵。賈逵終於豫州刺史任上。

［20］牙門：即牙門將。

［21］從兵：殿本作"徒兵"，百衲本、盧弼《集解》本、校點本作"從兵"。今從百衲本等。

［22］將士七百人：趙幼文《校箋》謂《太平御覽》卷三五五引無"士"字。

［23］今月：盧弼《集解》本作"六月"，百衲本、殿本、校點本作"今月"。今從百衲本等。

［24］吳芮：秦時曾爲番陽（今江西波陽縣東北）令。秦末項羽、劉邦起兵反秦，吳芮亦起兵響應。項羽後立芮爲衡山王。項羽敗死後，劉邦徙芮爲長沙王，都臨湘，一年死。（見《漢書》卷三四《吳芮傳》）

［25］木：各本作"摶"。趙幼文《校箋》云："《御覽》卷五百五十八引'摶'字作'材'。《水經·湘水注》引作'木'。"

按，《水經·湘水注》云："郭頒《世語》云：魏黃初末，吳人發吳芮冢，取木，於縣立孫堅廟。"1989年江蘇古籍出版社出版的楊守敬、熊會貞《水經注疏》卷三八段熙仲《校記》云："近年長沙馬王堆利倉墓發掘時，墓中大木甚多，可知孫吳發吳芮冢取木非取塼，立廟當用大木，正當以酈注'取木'校'取塼'之誤。《御覽》引《世語》云'以其材為孫堅立廟'，是其證矣。"按，段說有理，今據《水經注》改"塼"為"木"。 臨湘：縣名。治所在今湖南長沙市。

六月，車駕東征，至項。大將軍司馬文王督中外諸軍二十六萬衆，臨淮討之。大將軍屯丘頭。使基及安東將軍陳騫等四面合圍，[1]表裏再重，塹壘甚峻。又使監軍石苞、兖州刺史州泰等，簡銳卒爲游軍，備外寇。欽等數出犯圍，逆擊走之。吳將朱異再以大衆來迎誕等，渡黎漿水，[2]泰等逆與戰，每摧其鋒。孫綝以異戰不進，[3]怒而殺之。城中食轉少，外救不至，衆無所恃。將軍蔣班、焦彝，皆誕爪牙計事者也，棄誕，踰城自歸大將軍。[一]大將軍乃使反間，以奇變說全懌等，懌等率其衆數千人開門來出。[4]城中震懼，不知所爲。

〔一〕《漢晉春秋》曰：蔣班、焦彝言于諸葛誕曰："朱異等以大衆來而不能進，孫綝殺異而歸江東，外以發兵爲名，而內實坐須成敗，[5]其歸可見矣。今宜及衆心尚固，士卒思用，并力決死，攻其一面，雖不能盡克，猶可有全者。"文欽曰："江東乘戰勝之威久矣，[6]未有難北方者也。況公今舉十餘萬之衆內附，而欽與全端等皆同居死地，父兄子弟盡在江表，[7]就孫綝不欲，主上及其親戚豈肯聽乎？且中國無歲無事，軍民並疲，[8]今守我一年，勢力已困，異圖生心，變故將起，以往準今，可計日而望也。"班、彝固勸之，欽怒，而誕欲殺班。二人懼，且知誕之必敗也，十一月，乃相攜而降。

[1] 安東將軍：官名。爲出鎮地方之軍事長官，或爲州刺史兼理軍務之加官。魏、晉皆三品。

[2] 黎漿水：河流名。在古黎漿亭南。古黎漿亭在今安徽壽縣東南。

[3] 孫綝：時爲孫吳之大將軍，掌朝政。

[4] 率其衆：百衲本作"共率衆"，殿本、盧弼《集解》本作"率其衆"，校點本作"率衆"，郝經《續後漢書·諸葛誕傳》亦作"率其衆"。今從殿本等。　開門來出：郝經《續後漢書》作"開門出降"。

[5] 須：等待。

[6] 江東：指孫吳。

[7] 父兄子弟：校點本作"父子兄弟"，百衲本、殿本、盧弼《集解》本作"父兄子弟"。今從百衲本等。　江表：古稱長江以南之地爲江表。

[8] 疲：百衲本作"疾"，殿本、盧弼《集解》本、校點本作"疲"。今從殿本等。

　　三年正月，誕、欽、咨等大爲攻具，晝夜五六日攻南圍，欲決圍（而）〔蕩〕出。[一][1]圍上諸軍，臨高以發石車火箭逆燒破其攻具，[2]弩矢及石雨下，死傷者蔽地，血流盈塹。[3]復還入城，城內食轉竭，降出者數萬口。欽欲盡出北方人省食，與吳人堅守，誕不聽，由是爭恨。欽素與誕有隙，徒以計合，事急愈相疑。

欽見誕計事，誕遂殺欽。欽子鴦及虎將兵在小城中，[4]聞欽死，勒兵馳赴之，眾不為用。鴦、虎單走，踰城出，自歸大將軍。軍吏請誅之，大將軍令曰："欽之罪不容誅，其子固應當戮；然鴦、虎以窮歸命，且城未拔，殺之是堅其心也。"乃赦鴦、虎，使將兵數百騎馳巡城，呼語城內云："文欽之子猶不見殺，其餘何懼？"表鴦、虎為將軍，各賜爵關內侯。城內喜且擾，又日飢困，誕、咨等智力窮。大將軍乃自臨圍，四面進兵，同時鼓譟登城，城內無敢動者。誕窘急，單乘馬，將其麾下突小城門出。大將軍司馬胡奮部兵逆擊，[5]斬誕，傳首，夷三族。誕麾下數百人，坐不降見斬，皆曰："為諸葛公死，不恨。"其得人心如此。〔二〕唐咨、王祚及諸裨將皆面縛降，吳兵萬眾，器仗軍實山積。

〔一〕《漢晉春秋》曰：文欽曰：[6]"蔣班、焦彝謂我不能出而走，全端、全懌又率眾逆降，此敵無備之時也，可以戰矣。"誕及唐咨等皆以為然，遂共悉眾出攻。

〔二〕干寶《晉紀》曰：數百人拱手為列，每斬一人，輒降之，竟不變，至盡，[7]時人比之田橫。[8]吳將于詮曰：[9]"大丈夫受命其主，以兵救人，既不能克，又束手於敵，吾弗取也。"乃免冑冒陣而死。

[1] 蕩出：各本皆作"而出"。吳金華《校詁》謂《太平御覽》卷三二一引作"蕩出"。《原本玉篇殘卷》引《魏志》作"湯出"，"湯"同"蕩"，蕩出即衝出。今從吳說據《御覽》改。
[2] 發石車：利用機械原理將石拋出之炮車。　火箭：在箭杆

靠近箭頭處綁縛浸滿油脂之麻布等易燃物，點燃後用弓弩發射出去，用以縱火。

［3］盈壍：盧弼《集解》本作"盈野"，百衲本、殿本、校點本作"盈壍"。今從百衲本等。

［4］小城：盧弼《集解》引《讀史方輿紀要》卷二一，謂壽春有二城：一曰金城，壽陽（春）中城也；又州東一里有諸葛城，相傳諸葛誕所築。

［5］大將軍司馬：官名。大將軍府之屬官，秩千石，第六品。參贊軍務，管理府內武職，位僅次於長史。

［6］文欽曰：趙幼文《校箋》謂郝經《續後漢書》作"文欽謂誕曰"。

［7］竟不變至盡：趙幼文《校箋》謂《太平御覽》卷二八〇引作"皆云爲諸葛公死無恨，以至於盡"。按，《太平御覽》引題曰《魏志》。

［8］田橫：戰國末齊之宗親。項羽、劉邦爭戰時，曾自立爲齊王，爲劉邦將灌嬰所敗，投奔彭越。劉邦滅項羽爲帝後，以彭越爲梁王。田橫懼誅，與其徒屬五百人入居東海島中，劉邦懼其後爲亂，使人召之曰："田橫來，大者王，小者乃侯耳。不來，且舉兵加誅焉。"田橫懼，乃與客二人赴洛陽，及至，與客曰："橫始與漢王俱南面稱孤，今漢王爲天子，而橫乃亡虜而北面事之，其恥固已甚矣。"遂自殺。其徒屬五百人皆自殺。（見《史記》卷九四《田儋傳》）

［9］吳將：趙幼文《校箋》謂《太平御覽》卷二八〇引"吳"下有"戍"字。

初圍壽春，議者多欲急攻之，大將軍以爲："城固而衆多，攻之必力屈，若有外寇，表裏受敵，此危道也。今三叛相聚於孤城之中，[1]天其或者將使同就戮，吾當以全策縻之，可坐而制也。"誕以二年五月反，三年二月破滅。六軍按甲，深溝高壘，而誕自困，竟不煩攻而克。[一]及破壽春，議者又以爲淮南仍爲叛逆，[2]吳兵室家在江南，不可縱，宜悉坑之。大將軍以爲："古之用兵，全國爲上，戮其元惡而已。吳兵就得亡還，適可以示中國之弘耳。"一無所殺，分布三河近郡以安處之。[3]

〔一〕干寶《晉紀》曰：初，壽春每歲雨潦，淮水溢，常淹城邑。故文王之築圍也，誕笑之曰："是固不攻而自敗也。"及大軍之攻，亢旱踰年。[4]城既陷，是日大雨，圍壘皆毀。誕子靚，字仲思，吳平還晉。靚子恢，字道明，位至尚書令，[5]追贈左光祿大夫開府。[6]

［1］三叛：指諸葛誕、文欽、唐咨。

［2］仍：頻仍，屢次。

［3］三河：指河南尹、河東郡、河內郡，皆京都周圍之郡。

［4］踰年：殿本、盧弼《集解》本作"踰月"，百衲本、校點本作"踰年"。今從百衲本等。

［5］尚書令：官名。晉代仍爲尚書臺長官，第三品。已綜理朝廷政務，爲政務長官，參議大政，職如宰相。

［6］左光祿大夫：官名。西晉時假金章紫綬，祿賜、班位、冠幘、車服、玉佩、置吏卒及諸所賜予與特進同。第二品。其以爲加官者，唯章綬、祿賜、班位而已，不別給車服吏卒。　開府：指開設府署，辟置僚屬。魏晉南北朝時期，又常以此作爲對高級官員之寵待。

唐咨本利城人。[1]黄初中，利城郡反，殺太守徐箕，[2]推咨爲主。文帝遣諸軍討破之，咨走入海，遂亡至吳，官至左將軍，封侯、持節。誕、欽屠戮，咨亦生禽，三叛皆獲，天下快焉。〔一〕拜咨安遠將軍，[3]其餘裨將咸假號位，[4]吳衆悅服。江東感之，皆不誅其家。其淮南將吏士民諸爲誕所脅略者，惟誅其首逆，餘皆赦之。聽鴦、虎收斂欽喪，給其車牛，致葬舊墓。〔二〕[5]

〔一〕《傅子》曰：宋建椎牛禱賽，[6]終自焚滅。文欽日祠祭事天，斬于人手。諸葛誕夫婦聚會神巫，淫祀求福，伏尸淮南，舉族誅夷。此天下所共見，足爲明鑒也。

〔二〕習鑿齒曰："自是天下畏威懷德矣。君子謂司馬大將軍於是役也，可謂能以德攻矣。[7]夫建業者異矣，[8]各有所尚，而不能兼并也。故窮武之雄斃于不仁，[9]存義之國喪于懦退，[10]今一征而禽三叛，大虜吳衆，席卷淮浦，[11]俘馘十萬，[12]可謂壯矣。而未及安坐，（喪）〔賞〕王基之功，[13]種惠吳人，結異類之情，寵鴦葬欽，忘疇昔之隙，不咎誕衆，使揚土懷愧，[14]功高而人樂其成，業廣而敵懷其德，武昭既敷，[15]文算又洽，推此道也，天下其孰能當之哉？"（喪）〔賞〕王基，語在《基傳》。

鴦一名儉。《晉諸公贊》曰，儉後爲將軍，破涼州虜，[16]名聞天下。太康中爲東夷校尉、假節。[17]當之職，入辭武帝，帝見而惡之，託以他事免儉官。東安公繇，[18]諸葛誕外孫，欲殺儉，因誅楊駿，誣儉謀逆，遂夷三族。

[1] 利城：郡名。治所利城縣，在今江蘇贛榆縣西古城。
[2] 徐箕：梁章鉅《旁證》謂《文帝紀》作"徐質"。
[3] 安遠將軍：官名。東漢末始置，多用以任命降將或邊遠地

區的地方長官。曹魏沿置，第三品。

［4］裨將：副將。

［5］舊墓：胡三省云："文欽，譙人也。舊墓在焉。"（《通鑑》卷七七魏高貴鄉公甘露三年注）

［6］宋建：漢末隴西人，聚衆於枹罕（今甘肅臨夏縣枹罕鎮），自稱河首平漢王，自立年號，置百官，歷三十餘年。建安十九年（214）爲夏侯淵所滅。見本書《武帝紀》建安十九年。　禱賽：百衲本"賽"字作"塞"，今從殿本、盧弼《集解》本、校點本作"賽"。禱賽，謂祭祀報答神靈。

［7］德攻：殿本、盧弼《集解》本作"德懷"，百衲本、校點本、《通鑑》均作"德攻"。今從百衲本等。《左傳·襄公二十八年》晉楚城濮之戰及踐土之盟後，即有"君子謂是盟也信，謂晉于是役也，能以德攻"之言，習鑿齒"德攻"之説本此。（參《通鑑》卷七七魏高貴鄉公甘露三年注）

［8］異矣：殿本《考證》謂《通鑑》作"異道"。

［9］斃于不仁：胡三省云："如夫差、智伯是也。"（《通鑑》卷七七魏高貴鄉公甘露三年注）

［10］喪于懦退：胡三省云："如宋襄公是也。"（《通鑑》卷七七魏高貴鄉公甘露三年注）

［11］淮浦：淮水。指淮南地區。

［12］俘馘（guó）：胡三省云："生虜爲俘，截耳爲馘。古者，戰勝馘所格之左耳而獻之。"（《通鑑》卷七七魏高貴鄉公甘露三年注）

［13］賞：各本皆作"喪"。殿本《考證》云："《通鑑》作'賞'。下同。"今從《考證》説，改"喪"爲"賞"。趙幼文《校箋》則疑"喪"或爲"襃"字形近誤，"襃"一作"裒"。裴松之云："喪王基，語在基傳。"考《王基傳》所載語，乃襃揚非賞賜也。則此二"喪"字似均應作"襃"。按，趙説有理，但無文獻根據，而《通鑑》乃引習鑿齒之文，故仍據《通鑑》改。

[14] 揚土：百衲本、殿本、《通鑑》作"揚土"，盧弼《集解》本、校點本作"揚士"。今從百衲本等。

[15] 武昭：各本及《通鑑》皆作"武昭"。盧弼《集解》云："何焯校改'昭'作'略'。"

[16] 涼州：刺史治所姑臧縣，在今甘肅武威市。

[17] 東夷校尉：官名。亦稱護東夷校尉。曹魏置，掌鮮卑慕容部、段部、宇文部及高句麗事。西晉沿置，駐平州（今遼寧遼陽市），第四品。

[18] 東安：縣名。治所在今山東沂水縣西南。 繇：司馬繇。

鄧艾字士載，義陽棘陽人也。[1]少孤，[2]太祖破荆州，[3]徙汝南，[4]爲農民養犢。年十二，隨母至潁川，[5]讀故太丘長陳寔碑文，[6]言"文爲世範，[7]行爲士則"，艾遂自名範，字士則。後宗族有與同者，故改焉。爲都尉學士，[8]以口吃，不得作幹佐。[9]爲稻田守叢草吏。[10]同郡吏父憐其家貧，資給甚厚，艾初不稍謝。[11]每見高山大澤，輒規度指畫軍營處所，時人多笑焉。後爲典農綱紀，[12]上計吏，[13]因使見太尉司馬宣王。宣王奇之，辟之爲掾，〔一〕遷尚書郎。

〔一〕《世語》曰：鄧艾少爲襄城典農部民，[14]與石苞皆年十二三。謁者陽翟郭玄信，[15]武帝監軍郭誕元奕之子。[16]建安中，少府吉本起兵許都，[17]玄信坐被刑在家，從典農司馬求人御，[18]以艾、苞與御，行十餘里，與語，悅之，謂二人皆當遠至爲佐相。[19]艾後爲典農功曹，奉使詣宣王，由此見知，遂被拔擢。

[1] 義陽：郡名。曹魏置，治所安昌縣，在今湖北棗陽市東

南。　棘陽：縣名。治所在今河南南陽市南。

［2］少孤：趙幼文《校箋》謂《太平御覽》卷四四九引"孤"下有"貧"字。

［3］荆州：漢末劉表爲刺史，徙治所於襄陽，在今湖北襄陽市襄州區。

［4］汝南：郡名。治所平輿縣，在今河南平輿縣北。

［5］潁川：郡名。治所陽翟縣，在今河南禹州市。

［6］太丘：縣名。治所在今河南永城縣東北太丘集。　陳寔：潁川許縣（今河南許昌縣東）人。漢桓帝時爲太丘長，"修德清静，百姓以安"。（《後漢書》卷六二《陳寔傳》）

［7］文爲世範：趙幼文《校箋》謂《世説新語·言語篇》注引作"曰言爲世範"，"言"上有"曰"字，無"文"字。按，余嘉錫《世説新語箋疏》引程震炎云："《魏志》二十八《艾傳》作'文爲世範，行爲士則'。此脱'文'字，然所引亦誤。《文選》五十八載碑'文爲德表，範爲士則'。"

［8］都尉學士：典農都尉部薦舉之學士。盧弼《集解》謂本書《裴潛傳》魏文帝即位後，裴潛"出爲魏郡、潁川典農中郎將，奏通貢舉，比之郡國，由是農官進仕路泰"。此傳所云都尉，當即潁川典農都尉，所云學士，當即鄉三老所舉之學士。裴注引《世語》艾爲襄城典農部民可證。襄城，潁川屬縣也。

［9］幹佐：吏名。官府中之低級佐吏。

［10］守叢草吏：趙幼文《校箋》謂《太平御覽》卷四八五引"守"下無"叢"字。

［11］稍謝：殿本、盧弼《集解》本、校點本作"稱謝"，百衲本作"稍謝"。趙幼文《校箋》謂《太平御覽》卷四八五引"稱"字作"稍"，《通志》同。今從百衲本。

［12］綱紀：對郡府主要屬吏功曹、主簿等之別稱。此典農綱紀，指典農中郎將或校尉之功曹。

［13］上計吏：郡國在年終遣吏至京都向朝廷呈上計簿，彙報

本郡國的户口、錢糧、獄訟、盗賊等情況。此事稱上計，所遣之吏稱計吏或上計吏。此"上計吏"，爲典農部之上計吏。

［14］襄城：縣名。治所在今河南襄城縣。

［15］謁者：官名。魏晉時，爲謁者臺屬官，置十員，第七品。掌賓禮司儀，傳宣詔命，奉命出使等。

［16］郭誕元奕：誕爲名，元奕爲字。

［17］少府：官名。漢九卿之一，秩中二千石。東漢時，掌宫中御衣、寶貨、珍膳等。吉本起兵事見本書卷一《武帝紀》建安二十三年及裴注引《三輔決録》《獻帝春秋》《山陽公載記》。

［18］求人御：百衲本、殿本、盧弼《集解》本作"求人御"，校點本作"求人御"，郝經《續後漢書·鄧艾傳》苟宗道注引《世語》亦作"求人御"。《晉書》卷三三《石苞傳》引此事作"求人爲御"。今從校點本。

［19］佐相：《晉書·石苞傳》作"卿相"。

時欲廣田畜穀，爲滅賊資，使艾行陳、項已東至壽春。[1]艾以爲"田良水少，不足以盡地利，宜開河渠，可以引水澆溉，大積軍糧，又通運漕之道"。乃著《濟河論》以喻其指。又以爲"昔破黄巾，因爲屯田，積穀于許都以制四方。今三隅已定，事在淮南，每大軍征舉，運兵過半，功費巨億，以爲大役。陳、蔡之間，[2]土下田良，[3]可省許昌左右諸稻田，并水東下。[4]令淮北屯二萬人，淮南三萬人，十二分休，[5]常有四萬人，[6]且田且守。水豐常收三倍於西，[7]計除衆費，歲完五百萬斛以爲軍資。六七年間，可積三千萬斛於淮上，此則十萬之衆五年食也。以此乘吳，[8]無往而不克矣"。宣王善之，事皆施行。正始二年，乃開廣漕渠，每東南有事，大軍興衆，[9]汎舟而下，達于江、淮，資食有儲而無水害，艾所建也。

出參征西軍事，[10]遷南安太守。[11]嘉平元年，[12]與征西將軍郭淮拒蜀偏將軍姜維。[13]維退，淮因西擊羌。艾曰："賊去未遠，或能復還，宜分諸軍以備不虞。"於是留艾屯白水北。[14]三日，維遣廖化自白水南向艾結營。艾謂諸將曰："維今卒還，吾軍人少，法當來渡而不作橋，此維使化持吾，令不得還。維必自東襲取洮城。"[15]洮城在水北，去艾屯六十里。艾即夜潛軍徑到，維果來渡，而艾先至據城，得以不敗。賜爵關內侯，[16]加討寇將軍，[17]後遷城陽太守。[18]

是時并州（右）〔左〕賢王劉豹并爲一部，[19]艾上言曰："戎狄獸心，不以義親，彊則侵暴，弱則內附，故周宣有獫狁之寇，[20]漢祖有平城之困。[21]每匈奴一盛，爲前代重患。自單于在外，莫能牽制長卑。[22]誘而致之，使來入侍。由是羌夷失統，合散無主。[23]以單于在內，萬里順軌。今單于之尊日疏，外土之威寖重，[24]則胡虜不可不深備也。聞劉豹部有叛胡，可因叛割爲二國，以分其勢。去卑功顯前朝，[25]而子不繼業，宜加其子顯號，使居雁門。[26]離國弱寇，追錄舊勳，此御邊長計也。"又陳："羌胡與民同處者，宜以漸出之，使居民表崇廉恥之教，[27]塞姦宄之路。"大將軍司馬景王新輔政，多納用焉。遷汝南太守，至則尋求昔所厚己吏父，久已死，[28]遣吏祭之，重遺其母，舉其子與計吏。[29]艾所在，荒野開闢，軍民並豐。

諸葛恪圍合肥新城,不克,退歸。艾言景王曰:"孫權已沒,大臣未附,吳名宗大族,皆有部曲,[30]阻兵仗勢,足以(建)〔違〕命。[31]恪新秉國政,而內無其主,不念撫恤上下以立根基,競於外事,虐用其民,悉國之衆,頓於堅城,死者萬數,載禍而歸,此恪獲罪之日也。昔子胥、吳起、商鞅、樂毅皆見任時君,[32]主沒而敗;況恪才非四賢,而不慮大患,[33]其亡可待也。"恪歸,果見誅。遷兗州刺史,加振威將軍。[34]上言曰:"國之所急,惟農與戰,國富則兵彊,兵彊則戰勝。然農者,勝之本也。孔子曰'足食足兵',[35]食在兵前也。上無設爵之勸,則下無財畜之功。今使考績之賞,在於積粟富民,則交游之路絕,浮華之原塞矣。"

高貴鄉公即尊位,進封方城亭侯。毌丘儉作亂,遣健步齎書,欲疑惑大衆,艾斬之,兼道進軍,先趣樂嘉城,作浮橋。司馬景王至,遂據之。文欽以後大軍破敗於城下,艾追之至丘頭。欽奔吳。吳大將軍孫峻等號十萬衆,將渡江,鎮東將軍諸葛誕遣艾據肥陽,[36]艾以與賊勢相遠,非要害之地,輒移屯附亭,[37]遣泰山太守諸葛緒等于黎漿拒戰,遂走之。[38]其年徵拜長水校尉。[39]以破欽等功,進封方城鄉侯,行安西將軍。[40]解雍州刺史王經圍於狄道,[41]姜維退駐鍾提,[42]乃以艾爲安西將軍,假節、領護東羌校尉。[43]議者多以爲維力已竭,未能更出。艾曰:"洮西之敗,[44]非小失也;破軍殺將,倉廩空虛,百姓流離,幾於危亡。今以策言之,彼有乘勝之勢，我有虛弱之實，一也。彼上下相習，五兵犀利，[45]我將易兵新，[46]器杖未復，二也。彼以船行，[47]吾以陸軍，勞逸不同，三也。狄道、隴西、南安、祁山，[48]各當有守，彼專為一，我分為四，四也。從南安、隴西，[49]因食羌穀，若趣祁山，熟麥千頃，為之縣餌，五也。賊有黠數，其來必矣。"頃之，維果向祁山，聞艾已有備，乃回從董亭趣南安，[50]艾據武城山以相持。[51]維與艾爭險，不克，其夜，渡渭東行，[52]緣山趣上邽，[53]艾與戰於段谷，[54]大破之。甘露元年詔曰："逆賊姜維連年狡黠，民夷騷動，西土不寧。艾籌畫有方，忠勇奮發，斬將十數，馘首千計；國威震於巴、蜀，武聲揚於江、岷。今以艾為鎮西將軍、都督隴右諸軍事，[55]進封鄧侯。[56]分五百戶封子忠為亭侯。"二年，拒姜維于長城，[57]維退還。遷征西將軍，前後增邑凡六千六百戶。景元三年，[58]又破維于侯和，[59]維卻保沓中。[60]四年秋，詔諸軍征蜀，大將軍司馬文王皆指授節度，使艾與維相綴連；雍州刺史諸葛緒要維，令不得歸。艾遣天水太守王頎等直攻維營，[61]隴西太守牽弘等邀其前，金城太守楊欣等詣甘松。[62]維聞鍾會諸軍已入漢中，[63]引退還。欣等追躡於彊川口，[64]大戰，維敗走。聞雍州已塞道，屯橋頭，[65]從孔函谷入北道，[66]欲出雍州後。諸葛緒聞之，卻還三十里。維入北道三十餘里，聞緒軍卻，尋還，從橋頭過，緒趣截維，較一日不及。[67]維遂東引，還守劍閣。[68]鍾會攻維未能克。艾上言："今賊摧折，宜遂乘之，從陰平由邪徑經漢德陽亭趣涪，[69]出劍閣西百里，[70]去成都三百餘里，奇兵衝其腹心。劍閣之守必還赴涪，則會方軌而進；劍閣之軍不還，則應涪之兵寡矣。軍志有之曰：'攻其無備，出其不意。'[71]今掩其空虛，破之必矣。"

　　冬十月，艾自陰平道行無人之地七百餘里，鑿山通道，造作橋閣。[72]山高谷深，至爲艱險，又糧運將匱，頻於危殆。艾以氈自裹，推轉而下。將士皆攀木緣崖，魚貫而進。先登至江由，[73]蜀守將馬邈降。蜀衞將軍諸葛瞻自涪還縣竹，[74]列陳待艾。艾遣子惠唐亭侯忠等出其右，司馬師纂等出其左。[75]忠、纂戰不利，並退還，曰："賊未可擊。"艾怒曰："存亡之分，在此一舉，何不可之有？"乃叱忠、纂等，[76]將斬之。忠、纂馳還更戰，大破之，斬瞻及尚書張遵等首，進軍到雒。[77]劉禪遣使奉皇帝璽綬，爲箋詣艾請降。

　　艾至成都，禪率太子諸王及羣臣六十餘人面縛輿櫬詣軍門，[78]艾執節解縛焚櫬，受而宥之。檢御將士，無所虜略，綏納降附，使復舊業，蜀人稱焉。輒依鄧禹故事，[79]承制拜禪行驃騎將軍，太子奉車、諸王駙馬都尉。[80]蜀羣司各隨高下拜爲王官，或領艾官屬。以師纂領益州刺史，隴西太守牽弘等領蜀中諸郡。使於縣竹築臺以爲京觀，[81]用彰戰功。士卒死事者，皆與蜀兵同共埋藏。艾深自矜伐，謂蜀士大夫曰："諸君賴遭某，[82]故得有今日耳。若遇吳漢之徒，[83]已殄滅矣。"又曰："姜維自一時雄兒也，與某相值，故窮耳。"有識者笑之。

十二月，詔曰："艾曜威奮武，深入虜庭，斬將搴旗，梟其鯨鯢，使僭號之主，稽首係頸，歷世逋誅，一朝而平。兵不踰時，戰不終日，雲徹席卷，蕩定巴蜀。雖白起破彊楚，[84]韓信克勁趙，[85]吳漢禽子陽，[86]亞夫滅七國，[87]計功論美，不足比勳也。[88]其以艾爲太尉，增邑二萬户，封子二人亭侯，各食邑千户。"〔一〕艾言司馬文王曰："兵有先聲而後實者，今因平蜀之勢以乘吳，吳人震恐，席卷之時也。然大舉之後，將士疲勞，不可便用，且徐緩之；留隴右兵二萬人，蜀兵二萬人，煮鹽興冶，[89]爲軍農要用，並作舟船，豫順流之事，[90]然後發使告以利害，吳必歸化，可不征而定也。今宜厚劉禪以致孫休，安士民以來遠人，若便送禪於京都，吳以爲流徙，則於向化之心不勸。宜權停留，須來年秋冬，比爾吳亦足平。以爲可封禪爲扶風王，[91]錫其資財，供其左右。郡有董卓塢，[92]爲之宮舍。爵其子爲公侯，食郡内縣，以顯歸命之寵。開廣陵、城陽以待吳人，則畏威懷德，望風而從矣。"文王使監軍衛瓘喻艾：[93]"事當須報，不宜輒行。"艾重言曰："銜命征行，奉指授之策，元惡既服。至于承制拜假，以安初附，謂合權宜。今蜀舉衆歸命，地盡南海，[94]東接吳、會，[95]宜早鎮定。若待國命，往復道途，延引日月。《春秋》之義，[96]大夫出疆，有可以安社稷，利國家，專之可也。今吳未賓，勢與蜀連，不可拘常以失事機。兵法，[97]進不求名，退不避罪，艾雖無古人之節，終不自嫌以損于國也。[98]"鍾會、胡烈、師纂等皆白艾所作悖逆，變釁以

結。[99]詔書檻車徵艾。〔二〕[100]

〔一〕《袁子》曰：諸葛亮，重人也，而驟用蜀兵，此知小國弱民難以久存也。今國家一舉而滅蜀，自征伐之功，未有如此之速者也。方鄧艾以萬人入江由之危險，鍾會以二十萬衆留劍閣而不得進，三軍之士已飢，艾雖戰勝克將，使劉禪數日不降，則二將之軍難以反矣。故功業如此之難也。國家前有壽春之役，後有滅蜀之勞，百姓貧而倉廩虛，故小國之慮，在於時立功以自存；[101]大國之慮，在於既勝而力竭，成功之後，戒懼之時也。

〔二〕《魏氏春秋》曰：艾仰天歎曰："艾忠臣也，一至此乎？白起之酷，[102]復見於今日矣。"

[1] 陳：縣名。治所在今河南淮陽縣。　項：趙幼文《校箋》謂《册府元龜》卷四九六、卷四九八，《玉海》卷二一引作"潁"，是也。按，《太平御覽》卷三三三引此句作"使鄧艾行陳、項以東至壽春"，又有小字注云："自今淮陽郡項城縣以東至今壽春郡也。"盧弼《集解》引沈家本說，此十六小字乃唐人語，非裴注也。淮陽、壽春皆唐郡。則仍作"項"爲是。項，縣名。治所在今河南沈丘縣。

[2] 蔡：縣名。即上蔡縣，在今河南上蔡縣西南。

[3] 土下：殿本作"上下"，百衲本、盧弼《集解》本、校點本作"土下"。今從百衲本等。

[4] 并水東下：趙幼文《校箋》云："'水'字或誤，疑當作'兵'。上文'可省許昌左右諸稻田'，謂省許昌屯田卒，與兵東下，故下文乃承以'淮北三萬人，淮南二萬人'。若作'水'，則上下文意乖牾難通矣。"

[5] 十二分休：謂十分之二的屯田兵輪流停耕戍守。

[6] 四萬人：殿本作"四千人"，百衲本、盧弼《集解》本、

校點本作"四萬人"。今從百衲本等。

[7] 水豐：盧弼《集解》云："'水'疑作'歲'，《御覽》作'小'。"趙幼文《校箋》謂《太平御覽》卷三三三引作"小"，卷八二一引仍作"水"。水豐，謂灌溉饒足也。　西：指陳縣、上蔡以西之地。

[8] 乘吳：趙幼文《校箋》謂《太平御覽》卷三三三、《册府元龜》卷五〇三引"吳"字作"敵"，與《晋書》同。按，《太平御覽》卷三三三作"敵"，而卷八二一仍作"吳"。

[9] 興衆：趙幼文《校箋》謂《通志》作"興舉"，《册府元龜》卷四八三引"興"字作"與"。《太平御覽》作"出征"。按，《太平御覽》卷三三三作"出征"，而卷八二一仍作"興衆"。

[10] 征西：指征西將軍。洪飴孫《三國職官表》謂正始四年夏侯玄爲征西將軍。征西將軍，二千石，第二品，位次三公，領兵屯長安。資深者爲大將軍。

[11] 南安：郡名。治所獂（huán）道，在今甘肅隴西縣東南渭水東岸。

[12] 嘉平元年：徐紹楨《質疑》云："按《姜維傳》云延熙十年遷衛將軍，'與魏大將軍郭淮、夏侯霸等戰於洮西'。是時當在魏正始八年，若嘉平元年之春夏，夏侯霸即已降蜀矣。以《淮傳》考之，亦書作正始八年矣。"

[13] 偏將軍：官名。雜號將軍中地位較低者，第五品，無定員。按，姜維未做過偏將軍，當時姜維爲衛將軍。此言"偏將軍"，係魏人有意貶之。

[14] 白水：即今四川、甘肅二省交界之嘉陵江支流白龍江。

[15] 自東：趙幼文《校箋》謂《册府元龜》卷四二八引"東"字作"來"，是也。"東""來"形近易誤。下文"維果來渡"正承此而言。　洮城：地名。當在今甘肅岷縣南。

[16] 關内侯：爵名。漢制二十級爵之第十九級，次於列侯，祗有封户收取租税而無封地。魏文帝定爵制爲十等，關内侯在亭侯下，

仍爲虛封，無食邑。

　　[17]討寇將軍：官名。曹魏置，第五品。

　　[18]城陽：郡名。治所東武縣，在今山東諸城市。

　　[19]左賢王：各本皆作"右賢王"。《通鑑》卷七五魏邵陵厲公嘉平三年云："初，南匈奴自謂其先本漢室之甥，因冒姓劉氏。太祖留單于呼廚泉於鄴，分其衆爲五部，居并州境内。左賢王豹，單于於扶羅之子也，爲左部帥，部族最强。"又劉豹爲劉淵（元海）之父，《晉書》卷一〇一《劉元海載紀》亦謂劉豹爲左賢王。今據《通鑑》《晉書》改"右"爲"左"。（參盧弼《集解》）

　　[20]周宣：周宣王。　獫狁：周代北方之少數民族，或以爲即秦漢之匈奴。周宣王時獫狁南下侵擾，威脅甚大。周宣王命尹吉甫北伐，取得了勝利。《詩·小雅·六月》即歌頌此事，其中有云："獫狁孔熾，我是用急。王于出征，以匡王國。"

　　[21]平城：縣名。治所在今山西大同市東北古城。漢高祖七年（前200），自率兵擊韓王信，斬其將。信逃入匈奴，其將曼丘臣、王黄又共立原趙國後趙利爲王，收聚韓王信散兵與匈奴共同拒漢軍。漢高祖又親往征之，至平城，被匈奴圍困七日，後用陳平密計，方得解圍。（見《漢書》卷一下《高帝紀下》）　困：校點本作"圍"，百衲本、殿本、盧弼《集解》本皆作"困"。今從百衲本等。

　　[22]長卑：盧弼《集解》云："沈家本曰：'長卑未詳，或去卑之訛。'弼按下文去卑爲別一人。"按，此蓋指部屬，非人名。

　　[23]合散：趙幼文《校箋》謂《册府元龜》卷四〇二引"合"字作"分"。

　　[24]寖重：《通鑑》作"日重"。義同。胡三省注云："謂南單于留鄴，雖有尊名，日與部落疏；而左賢王豹居外，部族最强，其威日重也。"（《通鑑》卷七五魏邵陵厲公嘉平三年注）

　　[25]去卑功顯前朝：《後漢書》卷八九《南匈奴傳》云："建安元年，獻帝自長安東歸，右賢王去卑與白波賊帥韓暹等侍衛天

子,拒擊李傕、郭汜。及車駕還洛陽,又徙遷許,然後歸國。"

[26] 鴈門:郡名。曹魏時治所廣武縣,在今山西代縣西南古城。

[27] 居民表:謂居於編户民之外。

[28] 已死:百衲本"已"字作"以",殿本、盧弼《集解》本、校點本作"已"。按,二字可通,今從殿本等。

[29] 與計吏:趙幼文《校箋》謂郝經《續後漢書》"與"字作"爲",《通志》同。

[30] 部曲:私家武裝。孫吳施行世襲領兵制,不但士兵是世襲的,將領也多爲世襲。

[31] 違命:各本皆作"建命"。殿本《考證》云"'建'疑作'違'"。《通鑑》卷七六魏邵陵厲公嘉平五年引鄧艾此言正作"違命"。今從殿本《考證》及《通鑑》改。

[32] 子胥:伍子胥,春秋楚國人。因父兄被楚殺,逃至吳國。子胥至吳助吳王闔廬取得王位後,深得吳王之信任。而吳王闔廬死後,其子夫差立爲吳王,不信任子胥。後因太宰嚭之讒毀,吳王夫差賜子胥屬鏤之劍以自盡。(見《史記》卷六六《伍子胥列傳》) 吳起:戰國衛人。初至魏國,再從魏國至楚國。"楚悼王素聞起賢,至則相楚。明法審令,捐不急之官,廢公族疏遠者,以撫養戰鬥之士。要在强兵,破馳說之言從橫者。於是南平百越,北并陳、蔡,卻三晉,西伐秦。諸侯患楚之强。故楚之貴戚盡欲害吳起。及悼王死,宗室大臣作亂而攻吳起,吳起走之王屍而伏之。擊起之徒因射刺吳起,并中悼王。"(《史記》卷六五《吳起列傳》) 商鞅:戰國衛人。初爲魏相公叔痤家臣,後入秦得到秦孝公之重用,實行變法,奠定了秦國富强的基礎。因變法損害了貴族之利益,秦孝公死後,商鞅被貴族誣害,車裂而死。(見《史記》卷六八《商鞅列傳》) 樂毅:戰國中山人。爲燕將,得燕昭王之信任,曾率軍攻破齊國,連下七十餘城,因功封於昌國,號昌國君。燕昭王死,惠王即位,中齊反間計,用騎劫代樂毅爲將。樂毅遂出奔趙國,終死

於趙。（見《史記》卷八〇《樂毅列傳》）

　　[33] 不慮大患：百衲本、殿本、盧弼《集解》本、校點本1959年12月第1版均作"不慮大患"，校點本1982年7月第2版却改作"不慮不患"。今仍從百衲本等。

　　[34] 振威將軍：官名。東漢置，爲雜號將軍，統兵出征。魏、晋沿置，第四品。

　　[35] 足食足兵：孔子此言見《論語·顔淵》。

　　[36] 肥陽：地名。謝鍾英《補三國疆域志補注》云："疑即肥水之北，今壽州西芍陂北。"壽州即今安徽壽縣。

　　[37] 附亭：地名。謝鍾英《補三國疆域志補注》云："按附亭當與黎漿相近。"則附亭與黎漿亭皆在今安徽壽縣南一帶。

　　[38] 遂走之：殿本、盧弼《集解》本、"遂"字作"逐"，今從百衲本、校點本作"遂"。

　　[39] 長水校尉：官名。魏時秩比二千石，第四品，掌宿衛兵。

　　[40] 安西將軍：官名。魏、晋時皆三品。爲出鎮地方之軍事長官，或爲州刺史兼理軍務之加官。

　　[41] 雍州：刺史治所長安，在今陝西西安市西北。　狄道：縣名。治所在今甘肅臨洮縣。

　　[42] 鍾提：地名。在今甘肅臨洮縣南洮河西。（本謝鍾英《補三國疆域志補注》）

　　[43] 護東羌校尉：官名。曹魏置，掌秦、雍、凉等州的羌族事務，領兵。

　　[44] 洮西：地區名。指洮水以西地區。洮水爲黄河上游支流，源出於今甘肅、青海兩省交界之西傾山，東流至今甘肅岷縣，又折向北流，至永靖縣入黄河。古稱這段洮水以西之地爲洮西。

　　[45] 五兵：泛指各種兵器。古以矛、戟、弓、劍、戈爲五兵。

　　[46] 將易兵新：胡三省云："將易，艾自謂初代王經也。兵新，謂遣還洮西敗卒，更差軍守也。"（《通鑑》卷七七魏高貴鄉公甘露元年注）

[47] 船行：胡三省云："言蜀船自涪戍白水可以上沮水，由沮水入武都下辯，自此而西北水路漸峻狹小，舟猶可入也。魏軍度隴而西，皆陸行。"（《通鑑》卷七七魏高貴鄉公甘露元年注）

[48] 隴西：郡名。治所原在狄道（今甘肅臨洮縣），漢安帝永初五年（111）徙治所於襄武縣，在今甘肅隴西縣東南。　祁山：山名。在今甘肅禮縣東。

[49] 從：殿本作"彼"，百衲本、盧弼《集解》本、校點本作"從"。今從百衲本等。趙幼文《校箋》謂《通志》作"彼從"。此脫，當據補。

[50] 董亭：地名。在今甘肅武山縣南。

[51] 武城山：山名。在今甘肅武山縣西南。

[52] 渭：渭水。即今甘肅、陝西之渭河，源出甘肅渭源縣西鳥鼠山。

[53] 上邽：縣名。治所在今甘肅天水市。

[54] 段谷：百衲本、殿本作"叚谷"，盧弼《集解》本、校點本作"段谷"，郝經《續後漢書·鄧艾傳》亦作"段谷"。今從《集解》本等。段谷，地名。在今甘肅天水市西南。

[55] 鎮西將軍：官名。第二品。位次四征將軍，領兵如征西將軍。多爲持節都督，出鎮方面。　隴右：地區名。指隴山以西之地，約當今甘肅隴山、六盤山以西和黃河以東一帶。

[56] 鄧：縣名。治所在今湖北襄陽市西北。

[57] 長城：地名。在今陝西周至縣東南。

[58] 景元：魏元帝曹奐年號（260—264）。

[59] 侯和：地名。在今甘肅卓尼縣東北。

[60] 沓中：地名。在今甘肅舟曲縣西北。

[61] 天水：郡名。治所冀縣，在今甘肅甘谷縣東。

[62] 甘松：地名。在今甘肅迭部縣東南。

[63] 漢中：郡名。治所南鄭縣，在今陝西漢中市東。

[64] 彊川口：地名。胡三省云："彊川口在彊臺山南。彊臺山

即臨洮之西傾山。"(《通鑑》卷七八魏元帝景元四年注）臨洮縣即今甘肅岷縣，則彊川口在今岷縣西南。

[65] 橋頭：地名。在今甘肅文縣東南白水江畔。

[66] 孔函谷：在今甘肅舟曲縣東南一帶。"函"百衲本作"亟"，殿本等作"函"。

[67] 較：相差。

[68] 劍閣：地名。即今四川劍閣縣東北之劍門關。

[69] 陰平：縣名。治所在今甘肅文縣西北。　漢德陽亭：地名。在今四川江油市東北之雁門鎮。　涪：縣名。治所在今四川綿陽市東涪江東岸。

[70] 百里：殿本《考證》云："《太平御覽》作'四百里'。"趙幼文《校箋》謂《太平御覽》卷三一五引有"四"字，應據補。《通典·兵八》引同。按，中華書局1988年校點本《通典》已據《鄧艾傳》刪去"四"字。

[71] 攻其無備出其不意：語出《孫子兵法·計篇》。按，百衲本、殿本、盧弼《集解》本"無"字作"不"，校點本作"無"，《孫子兵法》亦作"無"，今從校點本。

[72] 橋閣：即閣道，棧道。

[73] 江由：又作"江油"。地名。蜀漢曾於此置江由戍，在今四川平武縣東南南壩鎮。

[74] 衛將軍：官名。東漢時位次大將軍、驃騎將軍、車騎將軍，位亞三公，開府置官屬。曹魏沿置，位在諸名號將軍上。第二品。蜀漢亦置。　緜竹：縣名。治所在今四川德陽市北黃許鎮。

[75] 司馬：官名。將軍府之屬官，掌參贊軍務，管理府内武職，位僅次於長史。

[76] 等：殿本、盧弼《集解》本作"出"，百衲本、校點本作"等"。今從百衲本等。

[77] 雒：縣名。治所在今四川廣漢市北郊。

[78] 輿櫬：載棺以隨。表示有罪當死。　詣軍門：趙幼文

《校箋》謂《太平御覽》卷三一五引"門"下有"降"字。

[79] 鄧禹：南陽新野（今河南新野縣）人。初隨漢光武帝劉秀起兵，光武帝即位後，拜禹爲大司徒，封酇侯。建武二年（26）鄧禹西擊赤眉，割據隴西等地之隗囂助禹，"於是禹承制遣使持節命囂爲西州大將軍，得專制涼州、朔方事"。（見《後漢書》卷一六《鄧禹傳》、卷一三《隗囂傳》）

[80] 奉車：即奉車都尉。官名。秩比二千石，第六品。掌皇帝車輿，無定員，或爲加官。 駙馬都尉：官名。秩比二千石，掌皇帝副車之馬。曹魏時第六品，無定員或爲加官。

[81] 京觀：古代戰爭中，勝者爲炫耀武功，收聚堆積敵方之尸首，封土而成之高冢。

[82] 諸君：盧弼《集解》本作"諸軍"，百衲本、殿本、校點本作"諸君"。今從百衲本等。

[83] 吳漢：南陽宛縣（今河南南陽市）人。漢光武帝劉秀起兵後，投歸劉秀。劉秀即帝位後，拜漢大司馬，封舞陽侯。建武十一年，吳漢率大軍進擊割據巴蜀之公孫述。公孫述率衆出成都與吳漢軍大戰，被刺落馬，爲部下救入城後，將兵交與延岑而死。次日延岑降，吳漢卻殺公孫述妻、子，並族誅公孫氏與延岑，放兵大掠，焚毀公孫述宮室。（見《後漢書》卷一八《吳漢傳》、卷一三《公孫述傳》）

[84] 白起：戰國郿（今陝西眉縣東）人。善用兵，秦昭王任之爲將。曾受命攻楚，破楚都郢等地，楚王徙於陳。秦遂以郢爲南郡。（見《史記》卷七三《白起列傳》）

[85] 韓信：秦末淮陰（今江蘇淮陰市西南）人。投歸漢王劉邦後，劉邦任之爲大將。漢三年（前204），韓信與張耳率兵數萬擊趙。趙聚兵於井陘口（今河北井陘縣西北），號稱二十萬。韓信以計，背水而戰，大破趙軍，虜趙王歇。（見《史記》卷九二《淮陰侯列傳》）

[86] 子陽：公孫述字子陽。

[87] 亞夫：周亞夫。漢景帝前元三年（前154），吳楚等七國反叛，景帝以周亞夫爲太尉，率兵擊之。亞夫率軍至滎陽（今河南滎陽市東北），堅壁固守，絶吳楚軍之糧道。吳楚兵飢餓自亂，亞夫因出擊，大破吳楚軍。（見《漢書》卷四〇《周勃附亞夫傳》）

[88] 比勳：趙幼文《校箋》謂郝經《續後漢書》無"勳"字。

[89] 煑鹽興冶：胡三省云："蜀有鹽井，朱提出銀，嚴道、邛都出銅，武陽、南安、臨邛、沔陽皆出鐵，漢置鹽官、鐵官。艾欲復其利。"（《通鑑》卷七八魏元帝景元四年注）

[90] 豫：殿本《考證》云："'豫'下元本多'備'字。"盧弼《集解》謂《通鑑》"豫"下有"爲"字。

[91] 扶風：郡名。治所槐里縣，在今陝西興平市東南。

[92] 董卓塢：即郿塢，在扶風郡郿縣（今陝西眉縣東北），見本書卷六《董卓傳》。

[93] 衛瓘：時瓘爲行鎮西將軍軍司，監鄧艾、鍾會軍事。（見《晉書》卷三六《衛瓘傳》）

[94] 地盡南海：胡三省云："南中之地，東南帶海，接於交阯。"（《通鑑》卷七八魏元帝景元四年注）諸葛亮南征後，蜀漢在南中地區設置永昌、雲南、越巂、建寧、朱提、興古、牂牁等七郡。

[95] 吳會：吳郡、會稽郡。指孫吳。

[96]《春秋》之義：《公羊傳·莊公十九年》云："大夫受命不受辭，出竟有可以安社稷、利國家者，則專之可也。"

[97] 兵法：指《孫子兵法》。以下兩句見《孫子兵法·地形篇》。

[98] 盧弼《集解》云："《鍾會傳》注引《世語》云'會善效人書，於劍閣要艾章表白事，皆易其言'。是艾此書是否鍾會改竄，不能無疑。"

[99] 以：通"已"。

[100] 檻車：押送罪犯之囚車。

[101] 在於時：趙幼文《校箋》謂郝經《續後漢書》苟宗道注引"時"上有"乘"字。

[102] 白起之酷：白起擊趙，於長平（今山西高平縣西北）大破趙軍，坑殺趙降卒四十餘萬。其後爲秦相范睢所妒忌，意見不合。秦昭王再命白起攻趙都邯鄲，白起不受命。昭王遂免白起官，遷之於陰密（今甘肅靈臺縣西南）。白起因病，未能行。後強遣白起，白起出咸陽西門，范睢等又讒言白起被遷不滿，秦昭王因使人賜白起劍自殺。白起曰："我何罪於天而至此哉？"後又曰："我固當死。長平之戰，趙卒降者數十萬人，我詐而盡坑之。是足以死。"遂自殺。（見《史記》卷七三《白起列傳》）

艾父子既囚，鍾會至成都，先送艾，然後作亂。會已死，[1]艾本營將士追出艾檻車，迎還。瓘遣田續等討艾，遇於緜竹西，斬之。子忠與艾俱死，餘子在洛陽者悉誅，徙艾妻（子）及孫於西（域）〔城〕。[一][2]

〔一〕《漢晉春秋》曰：初艾之下江由也，以續不進，欲斬，既而捨之。及瓘遣續，謂曰："可以報江由之辱矣。"杜預言於衆曰：[3]"伯玉其不免乎！[4]身爲名士，位望已高，既無德音，又不御下以正，是小人而乘君子之器，將何以堪其責乎？"瓘聞之，不俟駕而謝。[5]

《世語》曰：師纂亦與艾俱死。纂性急少恩，死之日體無完皮。

[1] 會已死：百衲本"已"字作"以"，今從殿本、盧弼《集解》本、校點本作"已"。趙幼文《校箋》謂郝經《續後漢書》無"已"字。

[2] 徙艾妻及孫於西城：各本皆作"徙艾妻子及孫於西域"。

盧弼《集解》云："'妻'下'子'衍，下文段灼上疏云諸子並斬，宜紹封其孫可證。《通鑑》作'徙其妻及孫於西城'，與本傳作'西域'異。"按，盧氏所校有理，今從之。趙幼文《校箋》亦謂郝經《續後漢書》及《通志》俱作"西城"。西城，縣名。治所在今陝西安康市西北漢水北岸。

[3] 杜預：時預爲鎮西將軍長史，與衛瓘同在軍中。（見《晋書》卷三四《杜預傳》）

[4] 伯玉：衛瓘字伯玉。

[5] 俟駕：殿本、盧弼《集解》本作"候駕"，百衲本、校點本作"俟駕"。今從百衲本等。

初，艾當伐蜀，夢坐山上而有流水，以問殄虜護軍爰邵。[1]邵曰："按《易》卦，山上有水曰'蹇'。'蹇'繇曰：[2]'蹇利西南，不利東北。'孔子曰：[3]'蹇利西南，往有功也；不利東北，其道窮也。'往必克蜀，殆不還乎！"艾憮然不樂。〔一〕

〔一〕荀綽《冀州記》曰：邵起自幹吏，[4]位至衛尉。長子翰，河東太守。中子敞，大司農。[5]少子倩，字君幼，寬厚有器局，勤於當世，歷位冀州刺史、太子右衛率。[6]翰子俞，字世都，清貞貴素，[7]辯於論議，採公孫龍之辭以談微理。[8]少有能名，辟太尉府，稍歷顯位，至侍中、中書令，[9]遷爲監。

臣松之按：《蹇》彖辭云"蹇利西南，往得中也"，不云"有功"；下云"利見大人，往有功也"。

[1] 殄虜護軍：官名。曹魏置，統兵，職掌同將軍。第六品。

[2] 繇（zhòu）：卦兆之占辭。《易·蹇卦》："艮下，坎上。蹇，利西南，不利東北。"朱熹《周易本義》云："蹇，難也。足

不能進，行之難也。爲卦艮下坎上，見險而止。故爲蹇。西南平易，東北險阻。又艮，方也。方在蹇中，不宜走險。"

［3］孔子曰：孔子此語，爲《蹇卦》之象辭。古人相傳象辭等爲孔子所作，而據近代學者研究，象辭成於戰國時期。

［4］幹吏：官府中比吏低的屬員。

［5］大司農：官名。秩中二千石，第三品。掌國家的財政收支及諸郡縣管理屯田的典農官。

［6］太子右衛率：官名。晉武帝泰始五年（269）分太子衛率置左、右衛率，各領一軍，宿衛東宮，亦任征伐，地位頗重。

［7］清貞：百衲本"貞"字作"真"，殿本、盧弼《集解》本、校點本作"貞"。今從殿本等。

［8］公孫龍：戰國趙人，曾爲平原君門客。善爲名實之辨，提出"白馬非馬"等命題。爲戰國名家的代表。著有《公孫龍子》。

［9］侍中：官名。曹魏時，第三品。爲門下侍中寺長官。職掌門下衆事，侍從左右，顧問應對，拾遺補闕，與散騎常侍、黃門侍郎等共平尚書奏事。晉沿置，爲門下省長官。

　　泰始元年，[1]晉室踐阼，詔曰："昔太尉王淩謀廢齊王，而王竟不足以守位。征西將軍鄧艾，矜功失節，實應大辟。然被書之日，罷遣人衆，束手受罪，比于求生遂爲惡者，[2]誠復不同。今大赦得還，若無子孫者聽使立後，令祭祀不絕。"三年，議郎段灼上疏理艾曰：[3]"艾心懷至忠而荷反逆之名，平定巴蜀而受夷滅之誅，臣竊悼之。惜哉，言艾之反也！艾性剛急，輕犯雅俗，不能協同朋類，故莫肯理之。臣敢言艾不反之狀。昔姜維有斷隴右之志，艾脩治備守，積穀彊兵。值歲凶旱，又爲區種，[4]身被烏衣，手執耒耜，[5]

以率將士。上下相感,莫不盡力。艾持節守邊,所統萬數,而不難僕虜之勞,[6]士民之役,[7]非執節忠勤,孰能若此?故落門、段谷之戰,[8]以少擊多,摧破彊賊。先帝知其可任,[9]委艾廟勝,[10]授以長策。艾受命忘身,束馬縣車,自投死地,勇氣陵雲,士衆乘勢,使劉禪君臣面縛,叉手屈膝。艾功名以成,當書之竹帛,傳祚萬世。七十老公,反欲何求!艾誠恃養育之恩,心不自疑,矯命承制,權安社稷;雖違常科,有合古義,原心定罪,本在可論。鍾會忌艾威名,構成其事。忠而受誅,信而見疑,頭縣馬市,諸子并斬,見之者垂泣,聞之者歎息。陛下龍興,闡弘大度,釋諸嫌忌,受誅之家,不拘敍用。昔秦民憐白起之無罪,吳人傷子胥之冤酷,皆爲立祠。[11]今天下民人爲艾悼心痛恨,亦猶是也。臣以爲艾身首分離,捐棄草土,宜收尸喪,還其田宅。以平蜀之功,紹封其孫,使闔棺定謐,死無餘恨。赦冤魂于黃泉,收信義于後世,葬一人而天下慕其行,(埋)〔理〕一魂而天下歸其義,[12]所爲者寡而悅者衆矣。"九年,詔曰:"艾有功勳,受罪不逃刑,而子孫爲民隸,朕常愍之。其以嫡孫朗爲郎中。"[13]

艾在西時,修治障塞,築起城塢。泰始中,羌虜大叛,頻殺刺史,涼州道斷。吏民安全者,皆保艾所築塢焉。〔一〕

〔一〕《世語》曰:咸寧中,[14]積射將軍樊震爲西戎牙門,[15]得見辭,武帝問震所由進,震自陳曾爲鄧艾伐蜀時帳下將,帝遂尋問艾，震具申艾之忠，言之流涕。先是以艾孫朗爲丹水令，[16]由此遷爲定陵令。[17]次孫千秋有時望，光祿大夫王戎辟爲掾。[18]永嘉中，[19]朗爲新都太守，[20]未之官，在襄陽失火，[21]朗及母妻子舉室燒死，惟子韜子行得免。千秋先卒，二子亦燒死。

　　[1] 泰始：晉武帝司馬炎年號（265—274）。

　　[2] 比干：校點本1982年7月第2版誤作"比干"。

　　[3] 議郎：官名。魏、晉時，不再參議諫諍，爲後備官員。秩六百石，第七品。品秩雖低，名義清高，即三品將軍、九卿亦有拜之者。　段灼：敦煌人。曾爲鄧艾征西將軍司馬，破蜀有功，封關內侯。（見《晉書》卷四八《段灼傳》）又按，《晉書·段灼傳》亦載有段灼之上疏，而與本傳所載文字多異，蓋皆爲節錄，故一般不互作校勘。

　　[4] 又：殿本、盧弼《集解》本、校點本作"艾"，百衲本作"又"，郝經《續後漢書·鄧艾傳》亦作"又"。按，文義上已言艾，此不當再重，且《晉書·段灼傳》亦作"又"。今從百衲本。

　　區（ōu）種：漢代的一種土地耕作法。最早見於漢成帝時的《氾勝之書》。其作法是按不同的作物，將田地按一定距離或開溝或挖穴（即稱區，窪陷之意），將種子點播其中，然後集中施肥灌水。這種耕作法，有利於防風、防旱，保墒、保肥，可大大提高糧食畝產量。但由於這種耕作法技術要求高，又須耗費較大的人力物力，故不能在大範圍內普遍推廣，僅在小面積內作爲豐產試驗。

　　[5] 耒（lěi）耜（sì）：古代耕地翻土之農具。漢代人以爲祇是一種農具。耒是耒耜的柄，耜是耒耜下端的起土部分。《禮記·月令》孟春之月"天子親載耒耜"鄭玄注："耒，耜之上曲也。"後世有學者卻考證爲兩種耕地翻土之農具，見徐中舒《耒耜考》。但自漢代以來，"耒耜"已成爲耕種農具之代稱。

　　[6] 不難：趙幼文《校箋》謂《晉書·段灼傳》"難"字作

"離"。

[7] 士民之役：趙幼文《校箋》謂《晉書·段灼傳》作"親執士卒之役"。

[8] 落門：地名。在今甘肅武山縣東洛門鎮。

[9] 先帝：指司馬昭。晉武帝司馬炎代魏後追尊他爲文皇帝。

[10] 廟勝：指朝廷預先制定的克敵制勝的謀略。

[11] 皆爲立祠：《史記》卷七三《白起列傳》謂白起之死，"死而非其罪，秦人憐之，鄉邑皆祭祀焉"。《史記》卷六六《伍子胥列傳》謂伍子胥自到後，吳王"乃取子胥屍盛以鴟夷革，浮之江中。吳人憐之，爲立祠於江上，因命曰胥山"。

[12] 理一魂：各本皆作"埋一魂"。盧弼《集解》引何焯曰："'埋'應作'理'。上云'莫肯理之'是也。"按，何氏之說有理，今從之。

[13] 郎中：官名。東漢時，秩比三百石，分隸五官、左、右三署中郎將，名義上備宿衛，實爲後備官吏人才。魏、晉雖罷五官、左、右三署中郎將，仍置郎中，州郡所舉秀才、孝廉，多先授郎中，再出補長吏。

[14] 咸寧：晉武帝司馬炎年號（275—280）。

[15] 積射將軍：官名。東漢初置，統兵，爲雜號將軍。曹魏復置。西晉亦置，領積射營，轄二千五百人，擔當宿衛之任。第四品。　西戎牙門：官名。西晉置。爲雍州地區之統兵武官，地位較一般牙門將略高。

[16] 丹水：縣名。治所在今河南淅川縣西南。

[17] 定陵：縣名。治所在今河南舞陽縣北舞陽渡。

[18] 光祿大夫：官名。西晉時位在諸卿上，第三品，多授予年老有病的致仕官員，無具體職掌。

[19] 永嘉：晉懷帝司馬熾年號（307—313）。

[20] 新都：郡名。治所始新縣，在今浙江淳安縣西北。據《宋書·州郡志》，新都郡爲建安中孫權所置，而晉武帝太康元年

（280）已改名新安郡，未知永嘉中何以又稱新都郡。

［21］襄陽：縣名。治所在今湖北襄陽市襄州區。

艾州里時輩南陽州泰，[1]亦好立功業，善用兵，官至征虜將軍，[2]假節、都督江南諸軍事。景元二年薨，追贈衛將軍，謚曰壯侯。〔一〕

〔一〕《世語》曰：初，荊州刺史裴潛以泰爲從事，[3]司馬宣王鎮宛，潛數遣詣宣王，由此爲宣王所知。及征孟達，泰又導軍，遂辟泰。泰頻喪考、妣、祖，[4]九年居喪，宣王留缺待之，至，三十六日擢爲新城太守。[5]宣王爲泰會，使尚書鍾（繇）〔毓〕調泰：[6]"君釋褐登宰府，[7]三十六日擁麾蓋，[8]守兵馬郡；[9]乞兒乘小車，一何駛乎？[10]泰曰："誠有此。君，名公之子，少有文采，故守吏職；獼猴騎土牛，[11]又何遲也！"[12]衆賓咸悦。後歷兗、豫州刺史，所在有籌算績效。

［1］南陽：郡名。治所宛縣，在今河南南陽市。

［2］征虜將軍：官名。東漢爲雜號將軍。魏、晉沿置，皆三品。

［3］從事：官名。漢代州牧刺史的佐吏，有別駕從事史、治中從事史、兵曹從事史、部從事史等，均可簡稱爲從事。

［4］考妣：父、母。

［5］新城：郡名。治所房陵縣，在今湖北房縣。

［6］鍾毓：各本皆作"鍾繇"。殿本《考證》陳浩曰："按鍾繇已卒於太和四年，疑調泰者當是鍾毓。"盧弼《集解》又謂《太平御覽》作"鍾毓"。趙幼文《校箋》謂《初學記》卷二九、《太平御覽》卷二五九、卷九一〇引俱作"毓"。今從《考證》與盧弼、趙幼文説改。

［7］釋褐：謂脫去平民衣服出來做官。

［8］麾蓋：將帥用的旌旗傘蓋。擁麾蓋，謂爲將帥。

［9］守兵馬郡：盧弼《集解》云："《御覽》'郡'上有'典'字。"趙幼文《校箋》謂見《太平御覽》卷二九五（當作二五九）。

［10］駃：《太平御覽》引作"駚"。"駚"通"快"，與下文"遲"字更對應。

［11］獼猴騎土牛：趙幼文《校箋》云："《初學記》引'土'作'上'，疑作'上'字是。牛喻毓憑藉名公之子又有文學也。土牛於此無義。"按，《初學記》卷二九注引郭頒《魏晋世語》實作"獼猴乘土牛"。又按，鍾毓調州泰"乞兒乘小車"，言其遷官快速。而州泰謂鍾毓乃名公之子又有文采，遷官卻緩慢，有如精敏的獼猴騎上土牛，行走遲緩。土牛，已見《禮記·月令》季冬之月，"命有司，大難旁磔，出土牛，以送寒氣"。又宋代蘇軾《戲毛國華長官詩》有云："更將嘲笑調朋友，人道獼猴騎土牛。"

［12］又何：趙幼文《校箋》謂《初學記》《太平御覽》引"又"字作"一"。

　　鍾會字士季，潁川長社人，[1]太傅繇小子也。[2]少敏惠夙成。〔一〕中護軍蔣濟著論，[3]謂"觀其眸子，[4]足以知人"。會年五歲，繇遣見濟，濟甚異之，[5]曰："非常人也。"及壯，有才數技藝而博學，精練名理，[6]以夜續晝，由是獲聲譽。正始中，以爲秘書郎，[7]遷尚書、中書侍郎。〔二〕[8]高貴鄉公即尊位，賜爵關内侯。

　　〔一〕會爲其母傳曰：[9]"夫人張氏，字昌蒲，太原兹氏人，[10]太傅定陵成侯之命婦也。[11]世長吏二千石。[12]夫人少喪父母，充成侯家，[13]修身正行，非禮不動，爲上下所稱述。貴妾孫氏，攝嫡專家，心害其賢，數讒毀無所不至。孫氏辨博有智巧，[14]言足以飾非成過，[15]然竟不能傷也。及姙娠，愈更嫉妒，乃置藥食中，夫人中食，覺而吐之，瞑眩者數日。或曰：'何不向公言之？'答曰：'嫡庶相害，破家危國，古今以爲鑒誡。假如公信我，衆誰能明其事？彼以心度我，謂我必言，固將先我；事由彼發，顧不快耶！'遂稱疾不見。孫氏果謂成侯曰：'妾欲其得男，故飲以得男之藥，反謂毒之！'成侯曰：'得男藥佳事，闇於食中與人，非人情也。'遂訊侍者，具服，孫氏由是得罪出。成侯問夫人何能不言，夫人言其故，成侯大驚，益以此賢之。黃初六年，生會，恩寵愈隆。成侯既出孫氏，更納正嫡賈氏。"

臣松之按：鍾繇于時老矣，而方納正室。蓋《禮》所云宗子雖七十無無主婦之義也。[16]

《魏氏春秋》曰：會母見寵於繇，繇爲之出其夫人。卞太后以爲言，文帝詔繇復之。繇恚憤，將引鴆，弗獲，餐椒致噤，帝乃止。

〔二〕《世語》曰：司馬景王命中書令虞松作表，[17]再呈輒不可意，命松更定。以經時，松思竭不能改，心苦之，[18]形於顏色。會察其有憂，問松，[19]松以實答。會取視，爲定五字。松悦服，[20]以呈景王，王曰："不當爾邪，誰所定也？"松曰："鍾會。向亦欲啓之，會公見問，不敢饕其能。"王曰："如此，可大用，可令來。"會問松王所能，松曰："博學明識，無所不貫。"會乃絶賓客，精思十日，平旦入見，[21]至鼓二乃出。[22]出後，王獨拊手歎息曰："此真王佐材也！"[23]

松字叔茂，陳留人，[24]九江太守邊讓外孫。[25]松弱冠有才，從司馬宣王征遼東，[26]宣王命作檄，及破賊，作露布。松從還，宣王辟爲掾，時年二十四，遷中書郎，遂至太守。松子濬，字顯弘，晉廷尉。

臣松之以爲鍾會名公之子，聲譽夙著，弱冠登朝，已歷顯位，[27]景王爲相，何容不悉，而方於定虞松表然後乃蒙接引乎？

設使先不相識，但見五字而便知可大用，雖聖人其猶病諸，而況景王哉？

　　[1] 士季：百衲本作"士秀"，殿本、盧弼《集解》本、校點本作"士季"，《世說新語·言語篇》注引《魏志》亦作"士季"。今從殿本等。　長社：縣名。治所在今河南長葛縣東北。

　　[2] 太傅：官名。曹魏時上公，位在三公上，第二品。掌善導，無常職，不常設。　小子：梁章鉅《旁證》云："黃初六年會始生，時繇已老矣，'小子'當作'少子'。"按，《世說新語·言語》注引《魏志》正作"少子"。

　　[3] 中護軍：官名。曹操爲丞相後，於相府置護軍，掌武官選舉，並與領軍同掌禁軍，出征時監護諸將，隸屬領軍，後改名中護軍，職掌不變。以後又以資輕者爲中護軍，資重者稱護軍將軍，亦可簡稱護軍。

　　[4] 眸（móu）子：瞳人。又泛指眼睛。

　　[5] 濟甚異之：盧弼《集解》云："《御覽》作'濟大奇也'。"趙幼文《校箋》謂《太平御覽》卷二三三引作"濟大奇之"無"也"字。又《太平御覽》卷三八四引作"甚異之"，與今本同。

　　[6] 名理：指辨名析理之學，即研究名與實之關係之學，亦稱形名之學或刑名之學，爲魏晉玄學之一部分。

　　[7] 以爲秘書郎：趙幼文《校箋》謂《北堂書鈔》卷五七引無"以爲"二字，有"除"字，又《太平御覽》卷二三三引作"以賜官郎中爲秘書郎"，多"以賜官郎中"五字。疑此脫。按，《北堂書鈔》注引《魏志》實有"以爲"二字，無"除"字。秘書郎，官名。亦稱秘書郎中，掌整理典籍，考覈舊文，刪省浮穢，隸秘書監，第六品。

　　[8] 中書侍郎：官名。魏文帝黃初初，置中書監、令，下設通事郎，掌詔草，後又增設中書侍郎，亦掌詔草，第五品。晉沿置，

設四員。

［9］傳：沈家本《三國志注所引書目》謂鍾會爲其母傳，《隋書·經籍志》《舊唐書·經籍志》與《新唐書·藝文志》皆不著錄。盧弼《集解》則謂會母《張夫人傳》，當爲《鍾會集》中之一篇。

［10］兹氏：殿本作"泫氏"，百衲本、盧弼《集解》本、校點本作"兹氏"。今從百衲本等。兹氏，縣名。治所在今山西汾陽市。

［11］定陵成侯：指鍾繇。魏明帝即位初封鍾繇爲定陵侯，鍾繇死後又謚爲成侯。　命婦：受有封號之婦女。

［12］長吏：漢朝一般稱秩六百石以上之官吏爲長吏。魏晋沿用，多指縣令長和郡太守。　二千石：指郡太守或地位相當於郡太守之中央官員。

［13］充：盧弼《集解》本作"克"，百衲本、殿本、校點本作"充"。今從百衲本等。《方言》卷一三："充，養也。"

［14］辨：盧弼《集解》本作"辯"，百衲本、殿本、校點本作"辨"。按，二字可通，今從百衲本等。

［15］成過：盧弼《集解》本作"文過"，百衲本、殿本、校點本作"成過"。今從百衲本等。成過，謂成別人之過。

［16］禮所云：此《禮》所云，見《禮記·曾子問》。　宗子：古代宗法制度，稱大宗之嫡長子爲宗子。《禮記·曾子問》孔穎達疏："宗子，大宗子也。凡人年六十無妻者，不復娶，以陽氣絶故也。而宗子領宗男於外，宗婦領宗女於内，昭穆事重，不可廢闕，故雖年七十，亦猶娶也。故云'無無主婦'，言必須有也。"

［17］虞松：事又見本書卷四《齊王芳紀》嘉平五年裴注引《漢晋春秋》與《高貴鄉公紀》甘露元年裴注引《魏氏春秋》。

［18］苦之：百衲本、殿本作"存之"，盧弼《集解》本、校點本作"苦之"。今從《集解》本等。

［19］問松：百衲本"問松"下有"王所能"三字，殿本、盧

弼《集解》本、校點本均無。今從殿本等。

　　[20] 松悅服：趙幼文《校箋》謂《北堂書鈔》卷一〇三、《太平御覽》卷二二〇引"松"下有"深"字。按，《北堂書鈔》陳禹謨補注引《世語》亦無"深"字。

　　[21] 平旦：早晨。

　　[22] 鼓二：即二更。約當今夜晚九十點鐘。趙幼文《校箋》謂《太平御覽》卷五九四、《册府元龜》卷五五一引"鼓二"作"二鼓"。按，宋本《册府元龜》亦作"鼓二"。

　　[23] 材：盧弼《集解》本作"才"，百衲本、殿本、校點本作"材"。今從百衲本等。

　　[24] 陳留：郡名。治所陳留縣，在今河南開封市東南。　人：盧弼《集解》本"人"下有"也"字，百衲本、殿本、校點本無。今從百衲本等。

　　[25] 九江：郡名。東漢治所陰陵縣，在今安徽定遠縣西北。漢末移治所於壽春，在今安徽壽縣。

　　[26] 征遼東：謂征遼東公孫淵。

　　[27] 顯位：百衲本作"顯仕"，殿本、盧弼《集解》本、校點本作"顯位"。今從殿本等。

　　毌丘儉作亂，大將軍司馬景王東征，會從，典知密事。衛將軍司馬文王為大軍後繼。景王薨於許昌，文王總統六軍，會謀謨帷幄。時中詔敕尚書傅嘏，[1] 以東南新定，權留衛將軍屯許昌為內外之援，令嘏率諸軍還。會與嘏謀，使嘏表上，輒與衛將軍俱發，還到雒水南屯住。[2] 於是朝廷拜文王為大將軍、輔政，會遷黃門侍郎，[3] 封東武亭侯，邑三百戶。

　　甘露二年，徵諸葛誕為司空，時會喪寧在家，策誕必不從命,[4]馳白文王。文王以事已施行,不復追改。〔一〕及誕反,車駕住項,文王至壽春,會復從行。

〔一〕會時遭所生母喪。其母傳曰:"夫人性矜嚴,明於教訓,會雖童稚,勤見規誨。[5]年四歲授《孝經》,七歲誦《論語》,八歲誦《詩》,十歲誦《尚書》,十一誦《易》,十二誦《春秋左氏傳》《國語》,十三誦《周禮》《禮記》,十四誦成侯《易記》,[6]十五使入太學問四方奇文異訓。謂會曰:'學猥則倦,倦則意怠;吾懼汝之意怠,故以漸訓汝,今可以獨學矣。'雅好書籍,涉歷衆書,特好《易》《老子》,每讀《易》孔子説鳴鶴在陰、勞謙君子、藉用白茅、不出戶庭之義,[7]每使會反覆讀之,曰:'《易》三百餘爻,仲尼特説此者,以謙恭慎密,樞機之發,行己至要,榮身所由故也。順斯術已往,足爲君子矣。'正始八年,會爲尚書郎,夫人執會手而誨之曰:'汝弱冠見敍,[8]人情不能不自足,則損在其中矣,勉思其戒!'是時大將軍曹爽專朝政,日縱酒沉醉,會兄侍中毓宴還,言其事。夫人曰:'樂則樂矣,然難久也。居上不驕,制節謹度,然後乃無危溢之患。今奢僭若此,非長守富貴之道。'嘉平元年,車駕朝高平陵,[9]會爲中書郎,從行。相國宣文侯始舉兵,[10]衆人恐懼,而夫人自若。中書令劉放、侍郎衛瓘、夏侯和等家皆怪問:[11]'夫人一子在危難之中,何能無憂?'[12]答曰:'大將軍奢僭無度,吾常疑其不安。太傅義不危國,必爲大將軍舉耳。吾兒在帝側何憂?聞且出兵無他重器,其勢必不久戰。'果如其言,一時稱明。會歷機密十餘年,頗豫政謀。夫人謂曰:'昔范氏少子爲趙簡子設伐(邾)〔株〕之計,[13]事從民悅,可謂功矣。然其母以爲乘僞作詐,末業鄙事,必不能久。其識本深遠,非近人所言,吾常樂其爲人。汝居心正,吾知免矣。[14]但當脩所志以輔益時化,不忝先人耳。常言人誰能皆體自然,但力行不倦,抑亦其次。雖接鄙賤,必以言信。取與之間,分畫分明。'或問：'此無乃小乎？'答曰：'君子之行，皆積小以致高大，若以小善爲無益而弗爲，此乃小人之事耳。希通慕大者，吾所不好。'會自幼少，[15]衣不過青紺，[16]親營家事，自知恭儉。然見得思義，臨財必讓。會前後賜錢帛數百萬計，悉送供公家之用，一無所取。年五十有九，甘露二年二月暴疾薨。比葬，天子有手詔，[17]命大將軍高都侯厚加賵贈，[18]喪事無巨細，一皆供給。議者以爲公侯有夫人，[19]有世婦，有妻，有妾，所謂外命婦也。依《春秋》成風、定姒之義，[20]宜崇典禮，不得總稱妾名，於是稱成侯命婦。殯葬之事，有取于古制，禮也。"

[1] 中詔：胡三省云："詔自中出，上意也。是時詔命皆以司馬氏之意行之，此詔出於禁中之意，故曰中詔。"（《通鑑》卷七六魏高貴鄉公正元二年注）

[2] 雒水：即洛水。在洛陽城南。

[3] 黃門侍郎：官名。即給事黃門侍郎，東漢時，秩六百石。掌侍從左右，給事禁中，關通中外。初無員數，漢獻帝定爲六員，與侍中出入禁中，近侍帷幄，省尚書奏事。三國沿置，魏定爲五品。

[4] 從命：殿本"命"字作"令"，百衲本、盧弼《集解》本、校點本作"命"。今從百衲本等。

[5] 勤：百衲本作"觀"，殿本、盧弼《集解》本、校點本作"勤"。今從殿本等。

[6] 成侯《易記》：姚振宗《三國藝文志》謂鍾繇著有《周易訓》，此作"易記"，疑"記"爲"説""訓""注"等字之訛。

[7] 鳴鶴在陰：此句及以下三句分別爲《易·中孚卦》九二爻辭、《謙卦》九三爻辭、《大過卦》初六爻辭、《節卦》初九爻辭。又《繫辭上》皆有孔子對四段爻辭之解説。又"藉用白茅"，盧弼《集解》本、校點本"藉"字作"籍"，百衲本、殿本及

《易》爻辭皆作"藉"。今從百衲本等。

[8] 弱冠：古時男子二十歲束髮加冠，謂爲成人，但體尚未壯，故稱弱冠。按，鍾會黃初六年（225）生，至正始八年（247），已二十三歲。

[9] 高平陵：魏明帝之陵墓。本書卷四《齊王紀》裴注引孫盛《魏世譜》云："高平陵在洛水南大石山，去洛城九十里。"

[10] 宣文侯：即司馬懿。司馬懿死後諡爲宣文。（見《晋書》卷一《宣帝紀》）

[11] 劉放：百衲本作"劉表"，殿本、盧弼《集解》本、校點本作"劉放"。今從殿本等。　侍郎：指中書侍郎。　家：吴金華《校詁》云："家"謂妻也。蔣禮鴻《敦煌變文字義通釋》言之綦詳。

[12] 何能：各本及校點本1959年12月第1版均作"何能"，1982年7月第2版誤作"可能"。

[13] 范氏少子爲趙簡子設伐株之計：各本"株"作"邾"。范氏少子，指春秋時晋國大夫范獻子（鞅）之小子。劉向《古列女傳》卷三："晋范氏母者，范獻子之妻也。其三子遊於趙氏，趙簡子乘馬園中，園中多株，問三子曰：'奈何？'長者曰：'明君不問不爲，亂君不問而爲。'中者曰：'愛馬足則無愛民力，愛民力則無愛馬足。'少者曰：'可以三德使民。設令伐株於山，將有馬爲也，已而開囷示之株。夫山遠而囷近，是民一悦矣；夫險阻之山而伐平林之株，民二悦矣；既畢而賤賣，民三悦矣。'簡子從之，民果大説。少子伐其謀，歸以告母。母喟然歎曰：'終滅范氏者，必是子也。夫伐功施勞，鮮能佈仁，乘僞行詐，莫能久長。'其後智伯滅范氏。"盧弼《集解》云："據此，則'邾'當作'株'。作'邾'誤。"今從盧説改。

[14] 吾知：百衲本"知"字作"能"，殿本、盧弼《集解》本、校點本作"知"。今從殿本等。

[15] 會自幼少：趙幼文《校箋》謂《北堂書鈔》卷一二九、

《太平御覽》卷六八九上作"夫人自幼少",無"會"字,是也。按,按文義,應無"會"字,當作"夫人自幼少",但《北堂書鈔》陳禹謨補注引《鍾會傳》仍作"會自幼少"。故僅爲注,仍不改原文。

[16] 青紺（gàn）：深青帶紅色。

[17] 手詔：百衲本"手"字作"七",殿本、盧弼《集解》本、校點本作"手"。今從殿本等。

[18] 高都侯：即司馬昭。少帝高貴鄉公即位後,進封司馬昭爲高都侯。（見《晋書·文帝紀》） 賵（fèng）贈：贈送辦喪事之財物。

[19] 夫人：諸侯之正妻。《禮記·曲禮下》："公侯有夫人,有世婦,有妻,有妾。"孔穎達疏：有世婦者,謂夫人之姪、娣。有妻者,謂二媵及姪、娣也,凡六人。有妾者,謂九女之外,別有其妾。

[20] 成風：春秋時魯莊公之妾,魯僖公之母。成風死後,周天子遣使贈賵,又使召昭公參加會葬。（見《左傳》文公四年與五年） 定姒：春秋時魯成公之妾,魯襄公之母。《春秋經》襄公四年七月云"夫人姒氏薨",八月又云"葬我小君定姒"。

初,吳大將全琮,孫權之婚親重臣也,[1]琮子懌、孫靜、從子端、翩、緝等,[2]皆將兵來救誕。懌兄子輝、儀留建業,[3]與其家内爭訟,攜其母,將部曲數十家渡江,自歸文王。會建策,密爲輝、儀作書,使輝、儀所親信齎入城告懌等,說吳中怒懌等不能拔壽春,[4]欲盡誅諸將家,故逃來歸命。懌等恐懼,遂將所領開東城門出降,皆蒙封寵,城中由是乖離。壽春之破,會謀居多,親待日隆,時人謂之子房。[5]軍還,遷爲太僕,[6]固辭不就。以中郎在大將軍府管記室事,[7]爲腹心之任。以討諸葛誕功,進爵陳侯,屢讓不受。詔曰:"會典綜軍事,參同計策,料敵制勝,有謀謨之勳,而推寵固讓,辭指款實,前後累重,志不可奪。夫成功不處,古人所重,其聽會所執,以成其美。"遷司隸校尉。[8]雖在外司,時政損益,當世與奪,無不綜與。[9]嵇康等見誅,[10]皆會謀也。

文王以蜀大將姜維屢擾邊陲,料蜀國小民疲,資力單竭,欲大舉圖蜀。惟會亦以爲蜀可取,豫共籌度地形,考論事勢。景元三年冬,以會爲鎮西將軍、假節、都督關中諸軍事。文王勑青、徐、兗、豫、荊、揚諸州,並使作船,又令唐咨作浮海大船,外爲將伐吳者。四年秋,乃下詔使鄧艾、諸葛緒各統諸軍三萬餘人,艾趣甘松、沓中連綴維,緒趣武街、橋頭絕維歸路。[11]會統十餘萬衆,分從斜谷、駱谷入。[12]先命牙門將許儀在前治道,會在後行,而橋穿,馬足陷,於是斬儀。儀者,許褚之子,有功王室,猶不原貸。諸軍聞之,莫不震竦。蜀令諸圍皆不得戰,退還漢、樂二城守。[13]魏興太守劉欽趣子午谷,[14]諸軍數道平行,至漢中。蜀監軍王含守樂城,護軍蔣斌守漢城,兵各五千。會使護軍荀愷、前將軍李輔各統萬人,愷圍漢城,輔圍樂城。會徑過,西出陽安口,[15]遣人祭諸葛亮之墓。[16]使護軍胡烈等行前,攻破關城,[17]得庫藏積穀。姜維自沓中還,至陰平,合集士衆,欲赴關城。未到,聞其已破,退趣白水,[18]與蜀將張翼、

廖化等合守劍閣拒會。會移檄蜀將吏士民曰：[19]

　　往者漢祚衰微，率土分崩，生民之命，幾于泯滅。太祖武皇帝神武聖哲，撥亂反正，拯其將墜，造我區夏。高祖文皇帝應天順民，受命踐阼。烈祖明皇帝奕世重光，恢拓洪業。然江山之外，異政殊俗，率土齊民未蒙王化，[20]此三祖所以顧懷遺恨也。今主上聖德欽明，紹隆前緒，宰輔忠肅明允，劬勞王室，[21]布政垂惠而萬邦協和，施德百蠻而肅慎致貢。[22]悼彼巴蜀，獨爲匪民，愍此百姓，勞役未已。是以命授六師，[23]龔行天罰，征西、雍州、鎮西諸軍，五道並進。[24]古之行軍，以仁爲本，以義治之；王者之師，有征無戰；故虞舜舞干戚而服有苗，[25]周武有散財、發廩、表閭之義。[26]今鎮西奉辭銜命，攝統戎重，[27]庶弘文告之訓，以濟元元之命，非欲窮武極戰，以快一朝之（政）〔志〕，[28]故略陳安危之要，其敬聽話言。

　　益州先主以命世英才，[29]興兵朔野，困躓冀、徐之郊，制命紹、布之手，[30]太祖拯而濟之，與隆大好。中更背違，棄同即異，諸葛孔明仍規秦川，姜伯約屢出隴右，[31]勞動我邊境，侵擾我氐、羌，方國家多故，未遑修九伐之征也。[32]今邊境又清，方內無事，畜力待時，并兵一向，而巴蜀一州之衆，分張守備，難以禦天下之師。段谷、侯和沮傷之氣，[33]難以敵堂堂之陣。[34]比年以來，曾無寧歲，征夫勤瘁，難以當子來之民。[35]此皆諸賢所親見也。蜀相壯見禽於秦，[36]公孫述授首于漢，九州之險，是非一姓。[37]此皆諸賢所備聞也。明者見危于無形，智者規禍于未萌，[38]是以微子去商，[39]長爲周賓，陳平背項，[40]立功于漢。豈晏安酖毒，[41]懷祿而不變哉？今國朝隆天覆之恩，宰輔弘寬恕之德，先惠後誅，好生惡殺。往者吳將孫壹舉衆內附，[42]位爲上司，寵秩殊異。文欽、唐咨爲國大害，叛主讎賊，還爲戎首。咨困逼禽獲，欽二子還降，皆將軍、封侯；咨與聞國事。壹等窮踧歸命，猶加盛寵，況巴蜀賢知見機而作者哉！誠能深鑒成敗，邈然高蹈，投跡微子之蹤，錯身陳平之軌，[43]則福同古人，慶流來裔，百姓士民，安堵舊業，農不易畝，市不回肆，去累卵之危，就永安之福，豈不美與！若偷安旦夕，迷而不反，大兵一發，玉石皆碎，雖欲悔之，亦無及已。其詳擇利害，自求多福，各具宣布，咸使聞知。

鄧艾追姜維到陰平，簡選精銳，欲從漢德陽入江由、左儋道詣緜竹，[44]趣成都，與諸葛緒共行。緒以本受節度邀姜維，西行非本詔，遂進軍前向白水，與會合。會遣將軍田章等從劍閣西徑出江由。未至百里，章先破蜀伏兵三校，[45]艾使章先登。[46]遂長驅而前。會與緒軍向劍閣，會欲專軍勢，密白緒畏懦不進，檻車徵還。軍悉屬會，〔一〕進攻劍閣，不克，引退，蜀軍保險拒守。艾遂至緜竹，大戰，斬諸葛瞻。維等聞瞻已破，率其衆東入于巴。[47]會乃進軍至涪，遣胡烈、田續、龐會等追維。艾進軍向成都，劉禪詣艾降，遣使敕維等令降于會。維至廣漢郪縣，[48]令兵悉放器仗，送節傳於胡烈，[49]便從東道詣會降。會上言曰：“賊姜維、張翼、廖化、董厥等逃死遁走，欲趣成都。臣輒遣司馬夏侯咸、護軍胡烈等，徑從劍閣，[50]出新都、大渡截其前，[51]參軍爰彭、將軍句安等躡其後，[52]參軍皇甫闓、將軍王買等從涪南出衝其腹，臣據涪縣爲東西勢援。[53]維等所統步騎四五萬人，擐甲厲兵，塞川填谷，數百里中首尾相繼，憑恃其眾，方軌而西。臣敕咸、闓等令分兵據勢，廣張羅罔，南杜走吳之道，西塞成都之路，北絕越逸之徑，四面雲集，首尾並進，蹊路斷絕，走伏無地。臣又手書申喻，開示生路，羣寇困逼，知命窮數盡，解甲投戈，面縛委質，印綬萬數，資器山積。昔舜舞干戚，有苗自服；牧野之師，[54]商旅倒戈：有征無戰，帝王之盛業。全國爲上，破國次之；全軍爲上，破軍次之：用兵之令典。[55]陛下聖德，[56]侔蹤前代，翼輔忠明，[57]齊軌公旦，[58]仁育羣生，義征不譓，[59]殊俗向化，無思不服，[60]師不踰時，兵無血刃，[61]萬里同風，九州共貫。臣輒奉宣詔命，導揚恩化，復其社稷，安其閭伍，舍其賦調，弛其征役，訓之德禮以移其風，示之軌儀以易其俗，百姓欣欣，人懷逸豫，后來其蘇，[62]義無以過。”會于是禁檢士眾不得鈔略，虛己誘納，以接蜀之羣司，與維情好歡甚。〔二〕十二月詔曰：“會所向摧弊，前無彊敵，緘制眾城，罔羅迸逸。蜀之豪帥，面縛歸命，謀無遺策，舉無廢功。凡所降誅，動以萬計，全勝獨克，有征無戰。拓平西夏，方隅清晏。其以會爲司徒，進封縣侯，增邑萬戶。封子二人亭侯，邑各千戶。"

〔一〕按《百官名》：緒入晋爲太常、崇禮衞尉。[63]子沖，廷尉。

荀綽《兗州記》曰：沖子銓，[64]字德林，珍字仁林，並知名顯達。銓，兗州刺史。珍，侍中、御史中丞。

〔二〕《世語》曰：夏侯霸奔蜀，蜀朝問："司馬公如何德？"霸曰："自當作家門。""京師俊士？"[65]曰："有鍾士季，其人管朝政，吴、蜀之憂也。"

《漢晋春秋》曰：初，夏侯霸降蜀，姜維問之曰："司馬懿既得彼政，當復有征伐之志不？"霸曰："彼方營立家門，未遑外事。有鍾士季者，其人雖少，終爲吴、蜀之憂，然非非常之人亦不能用也。"後十五年而會果滅蜀。

按習鑿齒此言，非出他書，故採用《世語》而附益也。

[1] 孫權之婚親：全琮娶孫權女魯班公主爲妻。

[2] 緝：百衲本作"諿"，殿本、盧弼《集解》本、校點本作"緝"。今從殿本等。

[3] 建業：縣名。治所在今江蘇南京市。

[4] 不能拔壽春：胡三省云："言不能拔壽春之衆於重圍也。"（《通鑑》卷七七魏高貴鄉公甘露二年注）

[5] 子房：張良字子房，漢高祖劉邦之謀臣。

[6] 太僕：官名。秩中二千石，掌皇帝車馬，兼掌官府畜牧，東漢尚兼掌兵器製作、織綬等。魏、晋因之，第三品。

[7] 中郎：官名。此爲從事中郎。三國時，三公府、將軍府皆置爲屬吏，秩六百石，第六品。其職依時、依府而異，或爲主吏，或分掌諸曹，或掌機密，或參謀議，地位較高，員不定。　記室：

官名。諸公府皆置，主管文書表報。第七品。

［8］司隸校尉：官名。秩比二千石，第三品。掌糾察京師百官違法者，並治所轄各郡，相當於州刺史。

［9］綜輿：百衲本作"綜輿"，殿本、盧弼《集解》本、校點本作"綜典"。趙幼文《校箋》謂《通志》作"輿"。疑作"輿"字是。今從百衲本。

［10］嵇康：嵇康被誅事，見本書卷二一《王粲傳》及裴注引《魏氏春秋》等。

［11］武街：城名。在今甘肅成縣西北。

［12］斜（yé）谷：斜谷在今陝西眉縣西南，爲古褒斜道之北口。古褒斜道，北起斜谷，南至褒谷（在褒城鎮北），總計四百七十里，爲秦蜀間險要之道。（本《讀史方輿紀要》卷五六） 駱谷：秦嶺的一條谷道，全長四百多里，北口在今陝西周至縣西南，南口在洋縣北。

［13］漢樂二城：本書卷三三《後主傳》謂諸葛亮於建興七年（229）"築漢、樂二城"。漢城在今陝西勉縣東南漢水之南。樂城在今陝西城固縣西漢水之南。

［14］魏興：郡名。魏文帝黃初元年（220）改西城郡爲魏興郡，治所西城縣，在今陝西安康市西北漢江北岸；後移治所於洵口，在今陝西旬陽縣附近。 子午谷：秦嶺山中之一條谷道，爲古代關中與巴蜀的交通要道之一。北口在今陝西西安市南一百里，南口在陝西洋縣東一百六十里，全長六百六十里。此爲漢魏舊道。南朝梁將軍王念神以舊道艱險，另開南段乾路，出今洋縣東三十里龍亭。因北方稱"子"，南方稱"午"，故稱"子午谷"。（本《元和郡縣圖志》與《長安志》）

［15］陽安口：即陽安關。亦即今之陽平關。盧弼《集解》云："今陽平關乃古陽安關，地在寧羌州西北一百里，關城東西徑二里，南倚雞公山，北傍嘉陵江。"寧羌州即今陝西寧強縣。

［16］諸葛亮墓：在今陝西勉縣東南定軍山。

［17］關城：即陽安關城。

［18］白水：縣名。治所在今四川青川縣東北白水鎮。

［19］移檄蜀將吏士民：此文《文選》卷四四亦載，文字稍有差異，一般不作校對。

［20］王化：殿本、盧弼《集解》本作"皇化"，百衲本、校點本、《文選》作"王化"。今從百衲本等。

［21］劬（qú）勞：勤勞。

［22］肅慎：古代東北少數民族。周初即向周王朝貢楛矢。《國語·魯語下》謂周武王克商後，"於是肅慎氏貢楛矢、石砮"。此以肅慎代指少數民族。

［23］六師：即六軍。古代天子建六軍。

［24］五道：征西將軍鄧艾向甘松、沓中爲一道，雍州刺史諸葛緒向武街、橋頭爲一道，鎮西將軍鍾會統十萬衆分向斜谷、駱谷爲二道，魏興太守劉欽向子午谷爲一道，共爲五道。（本盧弼《集解》説）

［25］干戚：盾與斧。《韓非子·五蠹》："當舜之時，有苗不服，禹將伐之。舜曰：'不可。上德不厚而行武，非道也。'乃修教三年，執干戚舞，有苗乃服。"意謂舜偃武修文，將干戚用爲舞具而不用於戰争，以修德教而感化有苗，有苗乃服。僞古文《尚書》將此事竄入《大禹謨》篇，後世多引之。

［26］周武：周武王。《史記》卷四《周本紀》謂周武王滅商後，"命畢公釋百姓之囚，表商容之閭；命南宫括散鹿臺之財，發鉅橋之粟，以振貧弱萌隸"。

［27］戎重：《文選》作"戎車"。

［28］志：各本皆作"政"。潘眉《考證》云："當依《文選》作'志'。"今從潘説據《文選》改。

［29］先主：盧弼《集解補》引林國贊曰："鍾會檄蜀時，必不稱先主，此陳承祚追改。"

［30］紹布：袁紹、吕布。

[31] 姜伯約：姜維字伯約。

[32] 九伐之征：《周禮·夏官·大司馬》："以九伐之法正邦國。"鄭玄注："諸侯有違王命，則出兵以征伐之，所以正之也。"《周禮》下文羅列了九種違王命而出兵至其境的不同處理辦法。

[33] 沮傷之氣：指姜維被鄧艾大敗於段谷、侯和。

[34] 陣：百衲本、校點本作"陳"，殿本、盧弼《集解》本作"陣"。雖二字可通，今仍從殿本等。

[35] 子來之民：謂不召自來之民。《詩·大雅·靈臺》："經始勿亟，庶民子來。"朱熹《集傳》："雖文王心恐煩民，戒令勿亟，而民心樂之，如子趣父事，不召自來也。"

[36] 蜀相壯：百衲本、殿本作"蜀相牡"，《文選》作"蜀侯"，盧弼《集解》本、校點本作"蜀相壯"。今從《集解》本等。《華陽國志·蜀志》謂"周赧王元年，秦惠王封子通國爲蜀侯，以陳壯爲相"。"六年，陳壯反，殺蜀侯通國。秦遣庶長甘茂、張儀、司馬錯復伐蜀，誅陳壯"。

[37] 是非一姓：《左傳·昭公四年》："九州之險也，是不一姓。"楊伯峻注："諸險要之地，亦有滅亡者，亦有興國者，言險要不足恃。"

[38] 規：殿本、盧弼《集解》本作"窺"，百衲本、校點本作"規"。按，二字可通，今從百衲本等。

[39] 微子：殷商末紂王之庶兄。《史記》卷三八《宋微子世家》謂商紂淫亂無道，微子數諫不聽，"於是太師、少師乃勸微子去，遂行。周武王伐紂克殷，微子乃持其祭器造於軍門，肉袒面縛，左牽羊，右把茅，膝行而前以告。於是武王乃釋微子，復其位如故"。

[40] 陳平：秦末陽武（今河南原陽縣東南）人。陳勝起義後，他投魏王咎。又投項羽，隨之入關，任都尉。不久，又去項羽投歸劉邦，任護軍中尉。楚漢戰爭中，累立功勛。劉邦稱帝建立漢朝後，封爲户牖侯，又改封曲逆侯。吕后時，爲右丞相。吕后死

後，與周勃等共誅諸呂，迎立文帝，爲左丞相、丞相。（見《史記》卷五六《陳丞相世家》）

［41］晏安酖毒：《左傳·閔公元年》：管仲曰："宴安酖毒，不可懷也。"楊伯峻注："安逸等於毒藥，不可懷戀。"

［42］孫壹：吳宗室，爲夏口督，甘露二年（257）降魏。魏以之爲侍中、車騎將軍，封吳侯。

［43］錯：通"措"，置。

［44］左儋道：即左擔道。自今甘肅文縣東南越摩天嶺，經四川青川縣至平武縣的交通道路，均稱左擔道。因山路險窄，行者靠崖壁而行，擔物者不能易肩，故曰左擔。而此謂鄧艾"欲從漢德陽入江由、左儋道詣綿竹"，則江由戍（平武東南南壩鎮）以南沿涪江之棧道亦稱左擔道。

［45］校：軍隊之一部稱一校。

［46］先登：殿本作"先發"，百衲本、盧弼《集解》本、校點本作"先登"。今從百衲本等。

［47］巴：此指巴西郡。治所閬中縣，在今四川閬中市。盧弼《集解》謂"東入於巴"之"東"字疑"南"字之誤，巴西郡在劍閣之南。按，閬中在劍閣之東南。

［48］廣漢：郡名。蜀漢後主延熙中，分廣漢、伍城、德陽、鄭等四縣置東廣漢郡。此即指東廣漢郡，治所鄭縣，在今三臺縣南鄭江鎮。

［49］節傳（zhuàn）：璽節與傳信。即朝廷授予表明官職權力與身份之憑證。

［50］徑：盧弼《集解》本、校點本作"經"，百衲本、殿本作"徑"。今從百衲本等。

［51］新都：縣名。治所在今四川成都市新都區東。　大渡：地名。在今四川金堂縣沱江與毗河合流處。

［52］參軍：官名。曹魏時，大將軍、大司馬、太尉及諸開府將軍，均置參軍，爲重要幕僚。

[53] 東西：百衲本作"取西"，殿本、盧弼《集解》本、校點本作"東西"。今從殿本等。

[54] 牧野：地名。指今河南淇縣以南、衛輝市以北之地帶。周武王伐紂，在此決戰，"紂師皆倒兵以戰，以開武王。武王馳之，紂兵皆崩畔紂"。（《史記》卷四《周本紀》）

[55] 用兵之令典：以上四句見《孫子兵法·謀攻篇》。

[56] 聖德：趙幼文《校箋》謂《册府元龜》卷四三四引"聖"字作"盛"。

[57] 翼輔：輔佐。指司馬昭。

[58] 公旦：周公旦。

[59] 譓（huì）：順服。《漢書》卷一一七《司馬相如傳下》："陛下仁育群生，義征不譓。"顏師古注引文穎曰："譓，順也。"

[60] 無思不服：《詩·大雅·文王有聲》："自西自東，自南自北，無思不服。"思，語助詞。

[61] 兵無血刃：校點本作"兵不血刃"，百衲本、殿本、盧弼《集解》本均作"兵無血刃"。今從百衲本等。

[62] 后來其蘇：《孟子·梁惠王下》："《書》曰：'徯我后，后來其蘇。'朱熹《集注》："徯，待也。后，君也。蘇，復生也。他國之民皆以湯爲我君，而待其來，使己得蘇息也。"

[63] 太常：官名。秩中二千石，掌禮儀祭祀，選試博士。魏、晉皆三品。　崇禮衛尉：官名。具體職掌不詳。蓋太常所屬官，如晉之理禮郎、協律校尉等。

[64] 銓：盧弼《集解》本作"佺"，校點本作"詮"，百衲本、殿本作"銓"。《晉書》卷三一《武悼楊皇后附諸葛夫人傳》亦作"銓"。今從百衲本等，下同。

[65] 京師俊士：盧弼《集解》云："'京師'上當有'問'字。"趙幼文《校箋》謂《太平御覽》卷四四二引孫盛《魏氏春秋》曰："蜀人問太傅之德，霸對曰：'彼自爲家，非人臣也。'問京師雋士，對曰：'有鍾會者，若管朝政，吳蜀之憂也！'"此應

"家"字絕句,"門"字疑爲"問"字之殘訛。

會內有異志,因鄧艾承制專事,密白艾有反狀,[一]於是詔書檻車徵艾。司馬文王懼艾或不從命,敕會並進軍成都,監軍衞瓘在會前行,以文王手筆令宣喻艾軍,艾軍皆釋仗,遂收艾入檻車。會所憚惟艾,艾既禽而會尋至,獨統大衆,威震西土。自謂功名蓋世,不可復爲人下,加猛將銳卒皆在己手,遂謀反。欲使姜維等皆將蜀兵出斜谷,會自將大衆隨其後,既至長安,令騎士從陸道,步兵從水道順流浮渭入河,以爲五日可到孟津,[1]與騎會洛陽,一旦天下可定也。會得文王書云:"恐鄧艾或不就徵,今遣中護軍賈充將步騎萬人徑入斜谷,屯樂城,吾自將十萬屯長安,相見在近。"會得書,驚呼所親語之曰:"但取鄧艾,相國知我能獨辦之;[2]今來大重,必覺我異矣,便當速發。[3]事成,可得天下;不成,退保蜀、漢,[4]不失作劉備也。我自淮南以來,[5]畫無遺策,四海所共知也。我欲持此安歸乎!"[6]會以五年正月十五日至,[7]其明日,悉請護軍、郡守、牙門、騎督以上及蜀之故官,[8]爲太后發喪于蜀朝堂。[9]矯太后遺詔,使會起兵廢文王,皆班示坐上人,使下議訖,書版署置,更使所親信代領諸軍。所請羣官,悉閉著益州諸曹屋中,城門宮門皆閉,嚴兵圍守。會帳下督丘建本屬胡烈,[10]烈薦之文王,會請以自隨,任愛之。建愍烈獨坐,啓會,使聽內一親兵出取飲食,諸牙門隨例各內一人。烈紿語親兵及疏與其子曰:"丘建密說消息,會已作大坑,白棓棓與棒同。數千,欲悉呼外兵入,人賜白帕,苦洽反。[11]拜爲散將,[12]以次棓殺坑中。"[13]諸牙門親兵亦咸説此語,一夜傳相告,皆徧。或謂會:"可盡殺牙門、騎督以上。"會猶豫未決。十八日日中,烈軍兵與烈兒雷鼓出門,諸軍兵不期皆鼓譟出,曾無督促之者,而爭先赴城。時方給與姜維鎧杖,[14]白外有匈匈聲,[15]似失火,有頃,白兵走向城。會驚,謂維曰:"兵來似欲作惡,當云何?"維曰:"但當擊之耳。"會遣兵悉殺所閉諸牙門、郡守,内人共舉机以柱門,兵斫門,不能破。斯須,門外倚梯登城,[16]或燒城屋,蟻附亂進,矢下如雨,牙門、郡守各緣屋出,與其卒兵相得。姜維率會左右戰,手殺五六人,衆既格斬維,爭赴殺會。會時年四十,將士死者數百人。〔二〕

〔一〕《世語》曰:會善效人書,於劍閣要艾章表白事,[17]皆易其言,令辭指悖傲,[18]多自矜伐。又毀文王報書,手作以疑之也。

〔二〕《晉諸公贊》曰:胡烈兒名淵,字世元,遵之孫也。遵,安定人,[19]以才兼文武,累居藩鎮,至車騎將軍。子奮,字玄威,亦歷方任。女爲晉武帝貴人,[20]有寵。太康中,以奮爲尚書僕射,加鎮軍大將軍、開府。[21]弟廣,字宣祖,少府。次烈,字玄武,秦州刺史。[22]次岐,字玄嶷,并州刺史。[23]廣子喜,涼州刺史。淵小字鷂鷂,時年十八,既殺會救父,名震遠近。後趙王倫篡位,三王興義,[24]倫使淵與張泓將兵禦齊王,屢破齊軍。會成都戰克,[25]淵乃歸降伏法。

[1] 孟津:津渡名。在今河南孟津縣東北之黃河上。東漢末又於此地置關隘,爲河南八關之一。

［2］辦：百衲本作"辨"，殿本、盧弼《集解》本、校點本作"辦"。今從殿本等。

［3］便當：盧弼《集解》本作"更當"，百衲本、殿本、校點本作"便當"。今從百衲本等。

［4］蜀漢：指蜀郡、漢中郡。

［5］自淮南以來：謂自平淮南毌丘儉、諸葛誕以來。

［6］我欲持此安歸乎：趙幼文《校箋》謂《世說新語·德行篇》（按，當作《言語篇》）注引作"我持此欲安歸乎"。按，《世說新語》注引實無"我"字）

［7］五年：謂景元五年（264）。

［8］騎督：軍中統帥騎兵的中級軍官。

［9］太后：指明元郭皇后。郭太后卒於景元四年十二月。見本書卷五《明元郭皇后傳》。

［10］帳下督：官名。曹魏時，開府將軍之屬官，第七品。

［11］帢（qià）：亦作"帢"。一種便帽。狀如弁而缺四角，用縑帛縫製。相傳爲曹操創制。

［12］散將：殿本作"散騎"，百衲本、盧弼《集解》本、校點本作"散將"。今從百衲本等。散將，謂不帶兵、無實際職掌之將領。

［13］坑中：殿本《考證》云："《通鑑》作'內坑中'，多'內'字。"趙幼文《校箋》謂《北堂書鈔》卷一二四引作"投坑中"，《通志》同。《太平御覽》卷三五七引作"投置坑中"，多"置"字。疑《魏志》本作"投"，《通鑑》改"內"也。按，《北堂書鈔》陳禹謀補注引本書卷二八《鍾會傳》亦作"坑中"，無"投"字。

［14］杖：殿本、盧弼《集解》本作"仗"，百衲本、校點本作"杖"。按，二字可通，今仍從百衲本等。

［15］匈匈：喧嘩吵嚷。

［16］門外：謂城門外。《通鑑》即作"城外"。

［17］要（yāo）：攔截。　章表白事：胡三省云："章表送之魏朝，白事白之晉公。"（《通鑑》卷七八魏元帝景元四年注）又按，"章表"，殿本作"草表"，百衲本、盧弼《集解》本、校點本作"章表"。今從百衲本等。

［18］悖傲：趙幼文《校箋》謂《太平御覽》卷四九四引"悖"字作"倨"。

［19］安定：郡名。治所臨涇縣，在今甘肅鎮原縣東南。

［20］貴人：女官名。東漢光武帝置，位次皇后，金印紫綬。魏、晉沿置。

［21］鎮軍大將軍：官名。魏黃初六年（225）置，第二品。後不常設。兩晉沿置，開府者位從公，第一品。不開府者，第二品。

［22］秦州：西晉泰始五年（269）置，刺史治所冀縣，在今甘肅甘谷縣東。太康三年廢，七年又復置，治所上邽縣，在今甘肅天水市。

［23］并州：刺史治所晉陽縣，在今山西太原市西南古城營西古城。

［24］三王：指齊王司馬冏、成都王司馬穎、河間王司馬顒。

［25］成都：指成都王司馬穎。

　　初，艾爲太尉，會爲司徒，皆持節、都督諸軍如故，咸未受命而斃。會兄毓，以四年冬薨，會竟未知問。會兄子邕，隨會與俱死。會所養兄子毅及峻、辿^{敕連反}[1]等下獄，當伏誅。司馬文王表天子下詔曰："峻等祖父繇，三祖之世，極位台司，[2]佐命立勳，饗食廟庭。[3]父毓，歷職內外，幹事有績。昔楚思子文之治，不滅鬭氏之祀[4]；晉錄成、宣之忠，[5]用存趙氏之後。以會、邕之罪，而絕繇、毓之類，吾有愍然！峻、

迪兄弟特原，有官爵者如故。惟毅及邕息伏法。"或曰，毓曾密啓司馬文王，言會挾術難保，不可專任，故宥峻等云。〔一〕[6]

〔一〕《漢晉春秋》曰：文王嘉其忠亮，笑答毓曰："若如卿言，必不以及宗矣。"

[1] 峻：百衲本作"逡"，下又作"峻"；殿本、盧弼《集解》本、校點均作"峻"。今從殿本等。

[2] 台司：指三公。鍾繇在曹操爲魏王後，即爲魏相國，魏文帝初爲太尉，魏明帝太和初又爲太傅。

[3] 饗食廟庭：本書卷四《齊王芳紀》謂正始四年（243）秋七月詔祀曹真等二十人"於太祖廟庭"。其中即有鍾繇。

[4] 子文：春秋時曾爲楚國令尹，史稱令尹子文。 鬬氏：故又名鬬穀於菟。子文死後，其姪子越又爲令尹。子越卻舉兵攻擊楚王，楚王率軍討平之，遂滅鬬氏。其時子文之孫克黄出使齊國回國復命，遂主動投司法之官，請示處置。楚王思子文治楚之功，曰："子文無後，何以勸善？"因而赦免，復其官職。（見《左傳·宣公四年》）

[5] 成宣：指春秋時晉國的趙成子與趙宣子，亦即趙衰與趙盾父子。趙盾之子趙朔，娶晉成公之女，稱趙莊姬。趙朔死後莊姬與趙嬰私通，趙嬰兄趙同、趙括遂逐放趙嬰於齊國。莊姬因向晉景公讒毀同、括將作亂。晉討同、括，滅趙氏，將其田賜與祁奚。韓厥言於晉侯曰："成季之勳，宣孟之忠，而無後，爲善者其懼矣。"因趙朔子趙武與莊姬在景公宮中，遂立趙武，反趙氏之田。（見《左傳》成公四年、五年、八年）

[6] 峻等云：殿本無"云"字，百衲本、盧弼《集解》本、校點本皆有。今從百衲本等。

初，文王欲遣會伐蜀，西曹屬邵悌求見曰：[1]"今遣鍾會率十餘萬衆伐蜀，愚謂會單身無重任，[2]不若使餘人行。"文王笑曰："我寧當復不知此耶？蜀爲天下作患，使民不得安息，我今伐之如指掌耳，而衆人皆言蜀不可伐。夫人心豫怯則智勇並竭，智勇並竭而彊使之，適爲敵禽耳。惟鍾會與人意同，今遣會伐蜀，必可滅蜀。滅蜀之後，就如卿所慮，當何所能一辦耶？[3]凡敗軍之將不可以語勇，亡國之大夫不可與圖存，心膽以破故也。[4]若蜀以破，[5]遺民震恐，不足與圖事；中國將士各自思歸，不肯與同也。若作惡，祇自滅族耳。卿不須憂此，慎莫使人聞也。"及會白鄧艾不軌，文王將西，悌復曰："鍾會所統，五六倍于鄧艾，但可敕會取艾，不足自行。"[6]文王曰："卿忘前時所言邪，而更云可不須行乎？雖爾，此言不可宣也。我要自當以信義待人，[7]但人不當負我，我豈可先人生心哉！近日賈護軍問我，[8]言'頗疑鍾會不'，我答言：'如今遣卿行，寧可復疑卿邪？'賈亦無以易我語也。我到長安，則自了矣。"軍至長安，會果已死，咸如所策。〔一〕

〔一〕按《咸熙元年百官名》：[9]邵悌字元伯，陽平人。[10]
《漢晉春秋》曰：文王聞鍾會功曹向雄之收葬會也，[11]召而責之曰："往者王經之死，[12]卿哭于東市而我不問。今鍾會躬爲叛逆而又輒收葬，若復相容，其如王法何！"雄曰："昔先王掩骼埋胔，[13]仁流朽骨，當時豈先卜其功罪而後收葬哉？今王誅既加，於法已備，雄感義收葬，教亦無闕。法立於上，教弘於下，以此訓物，雄曰可矣！何必使雄背死違生，[14]以立於時。殿下讎對枯骨，捐之中野，百歲之後，爲臧獲所笑，[15]豈仁賢所掩哉？」王悅，與宴談而遣之。

習鑿齒曰：向伯茂可謂勇於蹈義也，[16]哭王經而哀感市人，葬鍾會而義動明主，彼皆忠烈奮勁，知死而往，[17]非存生也。況使經、會處世，或身在急難，而有不赴者乎？故尋其奉死之心，可以見事生之情，覽其忠貞之節，足以愧背義之士矣。王加禮而遣，可謂明達也。[18]

[1] 西曹屬：漢魏諸公府置有西曹，掌府吏署用事。長官爲掾，次官爲屬；掾闕，則屬爲長官。

[2] 會單身無重任：《通鑑》卷七八魏元帝咸熙元年作「會單身無任」。胡三省注云：「魏制，凡遣將帥，皆留其家以爲質任。會單身無子弟，故曰單身無任。」

[3] 當何所能一辦耶：謂鍾會何能一下子辦到。《通鑑》此句作「何憂其不能辦邪」，胡三省注：「言會若爲亂，自能辦之也。」又百衲本、殿本、盧弼《集解》本「辦」皆作「辨」，校點本與《通鑑》作「辦」。今從校點本。

[4] 以：殿本作「已」，百衲本、盧弼《集解》本、校點本作「以」。按，二字可通，今仍從百衲本等。

[5] 以：殿本作「已」。

[6] 不足：盧弼《集解》云：「《通鑑》『足』字作『須』。」趙幼文《校箋》云：「下文『而更云可不須行乎』句，正承此而言。疑『足』字當從《通鑑》作『須』爲是。」

[7] 信義：百衲本、殿本、盧弼《集解》本作「信意」。盧氏又謂馮夢禎本作「信義」。校點本亦作「信義」。今從之。

[8] 賈護軍：指賈充。當時賈充爲中護軍。

[9] 咸熙元年百官名：沈家本《三國志注所引書目》謂《隋書·經籍志》《舊唐書·經籍志》《新唐書·藝文志》，皆不著錄。

[10] 陽平：郡名。治所館陶縣，在今河北館陶縣。

[11] 功曹：官名。漢末將軍府之屬吏，職掌人事。　向雄：《晉書》卷四八有傳。

[12] 王經之死：見本書卷九《夏侯尚附玄傳》及裴注引《世語》《漢晉春秋》等。

[13] 掩骼埋胔（zì）：百衲本"骼"下有"骨"字，殿本、盧弼《集解》本、校點本無。今從殿本等。《禮記·月令》：孟春之月，"掩骼埋胔"。鄭玄注："骨枯曰骼，肉腐曰胔。"

[14] 違生：趙幼文《校箋》謂《白孔六帖》卷六五引"違"字作"遺"。

[15] 臧獲：奴婢。揚雄《方言》卷三："荊淮海岱雜齊之間，罵奴曰臧，罵婢曰獲。"

[16] 向伯茂：《晉書》卷四八《向雄傳》作"向雄字茂伯"。

[17] 知死：殿本"死"作"義"，百衲本、盧弼《集解》本、校點本作"死"。今從百衲本等。

[18] 明達也：百衲本、校點本無"也"字，殿本、盧弼《集解》本有。今從殿本等。

會嘗論《易》無互體、才性同異。[1]及會死後，于會家得書二十篇，名曰《道論》，[2]而實刑名家也，其文似會。初，會弱冠與山陽王弼並知名。弼好論儒道，辭才逸辯，注《易》及《老子》，[3]為尚書郎，年二十餘卒。〔一〕

〔一〕弼字輔嗣。何劭為其傳曰：[4]弼幼而察惠，[5]年十餘，好《老氏》，[6]通辯能言。父業，為尚書郎。時裴徽為吏部郎，弼未弱冠，往造焉。徽一見而異之，問弼曰："夫無者誠萬物之所資也，[7]然聖人莫肯致言，[8]而老子申之無已者何？"弼曰："聖人體无，无又不可以訓，故不說也。老子是有者也，故恒言（無）〔其〕所不足。"[9]尋亦爲傅嘏所知。于時何晏爲吏部尚書，甚奇弼，歎之曰：[10]"仲尼稱後生可畏，[11]若斯人者，可與言天人之際乎！"[12]正始中，黃門侍郎累缺。晏既用賈充、裴秀、朱整，又議用弼。時丁謐與晏爭衡，致高邑王黎於曹爽，[13]爽用黎。於是以弼補臺郎。[14]初除，覲爽，請閒，[15]爽爲屛左右，而弼與論道，移時無所他及，爽以此嗤之。[16]時爽專朝政，黨與共相進用，弼通儻不治名高。[17]尋黎無幾時病亡，爽用王沈代黎，弼遂不得在門下，[18]晏爲之歎恨。弼在臺既淺，事功亦雅非所長，益不留意焉。淮南人劉陶善論縱橫，[19]爲當時所推。[20]每與弼語，常屈弼。[21]弼天才卓出，當其所得，莫能奪也。性和理，樂遊宴，解音律，善投壺。[22]其論道附會文辭，[23]不如何晏，自然有所拔得，[24]多晏也。頗以所長笑人，故時爲士君子所疾。[25]弼與鍾會善，會論議以校練爲家，[26]然每服弼之高致。何晏以爲聖人無喜怒哀樂，其論甚精，鍾會等述之。弼與不同，以爲聖人茂於人者神明也，同於人者五情也，[27]神明茂故能體沖和以通無，[28]五情同故不能無哀樂以應物，然則聖人之情，應物而無累於物者也。今以其無累，便謂不復應物，失之多矣。弼注《易》，潁川人荀融難弼《大衍義》。[29]弼答其意，白書以戲之曰："夫明足以尋極幽微，而不能去自然之性。顏子之量，[30]孔父之所預（汪）〔注〕，[31]然遇之不能無樂，[32]喪之不能無哀。[33]又常狹斯人，[34]以爲未能以情從理者也，而今乃知自然之不可革。足下之量，[35]雖已定乎胸懷之內，然而隔踰旬朔，何其相思之多乎？故知尼父之於顏子，可以無大過矣。"弼注《老子》，爲之指略，致有理統。著《道略論》，[36]注《易》，往往有高麗言。太原王濟好談，病《老》《莊》，[37]常云："見弼《易注》，所悟者多。"然弼爲人淺而不識物情，初與王黎、荀融善，黎奪其黃門郎，於是恨黎，與融亦不終。[38]正始十年，曹爽廢，以公事免。其秋遇癘疾亡，時年二十四，無子絕嗣。弼之卒也，晉景王聞之，嗟歎者累日，其爲高識所惜如此。[39]

孫盛曰：《易》之爲書，窮神知化，非天下之至精，其孰能與於此？世之注解，殆皆妄也。況弼以附會之辨而欲籠統玄旨者乎？[40]故其敍浮義則麗辭溢目，造陰陽則妙賾無閒，[41]至于六爻變化，羣象所效，日時歲月，五氣相推，[42]弼皆擯落，多所不關。雖有可觀者焉，恐將泥夫大道。[43]

《博物記》曰：初，王粲與族兄凱俱避地荊州，劉表欲以女妻粲，而嫌其形陋而用率，[44]以凱有風貌，乃以妻凱。凱生業，[45]業即劉表外孫也。蔡邕有書近萬卷，末年載數車與粲，粲亡後，相國掾魏諷謀反，[46]粲子與焉，既被誅，邕所與書悉入業。業字長緒，位至謁者僕射。[47]子宏字正宗，[48]司隸校尉。宏，弼之兄也。

《魏氏春秋》曰：文帝既誅粲二子，以業嗣粲。

[1] 互體：百衲本作"玄體"，殿本、盧弼《集解》本、校點本作"互體"。今從殿本等。古人解説《易》卦，認爲卦中六爻，二至四，三至五，可交互取象，謂之互體或互卦。《左傳·莊公二十二年》："陳侯使筮之，遇《觀》之《否》，曰：'是謂觀國之光，利用賓于王。'"杜預注："《易》之爲書，六爻皆有變象，又有互體，聖人隨其意而論之。"孔穎達疏："每爻各有象辭，是六爻皆有變象。二至四，三至五，兩體交互，各成一卦，先儒謂之互體。聖人隨其義而論之，或取互體，言其取義爲常也。"而鍾會則謂《易》無互體，故著論論之。《隋書·經籍志》謂梁有《周易無互體論》三卷，鍾會撰，亡。 才性：指人的才能與德性。這是魏晉之際清談的重要内容之一，大體可分爲才性相同和相異兩種説法，

細分則爲四種。《世說新語・文學篇》"鍾會撰四本論始畢"條劉孝標注引《魏志》曰："四本者，言才性同，才性異，才性合，才性離也。尚書傅嘏論同，中書令李豐論異，侍郎鍾會論合，屯騎校尉王廣論離。"論異、離者，遵循曹操才德不統一之人才觀，在魏末政爭中爲忠於曹魏之黨，司馬氏之政敵；論同、合者，則爲司馬氏之黨、助顛覆曹魏政權者。（詳見陳寅恪《金明館叢稿初編・書〈世說新語・文學類〉鍾會撰四本論始畢條後》）

［2］道論：姚振宗《三國藝文志》謂《道論》疑即鍾會《芻蕘論》五卷。又云："《隋書・經籍志》梁有《芻蕘論》五卷，鍾會撰，亡。《唐經籍志》，《芻蕘論》五卷，鍾會撰；《藝文志》鍾會《芻蕘論》五卷。《通志・藝文略》諸子儒術類《芻蕘論》五卷，鍾會撰。"

［3］注易及老子：《隋書・經籍志》經部《易》類著錄"《周易》十卷：魏尚書郎王弼注六十四卦，韓康伯注《繫辭》以下三卷，王弼又撰《易略例》一卷"。子部道家類又著錄"《老子道德經》二卷，王弼注"。《舊唐書・經籍志》則謂《周易》十卷，王弼、韓康伯注；《玄言新記道德》二卷，王弼注。《新唐書・藝文志》又謂《周易》王弼注七卷；《老子道德經》二卷王弼注、《新記玄言道德》二卷、《老子指例略》二卷。

［4］何劭爲其傳：沈家本《三國志注所引書目》謂何劭《王弼傳》，《隋書・經籍志》《舊唐書・經籍志》《新唐書・藝文志》，皆不著錄。

［5］察惠：校點本"惠"字作"慧"，百衲本、殿本、盧弼《集解》本、《世說新語・文學》注引皆作"惠"。按，二字可通，今從百衲本等。

［6］老氏：即《老子》。

［7］無：指"道"。貴無論玄學，以無爲萬物之本。無即道。

［8］聖人：指孔子。

［9］恒言其所不足：各本皆作"恒言無所不足"。盧弼《集

解》引《世說新語·文學》作"恒訓其所不足"。吴金華《校詁》又引郁松年《續後漢書札記》謂《通鑑》作"恒訓其所不足","無"似"其"字之誤。《校詁》又補云:"'其'字古作'亓',與'无'形近。又'其''無'草書亦相似。《世説新語》《資治通鑑》作'其所不足',與文義合,當從之。"今從諸家之説改"無"爲"其"。

[10] 歎之:趙幼文《校箋》謂《世説新語·文學篇》注引"歎"字作"題"。

[11] 仲尼稱:《論語·子罕》子曰:"後生可畏,焉知來者之不如今也?"

[12] 天人之際:天道與人事間之關係。

[13] 高邑:縣名。治所在今河北柏鄉縣北。

[14] 臺郎:尚書臺之郎,即尚書郎。

[15] 請閒(jiàn):謂請單獨談話。

[16] 譊:百衲本作"蚩",殿本、盧弼《集解》本、校點本作"譊"。按,二字可通,今從殿本等。

[17] 通儁:通達而才智出衆。

[18] 門下:謂黄門之下,指爲官黄門侍郎。

[19] 善論縱橫:謂善於言談論辯。

[20] 所推:殿本"推"字作"稱",百衲本、盧弼《集解》本、校點本作"推"。今從百衲本等。

[21] 屈弼:屈於王弼。即勝不過王弼。

[22] 投壺:古代宴會之一種禮制,亦爲娛樂活動。賓主依次用矢投向盛酒的壺口,以所投多少决勝負,負者飲酒。詳見《禮記·投壺》。又按,百衲本誤"壺"爲"壺"。

[23] 附會:百衲本作"賦會",校點本作"傅會",殿本、盧弼《集解》本作"附會"。今從殿本等。附會,連綴之意。《文心雕龍·附會》:"何謂附會?謂總文理,統首尾,定與奪,合涯際,彌綸一篇,使雜而不越者也。"

[24] 自然有所拔得：謂哲理上之獨到見解。

[25] 故時爲士君子所疾：趙幼文《校箋》謂《世說新語·文學》注引作"故爲時士所嫉"，郝經《續後漢書》"疾"亦作"嫉"。按，二字義可通。徐灝《說文解字注箋·疒部》："疾，又爲疾惡之義。"《字彙·疒部》："疾，惡也。"《廣雅·釋詁三》："嫉，惡也。"

[26] 校練：猶考覈。　家：謂特長，專長。

[27] 五情：《文選》曹子建《上責躬應詔詩表》："形影相弔，五情愧赧。"劉良注："五情，喜、怒、哀、樂、怨也。"

[28] 沖和：淡泊平和。

[29] 大衍義：書名。《舊唐書·經籍志》著録有王弼撰《周易大衍論》一卷，《新唐書·藝文志》作三卷。

[30] 顔子：顔回，字子淵。孔子最得意之學生。以德行著稱。

[31] 孔父：對孔子之美稱。又稱尼父。　預注：殿本、盧弼《集解》本、校點本"注"字作"在"，百衲本作"汪"，蓋"注"字之誤。趙幼文《校箋》謂郝經《續後漢書》亦作"注"。《廣雅·釋詁二》："注，識也。"今從百衲本與趙說。

[32] 不能無樂：孔子贊賞顔回的話較多，如說："賢哉，回也！一簞食，一瓢飲，在陋巷，人不堪其憂，回也不改其樂。賢哉，回也！"（《論語·雍也》）

[33] 不能無哀：顔回死時，孔子非常悲痛，說："噫！天喪予！天喪予！"（《論語·先進》）

[34] 常狹斯人：謂常狹隘地看孔子。趙幼文《校箋》謂郝經《續後漢書》"狹"字作"挾"。

[35] 足下：殿本、盧弼《集解》本"足下"上有"是"字，百衲本、校點本無。今從百衲本等。

[36] 著：殿本作"註"、盧弼《集解》本作"注"，百衲本、校點本作"著"。今從百衲本等。　道略論：姚振宗《三國藝文志》云："《玉海》五十三云'魏王弼《老子略論》'，亦似此書。

又疑是《指略例》，無以定之。"

[37] 莊：指《莊子》。

[38] 不終：趙幼文《校箋》謂《世說新語·文學篇》注引"終"下有"好"字。

[39] 其爲高識所惜：趙幼文《校箋》謂《世說新語·文學篇》注引"其"上有"曰天喪予"四字，"所"字作"悼"。

[40] 附會：百衲本作"賦會"，校點本作"傅會"，殿本、盧弼《集解》本作"附會"。今從殿本等。

[41] 妙賾：各本及校點本1959年12月第1版皆作"妙賾"，1982年7月第2版却作"妙頤"，今從百衲本等。妙賾，奧妙幽深之義。

[42] 五氣：五行之氣，五方之氣。

[43] 泥：阻礙。

[44] 用率：蓋指行爲輕率，不拘小節。趙幼文《校箋》謂《博物志》卷四"用"字作"周"，無上兩"而"字。

[45] 業：趙幼文《校箋》謂《博物志》作"葉"。

[46] 魏諷謀反：事見本書卷一《武帝紀》建安二十四年及裴注引《世語》。

[47] 謁者僕射：官名。秩比千石，第五品。爲謁者臺長官，名義上屬光祿勳。掌侍從皇帝左右，關通内外，職權頗重。

[48] 宏：百衲本作"玄"，殿本、盧弼《集解》本、校點本作"宏"。今從殿本等。

評曰：王淩風節格尚，[1] 毌丘儉才識拔幹，[2] 諸葛誕嚴毅威重，鍾會精練策數，咸以顯名，致茲榮任，而皆心大志迂，不慮禍難，變如發機，宗族塗地，豈不謬惑邪！鄧艾矯然彊壯，[3] 立功立事，然闇于防患，咎敗旋至，豈遠知乎諸葛恪而不能近自見，此蓋古人

所謂目論者也。〔一〕

〔一〕《史記》曰：[4]越王無彊與中國爭彊,[5]當楚威王時,越北伐齊,齊威王使人說越云,越王不納。齊使者曰："幸也,越之不亡也。吾不貴其用智之如目,目見毫毛而不自見其睫也。今王知晉之失計,[6]不自知越之過,[7]是目論也。"

[1] 格尚：方正高尚。

[2] 拔幹：特出幹練。

[3] 矯然：堅勁之貌。

[4] 史記：此所引《史記》,見《史記》卷四一《越王勾踐世家》。

[5] 無彊：殿本、盧弼《集解》本、校點本作"無彊",百衲本與《史記》卷四一《越王勾踐世家》作"無彊"。今從百衲本。

[6] 失計：殿本無"計"字,百衲本、盧弼《集解》本、校點本有。今從百衲本等。

[7] 過：殿本作"失",百衲本、盧弼《集解》本、校點本作"過"。今從百衲本等。

三國志 卷二九

魏書二十九

方技傳第二十九

　　華佗字元化,[1]沛國譙人也,[2]一名旉。[一]游學徐土,[3]兼通數經。沛相陳珪舉孝廉,[4]太尉黃琬辟,[5]皆不就。曉養性之術,[6]時人以爲年且百歲而貌有壯容。又精方藥,其療疾,合湯不過數種,心解分劑,[7]不復稱量,煑熟便飲,語其節度,舍去輒愈。[8]若當灸,[9]不過一兩處,每處不過七八壯,[10]病亦應除。[11]若當針,[12]亦不過一兩處,下針言"當引某許,[13]若至,語人"。病者言"已到";應便拔針,病亦行差。[14]若病結積在內,針藥所不能及,當須刳割者,便飲其麻沸散,[15]須臾便如醉死無所知,因破取。病若在腸中,便斷腸湔洗,縫腹膏摩,[16]四五日差;不痛,人亦不自寤,一月之間,即平復矣。

　　〔一〕臣松之案:古"敷"字與"旉"相似,[17]寫書者多不能別。尋佗字元化，其名宜爲旉也。

[1] 華佗：陳寅恪謂"華佗"二字古音與天竺語"agada"適相應。天竺語中"agada"乃藥之義，舊譯爲"阿伽陀"或"阿羯陀"，其省去"阿"者，猶"阿羅漢"僅稱"羅漢"。蓋元化固華氏子，其本名"旉"而非"佗"，當時民間比附印度神話故事，因稱爲"華佗"，實以"神藥"目之。（見陳寅恪《寒柳堂集·〈三國志·曹沖華佗傳〉與佛教故事》，上海古籍出版社1980年版）

[2] 沛國：王國名。治所相縣，在今安徽濉溪縣西北。　譙：縣名。治所在今安徽亳州市。

[3] 徐：州名。東漢時刺史治所郯縣，在今山東郯城縣。魏移治所彭城縣，在今江蘇徐州市。趙幼文《校箋》謂《太平御覽》卷七二二引，自此句以下文辭前後不同。《校箋》有鈔錄，讀者可查參。

[4] 相：官名。王國相由朝廷直接委派，掌握王國行政大權，相當於郡太守。　孝廉：漢代選拔官吏的主要科目。孝指孝子，廉指廉潔之士。原本爲二科，後混同爲一科，也不再限於孝子和廉士。東漢後期定制爲不滿四十歲者不得察舉；被舉者先詣公府課試，以觀其能。郡國每年要向中央推舉一至二人。

[5] 太尉：官名。東漢時，與司徒、司空並爲三公，共同行使宰相職能，而位列三公之首，名位甚重，或與太傅並錄尚書事，綜理全國軍政事務。

[6] 養性：養生。

[7] 分劑：指藥物之分量與比例。

[8] 舍去輒愈：謂華佗離去，病人之病即愈。

[9] 灸（jiǔ）：中醫之一種療法。用燃燒的艾絨熏灼人體的穴位。

[10] 壯：一灸叫一壯。《字彙補·士部》："壯，陸佃云：'醫用艾灸，一灼謂之一壯。'"

[11] 應：《助字辨略》卷四："應，猶即也。"

[12] 針：扎針。中醫療法之一。

[13] 當引某許：謂扎針之脹麻感延伸到了某處。

[14] 行：輒，即。《史記》卷一二《孝武本紀》："所欲者言行下。"《集解》引李奇曰："神所欲言，上輒爲下之。" 差（chài）：病愈。

[15] 麻沸散：華佗創製的中藥麻醉劑。已失傳。

[16] 膏摩：用藥膏敷上。

[17] 勇：百衲本、校點本作"專"，殿本、虛弼《集解》本作"勇"。今從殿本等。

故甘陵相夫人有娠六月，[1]腹痛不安，佗視脈，曰："胎已死矣。"使人手摸知所在，在左則男，在右則女。人云"在左"，於是爲湯下之，果下男形，即愈。

縣吏尹世苦四支煩，口中乾，不欲聞人聲，小便不利。佗曰："試作熱食，得汗則愈；不汗，後三日死。"即作熱食而不汗出，[2]佗曰："藏氣已絕於內，當啼泣而絕。"果如佗言。

府吏兒尋、李延共止，[3]俱頭痛身熱，所苦正同。佗曰："尋當下之，[4]延當發汗。"或難其異，[5]佗曰："尋外實，[6]延內實，故治之宜殊。"即各與藥，明旦並起。

鹽瀆嚴昕與數人共候佗，[7]適至，佗謂昕曰："君身中佳否？"昕曰："自如常。"佗曰："君有急病見於面，莫多飲酒。"坐畢歸，行數里，昕卒頭眩墮車，人扶將還，載歸家，中宿死。

故督郵頓子獻得病已差,[8]詣佗視脈,曰:"尚虛,[9]未得復,勿爲勞事,御內即死。[10]臨死,當吐舌數寸。"其妻聞其病除,從百餘里來省之,止宿交接,中間三日發病,一如佗言。

督郵徐毅得病,佗往省之。毅謂佗曰:"昨使醫曹吏劉租針胃管訖,[11]便苦欬嗽,欲臥不安。"[12]佗曰:"刺不得胃管,誤中肝也,食當日減,五日不救。"[13]遂如佗言。

東陽陳叔山小男二歲得疾,[14]下利常先啼,[15]日以羸困。問佗,佗曰:"其母懷軀,陽氣內養,乳中虛冷,兒得母寒,故令不時愈。"佗與四物女宛丸,[16]十日即除。

彭城夫人夜之廁,[17]蠆螫其手,[18]呻呼無賴。[19]佗令溫湯近熱,[20]漬手其中,卒可得寐,但旁人數爲易湯,湯令煖之。其旦即愈。

軍吏梅平得病,除名還家,家居廣陵,[21]未至二百里,止親人舍。有頃,佗偶至主人許,[22]主人令佗視平,佗謂平曰:"君早見我,可不至此。[23]今疾已結,促去可得與家相見,[24]五日卒。"[25]應時歸,如佗所刻。

佗行道,見一人病咽塞,嗜食而不得下,家人車載欲往就醫。佗聞其呻吟,駐車往視,語之曰:"向來道邊有賣餅家蒜虀大酢,[26]從取三升飲之,病自當去。"即如佗言,立吐蛇一枚,[27]縣車邊,欲造佗。佗尚未還,小兒戲門前,逆見,自相謂曰:"似逢我公,車邊病是也。"疾者前入坐，見佗北壁縣此虵輩約以十數。

又有一郡守病，佗以爲其人盛怒則差，乃多受其貨而不加治，[28]無何棄去，留書罵之。郡守果大怒，令人追捉殺佗。郡守子知之，屬使勿逐。守瞋恚既甚，吐黑血數升而愈。

又有一士大夫不快，[29]佗云：[30]"君病深，[31]當破腹取。然君壽亦不過十年，病不能殺君，忍病十歲，[32]壽俱當盡，不足故自刳裂。"士大夫不耐痛癢，必欲除之。[33]佗遂下手，所患尋差，十年竟死。

廣陵太守陳登得病，[34]胸中煩懣，面赤不食。佗脈之曰：[35]"府君胃中有蟲數升，[36]欲成內疽，[37]食腥物所爲也。"即作湯二升，先服一升，斯須盡服之。食頃，吐出三升許蟲，赤頭皆動，半身〔猶〕是生魚膾也，[38]所苦便愈。佗曰："此病後三期當發，遇良醫乃可濟救。"依期果發動，[39]時佗不在，如言而死。

太祖聞而召佗，佗常在左右，太祖苦頭風，每發，心亂目眩，佗針鬲，[40]隨手而差。〔一〕

〔一〕《佗別傳》曰：[41]有人病兩腳躄不能行，[42]輿詣佗，佗望見云："已飽針灸服藥矣，不復須看脈。"便使解衣，點背數十處，相去或一寸，或五寸，縱邪不相當。言灸此各十壯，[43]灸創愈即行。後灸處夾脊一寸，上下行端直均調，如引繩也。

[1] 甘陵：王國名。治所甘陵縣，在今山東臨清市東。
[2] 不汗出：趙幼文《校箋》謂《太平御覽》卷七二二引作

"汗不出"。

［3］兒（ní）：又作"倪"。姓。趙幼文《校箋》謂《太平御覽》引作"倪"。

［4］下：導瀉。中醫治病的一種方法。

［5］或難其異：趙幼文《校箋》謂《太平御覽》卷七二二引作"或難其病同療異"。

［6］外實：趙幼文《校箋》謂《太平御覽》卷七二二引作"内實"。下句"内實"《太平御覽》又作"外實"。按，宋本《册府元龜》卷八五八引與本傳同。實，中醫用語，指邪氣亢盛。

［7］鹽瀆：縣名。治所在今江蘇鹽城市。

［8］督郵：官名。本名督郵書掾（或督郵曹掾），省稱督郵掾、督郵。漢置，郡府屬吏，秩六百石。主要職掌除督送郵書外，又代表郡守督察屬縣，宣達教令，並兼司獄訟捕亡等。每郡督郵皆分部，有二部、三部、四部、五部不等。

［9］虛：中醫用語。指體虛弱，抵抗力差。

［10］御内：指與妻子同房。

［11］醫曹：漢代郡府列曹中有醫曹，主管醫藥事。　劉租：殿本《考證》云："北宋本作'劉祖'。"趙幼文《校箋》謂《太平御覽》卷七二二、《白孔六貼》卷三二、《册府元龜》卷八五八引俱作"劉祖"。按，宋本《册府元龜》亦作"劉租"。　胃管：即針灸穴位之中脘穴。

［12］欲卧：趙幼文《校箋》謂《白孔六帖》《太平御覽》引無"欲"字。

［13］不救：即無救。謂無法救治而死亡。

［14］東陽：縣名。治所在今江蘇盱眙縣東南東陽集。　二歲：趙幼文《校箋》謂《太平御覽》卷七二二引"二"字作"三"。按，宋本《册府元龜》卷八五八引亦作"二"。

［15］下利：下瀉、腹瀉。

［16］女宛：即女菀。中草藥名。《廣雅·釋草》："女腸，女

菀也。"王念孫《疏證》：紫菀之白者名女菀。《神農本草》云女菀味辛溫，生漢中川谷。

[17] 彭城：王國名。治所彭城縣，在今江蘇徐州市。彭城夫人，即彭城王之夫人。

[18] 蠆（chài）：蝎子一類的毒蟲。　螫（shì）：毒蟲咬刺。

[19] 無賴：謂無所依恃，無法忍受。《廣雅·釋詁三》："賴，恃也。"

[20] 溫湯：百衲本"湯"字作"酒"，殿本、盧弼《集解》本、校點本作"湯"。今從殿本等。

[21] 廣陵：縣名。治所在今江蘇揚州市西北蜀岡上。

[22] 許：校點本1982年7月第2版誤作"計"。許，處所。

[23] 可不至此：趙幼文《校箋》謂《太平御覽》卷七二二引作"不應至此"。

[24] 與家相見：趙幼文《校箋》謂《太平御覽》引"家"下有"人"字。

[25] 五日卒：趙幼文《校箋》謂《太平御覽》引"卒"字作"平"是。按，宋本《册府元龜》卷八五八引亦作"卒"。又按，華佗之言，意謂梅平之病"已結"不可解，要梅平疾速回去，還可與家人相見，不然五日就將死去。仍以作"卒"爲是。

[26] 蒜齏（jī）：搗碎之蒜泥。　酢：同"醋"。

[27] 虵：此指人體內的一種寄生蟲。有謂爲蛔蟲者，但因其懸掛於車邊，一定距離外的小兒也能够看見，故疑爲絛蟲。

[28] 加治：趙幼文《校箋》謂《白孔六帖》卷三二、《太平御覽》卷七二二引"治"字作"功"，疑作"功"字爲是。按，宋本《册府元龜》卷八五八引亦作"治"。

[29] 不快：趙幼文《校箋》謂《太平御覽》引作"患體中不快"，多"患體中"三字。按，宋本《册府元龜》引亦無此二字。

[30] 佗云：趙幼文《校箋》謂《太平御覽》引"佗云"上有"詣佗"二字，《後漢書》卷八二下《華佗傳》"詣佗求療"，亦有

"詣佗"二字可證,應據補。按,宋本《册府元龜》引亦無"詣佗"二字。

［31］病深:殿本作"病甚",百衲本、盧弼《集解》本、校點本作"病深"。今從百衲本等。

［32］忍病十歲:趙幼文《校箋》謂《太平御覽》卷七二二引作"君忍痛十歲"。

［33］士大夫不耐痛癢必欲除之:《册府元龜》引同此。趙幼文《校箋》謂《太平御覽》引作"士大夫曰余不耐痛必請治之"。

［34］廣陵:郡名。治所即廣陵縣。

［35］脈之:趙幼文《校箋》謂《太平御覽》卷七二二引作"診脈"。

［36］府君:對太守之尊稱。

［37］欲:將要。　内疽(jū):體内的毒瘡。

［38］半身猶是:各本皆無"猶"字。盧弼《集解》云:"《御覽》'是'上有'猶'字,范史同,此奪。"趙幼文《校箋》謂《太平御覽》卷七二二、卷七四一、卷八六一(當作八六二)引"是"上俱有"猶"字。今從盧、趙説補"猶"字。

［39］發動:趙幼文《校箋》謂《太平御覽》卷七二二引無"動"字。

［40］鬲(gé):指膈俞(shū)穴。在第七胸椎下。

［41］佗別傳:沈家本《三國志注所引書目》謂《華佗別傳》,《隋書·經籍志》《舊唐書·經籍志》《新唐書·藝文志》,皆不著録。

［42］躄(bì):跛,瘸腿。

［43］十壯:趙幼文《校箋》謂《後漢書》卷八二下《華佗傳》注引作"七壯"。

李將軍妻病甚,呼佗視脈,曰:"傷娠而胎不去。"[1]將軍言:"(聞)〔問〕實傷娠,[2]胎已去矣。"佗曰:"案脈,胎未去也。"將軍以爲不然。佗舍去,婦稍小差。百餘日復動,更呼佗,佗曰:"此脈故事有胎。前當生兩兒,一兒先出,血出甚多,後兒不及生。母不自覺,旁人亦不寤,不復迎,[3]遂不得生。胎死,血脈不復歸,必燥著母脊,故使多脊痛。今當與湯,并針一處,此死胎必出。"湯針既加,婦痛急如欲生者,佗曰:"此死胎久枯,不能自出,宜使人探之。"果得一死男,手足完具,色黑,長可尺所。[4]

佗之絶技,凡此類也。然本作士人,以醫見業,[5]意常自悔。後太祖親理得病篤重,[6]使佗專視。佗曰:"此近難濟,恒事攻治,可延歲月。"佗久遠家思歸,因曰:"當得家書,方欲暫還耳。"到家,辭以妻病,數乞期不反。太祖累書呼,又敕郡縣發遣,佗恃能厭食事,[7]猶不上道。太祖大怒,使人往檢:若妻信病,賜小豆四十斛,寬假限日;若其虛詐,便收送之。於是傳付許獄,[8]考驗首服。[9]荀彧請曰:"佗術實工,人命所縣,宜含宥之。"太祖曰:"不憂,天下當無此鼠輩耶?"遂考竟佗。[10]佗臨死,出一卷書與獄吏,曰:"此可以活人。"吏畏法不受,佗亦不彊,索火燒之。佗死後,太祖頭風未除。太祖曰:"佗能愈此。小人養吾病,欲以自重,然吾不殺此子,亦終當不爲我斷此根原耳。"及後愛子倉舒病困,太祖歎曰:"吾悔殺華佗,令此兒彊死也。"

初,軍吏李成苦欬嗽,晝夜不(寤)〔寐〕,[11]時吐膿血，以問佗。佗言："君病腸癰，欬之所吐，非從肺來也。與君散兩錢，[12]當吐二升餘膿血訖，快自養，一月可小起，好自將愛，一年便健。十八歲當一小發，服此散，亦行復差。若不得此藥，故當死。"復與兩錢散。成得藥，去五六歲，親中人有病如成者，謂成曰："卿今彊健，我欲死，[13]何忍無急去藥，〔一〕[14]以待不祥？先持貸我，[15]我差，爲卿從華佗更索。"成與之。已故到譙，[16]適值佗見收忽忽，不忍從求。後十八歲，成病竟發，無藥可服，以至於死。〔二〕

〔一〕臣松之案：古語以藏爲去。
〔二〕《佗別傳》曰：人有在青龍中見山陽太守廣陵劉景宗，[17]景宗說中平日數見華佗，[18]其治病手脈之候，[19]其驗若神。琅琊劉勳爲河内太守，[20]有女年幾二十，左腳膝裏上有瘡，癢而不痛。瘡愈數十日復發，[21]如此七八年。迎佗使視，佗曰："是易治之。當得稻穅黃色犬一頭，好馬二足。"以繩繫犬頸，使走馬牽犬，馬極輒易，[22]計馬走三十餘里，犬不能行，[23]復令步人拖曳，計向五十里。乃以藥飲女，女即安臥不知人。因取大刀斷犬腹近後腳之前，以所斷之處向瘡口，令去二三寸。停之須臾，有若虵者從瘡中而出，便以鐵椎橫貫虵頭。虵在皮中動搖良久，須臾不動，乃牽出，長三尺所，[24]純是虵，但有眼處而無童子，[25]又逆鱗耳。以膏散著瘡中，七日愈。又有人苦頭眩，頭不得舉，[26]目不得視，積年。佗使悉解衣倒懸，令頭去地一二寸，濡布拭身體，令周币，候視諸脈，盡出五色。佗令弟子數人以鈹刀決脈，[27]五色血盡，視赤血，[28]乃下，以膏摩被覆，汗自出周币，[29]飲以亭歷犬血散，[30]立愈。又有婦人長病經年，世謂寒熱注病者，冬十一月中，佗令坐石槽中，平旦用寒水汲灌，云當滿百。始七八灌，[31]會戰欲死，[32]灌者懼，欲止。佗令滿數。將至八十灌，熱氣乃蒸出，嚣嚣高二三尺。滿百灌，佗乃然火溫牀，厚覆，良久汗洽出，著粉，汗燥便愈。又有人病腹中半切痛，十餘日中，鬚眉墮落。[33]佗曰："是脾半腐，可剖腹養治也。"[34]使飲藥令臥，破腹就視，脾果半腐壞。以刀斷之，刮去惡肉，以膏傅瘡，飲之以藥，百日平復。

[1]傷娠：《後漢書》卷八二下《華佗傳》作"傷身"。按，音義同，謂傷胎而小産。

[2]間：各本皆作"聞"，《後漢書·華佗傳》作"間"，合乎情理，今據改。

[3]迎：謂接生。

[4]尺所：一尺左右。

[5]見：古"現"字。顯現。

[6]親理：吳金華《〈三國志〉斠議》謂把有親族關係的人稱為"親理"或"親里"，在《三國志》中屢見。

[7]厭食事：殿本《考證》云："'食'字疑衍。"周壽昌《注證遺》云："殆非衍也。蓋食事即食功，言厭以事取食。厭者，厭爲人役也。"吳金華《〈三國志校詁〉及〈外編〉訂補》又謂"厭食"二字可能由"饜"分裂而成。"饜"通"厭"。華佗的厭事，指不想繼續在曹操府中作事。

[8]許：縣名。治所在今河南許昌市東。

[9]考驗：拷打審訊。

[10]考竟：《釋名·釋喪制》云："獄死曰考竟。考得其情，竟其命於獄也。"

[11]瘵：各本皆作"瘖"。趙幼文《校箋》謂《太平御覽》卷七二二作"瘵"，《後漢書·華佗傳》亦作"瘵"。今從趙說改。

[12]與君散兩錢：趙幼文《校箋》謂《太平御覽》卷七二二

引句下有"已已服"三字。

[13] 我欲死：趙幼文《校箋》謂《太平御覽》引"我"下有"見"字。

[14] 無急：趙幼文《校箋》謂《太平御覽》引無"無"字。

[15] 先持：趙幼文《校箋》謂《太平御覽》引"持"字作"特"。

[16] 已故到譙：趙幼文《校箋》謂《太平御覽》引"譙"下有"從索藥"三字。按"已"，同"以"。

[17] 青龍：魏明帝曹叡年號（233—237）。　山陽：郡名。治所昌邑縣，在今山東金鄉縣西北。

[18] 中平：漢靈帝劉宏年號（184—189）。

[19] 手脈：盧弼《集解》謂《後漢書·華佗傳》注引作"平脈"。

[20] 琅琊：郡名。治所開陽縣，在今山東臨沂市北。　河內：郡名。治所懷縣，在今河南武陟縣西南。

[21] 瘡愈數十日復發：《後漢書·華佗傳》注引作"創發數十日愈，愈已復發"。

[22] 極：疲困。

[23] 犬不能行：趙幼文《校箋》謂《初學記》卷二十引"犬"下有"困"字。

[24] 所：殿本、盧弼《集解》本作"許"，百衲本、校點本、《後漢書》卷八二下《華佗傳》注引皆作"所"。今從百衲本等。

[25] 童子：即瞳子。

[26] 得：殿本、盧弼《集解》本作"能"，百衲本、校點本作"得"。今從百衲本等。下句"得"字亦同。

[27] 鈹（pī）刀：即鈹針。針砭用的長針。《說文》："鈹，大針也。"段玉裁注引玄應曰："醫家用以破癰。"

[28] 視赤血：趙幼文《校箋》謂《太平御覽》卷七四一引"血"下有"出"字，是。語意方足。《後漢書》注引亦有

"出"字。

[29] 以膏摩被覆汗自出周帀：趙幼文《校箋》謂《太平御覽》引作"以膏摩之覆被汗出"，增"之"字，無"自周帀"三字。

[30] 亭歷：即葶藶。草本藥用植物。

[31] 七八灌：《太平御覽》卷七二二作"七十灌"。

[32] 會戰：趙幼文《校箋》謂《太平御覽》卷七二二引"會"字作"冷"。按"戰"，通"顫"。發抖。

[33] 鬚眉：百衲本、校點本作"鬢眉"，殿本、盧弼《集解》本、《後漢書·華佗傳》注引作"鬚眉"。今從殿本等。

[34] 養治：趙幼文《校箋》謂《太平御覽》卷七二二引無"養"字。

廣陵吳普、彭城樊阿皆從佗學。普依準佗治，[1]多所全濟。佗語普曰："人體欲得勞動，但不當使極爾。動搖則穀氣得消，[2]血脈流通，病不得生，譬猶戶樞不朽是也。[3]是以古之仙者爲導引之事，[4]熊（頸）〔經〕鴟顧，[5]引輓腰體，動諸關節，以求難老。吾有一術，名五禽之戲，[6]一曰虎，二曰鹿，三曰熊，四曰猨，五曰鳥，亦以除疾，並利蹄足，以當導引。體中不快，起作一禽之戲，沾濡汗出，[7]因上著粉，身體輕便，腹中欲食。"普施行之，年九十餘，耳目聰明，齒牙完堅。阿善針術。凡醫咸言背及胸藏之間不可妄針，針之不過四分，而阿針背入一二寸，巨闕胸藏針下五六寸，[8]而病輒皆瘳。[9]阿從佗求可服食益於人者，佗授以漆葉青黏散。漆葉屑一升，青黏屑十四兩，以是爲率，言久服去三蟲，[10]利五藏，輕體，使人頭不白。

阿從其言，壽百餘歲。漆葉處所而有，青黏生於豐、沛、彭城及朝歌云。[一][11]

〔一〕《佗別傳》曰：青黏者，[12]一名地節，一名黃芝，主理五藏，[13]益精氣。本出於迷入山者，見仙人服之，以告佗。佗以爲佳，輒語阿，阿又祕之。近者人見阿之壽而氣力彊盛，怪之，遂責阿所服，[14]因醉亂誤道之。[15]法一施，人多服者，皆有大驗。

文帝《典論》論郄儉等事曰："潁川郄儉能辟穀，[16]餌伏苓。[17]甘陵甘始亦善行氣，老有少容。廬江左慈知補導之術。[18]並爲軍吏。初，儉之至，市伏苓價暴數倍。議郎安平李覃學其辟穀，[19]餐伏苓，飲寒水，中泄利，殆至隕命。後始來，衆人無不鴟視狼顧，[20]呼吸吐納。軍謀祭酒弘農董芬爲之過差，[21]氣閉不通，[22]良久乃蘇。左慈到，又競受其補導之術，至寺人嚴峻，[23]往從問受。閹豎真無事於斯術也，人之逐聲，乃至於是。光和中，[24]北海王和平亦好道術，[25]自以當仙。濟南孫邕少事之，[26]從至京師。會和平病死，邕因葬之東陶，[27]有書百餘卷，藥數囊，悉以送之。後弟子夏榮言其尸解。[28]邕至今恨不取其實書仙藥。劉向惑於《鴻寶》之説，[29]君游眩於子政之言，[30]古今愚謬，豈唯一人哉！"

東阿王作《辯道論》曰：[31]"世有方士，吾王悉所招致，[32]甘陵有甘始，廬江有左慈，陽城有郄儉。[33]始能行氣導引，慈曉房中之術，[34]儉善辟穀，悉號三百歲。[35]卒所以集之於魏國者，[36]誠恐斯人之徒，接姦宄以欺衆，行妖慝以惑民，豈復欲觀神仙於瀛洲，[37]求安期於海島，[38]釋金輅而履雲輿，[39]棄六驥而美飛龍哉？[40]自家王與太子及余兄弟咸以爲調笑，[41]不信之矣。[42]然始等知上遇之有恒，奉不過於員吏，賞不加於無功，海島難得而游，六轡難得而佩，[43]終不敢進虛誕之言，出非常之語。余嘗試郄儉絕穀百日，躬與之寢處，行步起居自若也。夫人不食

2154

七日則死，而儉乃如是。[44]然不必益壽，可以療疾而不憚饑饉焉。左慈善修房内之術，[45]差可終命，[46]然自非有志至精，莫能行也。甘始者，[47]老而有少容，自諸術士咸共歸之。然始辭繁寡實，頗有怪言。余常辟左右，獨與之談，問其所行，溫顏以誘之，美辭以導之，始語余：'吾本師姓韓字世雄，嘗與師於南海作金，[48]前後數四，投數萬斤金於海。'又言：'諸梁時，[49]西域胡來獻香罽、腰帶、割玉刀，[50]時悔不取也。'又言：'車師之西國，[51]兒生，擘背出脾，[52]欲其食少而努行也。'[53]又言：'取鯉魚五寸一雙，令其一（羹）〔著〕藥，[54]俱投沸膏中，有藥者奮尾鼓鰓，游行沉浮，有若處淵，其一者已熟而可噉。'余時問：'言率可試不？'[55]言：'是藥去此逾萬里，當出塞；始不自行不能得也。'言不盡於此，頗難悉載，故粗舉其巨怪者。始若遭秦始皇、漢武帝，則復爲徐市、欒大之徒也。"[56]

[1] 佗治：趙幼文《校箋》謂《册府元龜》卷八五六（當作八三六）引"治"下有"療"字。

[2] 得消：《太平御覽》卷七二〇引《魏志》作"易消"。

[3] 譬猶户樞不朽是也：《太平御覽》卷七二〇引作"譬猶户樞不蠹流水不腐以其常動故也"。

[4] 是以古之仙者爲導引之事：《太平御覽》卷七二〇引作"是以僊者及漢時有士君舊爲導引之事"。 導引：導氣引體。爲古醫家、道家呼吸與軀體運動相配合之養生術。

[5] 熊經鴟顧：各本皆作"熊頸鴟顧"。宋本《册府元龜》卷八三六、《太平御覽》卷七二〇引作"熊經鴟顧"（《玉篇·鳥部》："鴟，鳶屬。鵄，同鴟"）。《後漢書》卷八二下《華佗傳》亦作"熊經鴟顧"，李賢注云："熊經，若熊之攀枝自懸也。鴟顧，身不動而回顧也。《莊子》曰：'吐故納新，熊經鳥申，此導引之士，養形之人也。'"吳金華《〈三國志〉斠議》謂《淮南子·精神訓》

"熊經鳥伸"高誘注:"經,動搖也。"今從《册府元龜》《太平御覽》及《後漢書》改"頸"爲"經"。

[6] 五禽之戲:《太平御覽》卷七二〇引"戲"下有"汝可行之"四字。

[7] 沾濡汗出:此句及下句《後漢書》卷八二下《華佗傳》作"怡而汗出,因以著粉"。

[8] 巨闕:中醫針灸穴位名。《醫宗金鑒·奇經八脈總歌·任脈分寸歌》:"巨闕,臍上六寸五。"注:"從上腕上行,在兩歧骨下二寸,巨闕穴也。"

[9] 瘳(chōu):病愈。

[10] 三蟲:指人體内的三種寄生蟲。

[11] 豐:縣名。治所在今江蘇豐縣。　沛:縣名。治所在今江蘇沛縣。　朝歌:縣名。治所在今河南淇縣。

[12] 青黏:《後漢書》卷八二下《華佗傳》王先謙《集解》引沈欽韓曰:"《本草圖經》陳藏器云:青黏一名黃芝,一名地節。此即萎蕤(《別錄》萎蕤一名地節),極似偏精(黃精葉偏生不對者名偏精,功用不如正精,正精葉對生),主聰明,調血氣,令人強壯。即漆葉爲散服,主五藏益精,去三蟲,輕身不老。惟有熱,不可服(《廣東新語》葳蕤補益之功逾黃精。方家稱黃芝亦曰青黏,以漆葉同爲散,可以延壽)。"

[13] 藏:百衲本作"臟",殿本、盧弼《集解》本、校點本作"藏"。按,二字同,今從殿本等。

[14] 所服:趙幼文《校箋》謂《太平御覽》卷七二二引"服"下有"食"字。《後漢書》注引同。

[15] 因醉亂誤道之:趙幼文《校箋》謂《太平御覽》引"因"上有"阿"字,"道"字作"説"。

[16] 潁川:郡名。治所陽翟縣,在今河南禹州市。　辟穀:謂不食五穀。道家之一種修煉術。

[17] 伏苓:亦作"茯苓""伏靈"。菌類植物名。寄生於山林

［18］廬江：郡名。治所本在舒縣，在今安徽廬江縣西南。建安四年劉勳移於皖縣，在今安徽潛山縣。按，左慈、甘始《後漢書》卷八二下皆有傳。

［19］議郎：官名。郎官之一種，屬光禄勳，秩六百石，不入直宿衛，得參預朝政議論。　安平：東漢爲王國。治所信都縣，在今河北冀縣。曹魏爲郡。治所不變。

［20］鴟視：百衲本作"鳥視"，殿本、盧弼《集解》本、校點本作"鴟視"。今從殿本等。

［21］軍謀祭酒：官名。即軍師祭酒，晋人避諱，改"師"爲"謀"。漢末於公府置，爲參謀軍事之官。　弘農：郡名。治所弘農縣，在今河南靈寶市東北。

［22］閉：殿本、盧弼《集解》本作"悶"，百衲本、校點本、《後漢書》卷八二下《左慈傳》注引皆作"閉"。今從百衲本等。

［23］寺人：古代宮廷内之近侍小臣。自東漢始專指宦官。

［24］光和：漢靈帝劉宏年號（178—184）。

［25］北海：郡名。治所劇縣，在今山東昌樂縣西。

［26］濟南：王國名。治所東平陵縣，在今山東章丘市西北。

［27］東陶：地名。未詳。

［28］尸解：《後漢書》卷八二下《方術傳下》李賢注："屍解者，言將登仙，假託爲屍以解化也。"

［29］劉向：字子政，漢楚元王劉交之後裔。父劉德，漢武帝時查處淮南王謀反案，得淮南王秘藏書《鴻寶苑秘書》，其中有"神僊使鬼物爲金之術"。劉向當時年尚幼，讀其書甚奇之。漢宣帝時，劉向爲諫議大夫，獻上《鴻寶苑秘書》。宣帝令尚方署如法煉鑄黃金，但花了不少費用，卻不能成金。劉向遂被劾治罪，依法當死。後賴其兄出資贖罪，得以減死。（見《漢書》卷三六《楚元王附向傳》）

［30］君游：未詳其人。

[31] 東阿王：指曹植。曹植在魏明帝太和三年（229）徙封爲東阿王。盧弼《集解》謂此文中有"自家王與太子"之言，則此文當作於曹植爲臨淄侯時，不當稱"東阿王"；《後漢書·方術傳下》李賢注引稱"曹植《辯道論》爲是"。"家王"指曹操，"太子"指曹丕。

[32] 吾王悉所招致：趙幼文《校箋》謂《博物志》引《辯道論》作"吾王悉招至之"。按，《博物志》卷五引實無"吾王"二字。又《藝文類聚》卷七八引《辯道論》亦作"吾王悉所招致"。

[33] 陽城：縣名。治所在今河南登封縣東南告城鎮。按，陽城屬潁川郡，則郤儉爲潁川陽城人。

[34] 房中之術：古代道家、方士關於節欲養生保氣之術。

[35] 三百歲：趙幼文《校箋》謂《博物志》引"歲"下有"人"字。按，《博物志》引實作"二百歲人"。

[36] 魏國：曹操封爲魏公、魏王後治所皆在鄴縣，在今河北臨漳縣西南鄴鎮東一里半。

[37] 瀛洲：傳說東海中之神山。《史記·封禪書》："自威、宣、燕昭使人入海求蓬萊、方丈、瀛洲。此三神山者，其傅在勃海中，去人不遠；患且至，則船風引而去。蓋嘗有至者，諸僊人及不死之藥皆在焉。其物禽獸盡白，而黃金銀爲宮闕。未至，望之如雲；及到，三神山反居水下。臨之，風輒引去，終莫能至云。"

[38] 安期：傳說之神僊。《史記·封禪書》：漢武帝即位初，方士李少君曰："臣嘗游海上，見安期生。安期生食巨棗，大如瓜。安期生僊者，通蓬萊中，合則見人，不合則隱。"　海島：趙幼文《校箋》謂《曹子建集》"島"字作"邊"，《藝文類聚》卷七八引同。按，《藝文類聚》實作"邊海"。

[39] 金輅：帝王所乘飾金之車。　雲輿：即雲車。傳說僊人以雲爲車，故稱雲車。

[40] 六驥：六馬。帝王所乘金根車爲六馬所駕。蔡邕《獨斷》卷下："上所乘金根車，駕六馬。"　飛龍：傳說神僊所駕御

之龍。《莊子·逍遥游》謂藐姑射之山，有神人居焉，"乘雲氣，御飛龍，而游乎四海之外"。

[41] 太子：指曹丕。

[42] 不信之矣：趙幼文《校箋》謂《博物志》引作"不全信之"。

[43] 六紱（fú）：猶六印。"紱"通"韍"，繫印之絲帶。身佩六印，指顯貴之官。

[44] 而儉乃如是：趙幼文《校箋》謂《博物志》引"乃"下有"敢"字。按，《博物志》實作"而儉乃能如是"。

[45] 房内：趙幼文《校箋》謂《博物志》引"内"字作"中"。

[46] 差可終命：趙幼文《校箋》謂《博物志》引作"善可以終命"。

[47] 甘始者：趙幼文《校箋》謂《博物志》引無"者"字。

[48] 南海：郡名。治所番禺縣，在今廣東廣州市。

[49] 梁：王國名。治所睢陽縣，在今河南商丘縣南。

[50] 香罽（jì）：華麗的毛氈。

[51] 車師：西域國名。西漢時分爲前後二國。前國治所交河城，在今新疆吐魯番市西北雅爾湖村附近；後國治所務塗谷，在今新疆吉木薩爾縣南。西漢神爵二年（前60）後皆屬西域都護府。

[52] 擘：剖，剖開。

[53] 弩行：《曹植集》作"努行"。皆長於行走之義。

[54] 令：百衲本、盧弼《集解》、校點本作"合"，殿本、《後漢書·方術傳下》注引作"令"。今從殿本。 著：各本皆作"贲"，於義不通，《後漢書·方術傳下》注引作"著"。今從之。

[55] 率：《後漢書·方術傳下》注引作"寧"。

[56] 徐市（fú）：秦始皇時之齊地方士。《史記》卷五《秦始皇本紀》："齊人徐市等上書，言海中有三神山，名曰蓬萊、方丈、瀛洲，僊人居之。請得齋戒，與童男女求之。於是遣徐市發童男女

數千人，入海求僊人。" 欒大：漢武帝時之方士，謊言曾在海中見過神僊安期、羨門；又言其師曰："黃金可成，而河決可塞，不死之藥可得，僊人可致也。"漢武帝信之，因以欒大爲五利將軍，封通樂侯。後謊言被戮穿，處欒大以斬刑。（見《史記》卷一二《孝武帝本紀》）

杜夔字公良，河南人也。[1]以知音爲雅樂郎，[2]中平五年，疾去官。州、郡、司徒禮辟，[3]以世亂奔荆州。[4]荆州牧劉表令與孟曜爲漢主合雅樂，樂備，表欲庭觀之，夔諫曰："今將軍號（不）爲天子合樂，[5]而庭作之，無乃不可乎！"表納其言而止。後表子琮降太祖，太祖以夔爲軍謀祭酒，參太樂事，[6]因令創制雅樂。

夔善鐘律，聰思過人，[7]絲竹八音，[8]靡所不能，惟歌舞非所長。時散郎鄧靜、尹（齊）〔商〕善詠雅樂，[9]歌師尹胡能歌宗廟郊祀之曲，舞師馮肅、服養曉知先代諸舞，夔總統研精，遠考諸經，近采故事，教習講肄，備作樂器，紹復先代古樂，[10]皆自夔始也。

黃初中，[11]爲太樂令、協律都尉。[12]漢鑄鐘工柴玉巧有意思，[13]形器之中，多所造作，亦爲時貴人見知。夔令玉鑄銅鐘，[14]其聲均清濁多不如法，[15]數毀改作。玉甚厭之。謂夔清濁任意，頗拒捍夔。夔、玉更相白於太祖，太祖取所鑄鐘，雜錯更試，然〔後〕知夔爲精而玉之妄也，[16]於是罪玉及諸子，皆爲養馬士。文帝愛待玉，又嘗令夔與（左願）〔左駷〕等於賓客之中吹笙鼓琴，[17]夔有難色，由是帝意不悅。後因他事繁夔,使(願)〔顗〕等就學,夔自謂所習者雅,[18]仕宦有本,意猶不滿,[19]遂黜免以卒。

弟子河南邵登、張泰、桑馥,各至太樂丞,[20]下邳陳頏司律中郎將。[21]自左延年等雖妙於音,咸善鄭聲,[22]其好古存正莫及夔。〔一〕

〔一〕時有扶風馬鈞,[23]巧思絶世。傅玄序之曰:[24]"馬先生,[25]天下之名巧也,少而游豫,[26]不自知其爲巧也。當此之時,言不及巧,焉可以言知乎?爲博士居貧,[27]乃思綾機之變,不言而世人知其巧矣。舊綾機五十綜者五十躡,[28]六十綜者六十躡,先生患其喪功費日,[29]乃皆易以十二躡。其奇文異變,因感而作者,猶自然之成形,陰陽之無窮,此輪扁之對不可以言言者,[30]又焉可以言校也。先生爲給事中,[31]與常侍高堂隆、驍騎將軍秦朗爭論於朝,[32]言及指南車,[33]二子謂古無指南車,記言之虛也。先生曰:'古有之,未之思耳,夫何遠之有!'二子哂之曰:'先生名鈞字德衡,鈞者器之模,[34]而衡者所以定物之輕重;輕重無準而莫不模哉!'先生曰:'虛爭空言,[35]不如試之易效也。'於是二子遂以白明帝,詔先生作之,而指南車成。此一異也,又不可以言者也,從是天下服其巧矣。居京都,城內有地,可以爲園,患無水以灌之,[36]乃作翻車,[37]令童兒轉之,而灌水自覆,更入更出,其(巧)〔功〕百倍於常。[38]此二異也。其後人有上百戲者,[39]能設而不能動也。帝以問先生:'可動否?'對曰:'可動。'帝曰:'其巧可益否?'對曰:'可益。'受詔作之。以大木彫構,使其形若輪,平地施之,潛以水發焉。設爲女樂舞象,[40]至令木人擊鼓吹簫,作山嶽,使木人跳丸擲劍,[41]緣絚倒立,[42]出入自在;百官行署,舂磨鬭雞,變巧百端。此三異也。先生見諸葛亮連弩,曰:'巧則巧矣,未盡善也。'言作之可令加五倍。又患發石車,[43]敵人之於樓邊縣濕牛皮,中之則墮,石不能連屬而至。欲作一輪，縣大石數十，以機鼓輪爲常，則以斷縣石飛擊敵城，[44]使首尾電至。嘗試以車輪縣瓴甓數十，[45]飛之數百步矣。有裴子者，上國之士也，[46]精通見理，聞而哂之。乃難先生，先生口屈不對。[47]裴子自以爲難得其要，言之不已。傅子謂裴子曰：'子所長者言也，所短者巧也。馬氏所長者巧也，所短者言也。以子所長，擊彼所短，則不得不屈。以子所短，難彼所長，則必有所不解者矣。[48]夫巧，天下之微事也，有所不解而難之不已，其相擊刺，必已遠矣。心乖於內，口屈於外，此馬氏所以不對也。'傅子見安鄉侯，言及裴子之論，安鄉侯又與裴子同。傅子曰：'聖人具體備物，取人不以一揆也：有以神取之者，有以言取之者，有以事取之者。有以神取之者，不言而誠心先達，德行顏淵之倫是也。[49]以言取之者，以變辯是非，言語宰我、子貢是也。以事取之者，若政事冉有、季路，文學子游、子夏。雖聖人之明盡物，如有所用，必有所試，然則試冉、季以政，試游、夏以學矣。游、夏猶然，況自此而降者乎！何者？懸言物理，不可以言盡也，施之於事，言之難盡而試之易知也。今若馬氏所欲作者，國之精器，軍之要用也。費十尋之木，[50]勞二人之力，不經時而是非定。難試易驗之事而輕以言抑人異能，此猶以己智任天下之事，不易其道以御難盡之物，[51]此所以多廢也。馬氏所作，因變而得是，則初所言者不皆是矣。其不皆是，因不用之，是不世之巧無由出也。夫同情者相妒，同事者相害，中人所不能免也。故君子不以人害人，必以考試爲衡石；[52]廢衡石而不用，此美玉所以見誣爲石，荊和所以抱璞而哭之也。'[53]於是安鄉侯悟，遂言之武安侯，武安侯忽之，不果試也。此既易試之事，又馬氏巧名已定，猶忽而不察，況幽深之才，無名之樸乎？[54]後之君子其鑒之哉！馬先生之巧，雖古公輸般、墨翟、王爾，[55]近漢世張平子，[56]不能過也。公輸般、墨翟皆見用於時，乃有益於世。平子雖爲侍中，馬先生雖給事省中，俱不典工官，巧無益於世。用人不當其才，聞賢不試以事，良可恨也。"裴子者，裴秀。安鄉侯者，曹羲。武安侯者，曹爽也。

［1］河南：即河南尹。東漢建都洛陽，將京都附近二十一縣合爲一行政區，稱河南尹，相當於一郡。治所在洛陽。

［2］雅樂郎：官名。東漢置，掌雅樂之製作及指導其演奏。

［3］司徒：官名。東漢時，與太尉、司空並爲三公，共同行使宰相職能，位次太尉。本職掌民政。

［4］荆州：東漢末，刺史治所襄陽縣，在今湖北襄陽市襄陽區。

［5］號爲：各本皆作"號不爲"，盧弼《集解》引何焯説"不"字衍。校點本即從何説删"不"字。今從之。盧氏又云："有'不'字亦可通。"

［6］太樂：官名。即太樂令，東漢明帝時改稱太予樂令。秩六百石，掌國家典禮之樂。曹魏沿置，仍稱太樂令，第七品。

［7］聰思：殿本《考證》謂《册府元龜》作"聰慧"。趙幼文《校箋》謂此見《册府元龜》卷八五六。然《太平御覽》卷五六四引仍作"思"。按，宋本《册府元龜》亦作"思"。

［8］八音：古代對樂器之統稱。通常以金、石、絲、竹、匏、土、革、木八種不同材質所製。《周禮·春官·大師》："皆播以八音：金、石、絲、竹、匏、土、革、木。"鄭玄注"金，鐘鎛也；石，磬也；土，塤也；革，鼓鼗也；絲，琴瑟也；木，柷、敔也；匏，笙也；竹，管、簫也。"

［9］散郎：散騎侍郎之省稱。官名。曹魏置，第五品。與散騎常侍、侍中、黃門侍郎等侍從皇帝左右，顧問應對，諫諍拾遺，共平尚書奏事。西晋沿置。　尹商：各本皆作"尹齊"。潘眉《考證》謂《晋書》《宋書》之《樂志》均作"尹商"，此"齊"字誤。趙幼文《校箋》謂《太平御覽》卷五六四、《册府元龜》卷五六五引"齊"字亦作"商"。今從潘、趙説改。　詠：趙幼文《校

箋》謂《册府元龜》卷五六五引作"訓",與《宋書·樂志》同。按《太平御覽》卷五六四、《册府元龜》卷八五六、《隋書·樂志》、《通典·樂典》皆作"咏"。

[10] 先代古樂:趙幼文《校箋》謂《太平御覽》卷五六四引"古"字作"之"。

[11] 黄初:魏文帝曹丕年號(220—226)。

[12] 協律都尉:官名。曹魏置,隸太常,掌校定調和音律。第六品。

[13] 漢鑄鐘工:趙幼文《校箋》謂《白孔六帖》卷六一《太平御覽》卷五七五引"漢"上有"初"字。

[14] 鑄銅鐘:趙幼文《校箋》謂《白孔六帖》《太平御覽》引俱無"銅"字。

[15] 均:百衲本作"鈞",殿本作"韻",盧弼《集解》本、校點本作"均"。"均"爲古"韻"字。今從校點本。

[16] 然後:各本皆無"後"字。潘眉《考證》謂《宋書·律曆志》"然"下有"後"字,當從之。校點本即從潘説增"後"字。今從校點本。趙幼文《校箋》謂《白孔六帖》卷六一、《太平御覽》卷五七五引"然"下皆有"後"字。

[17] 左騧:各本皆作"左願"。陳景雲《辨誤》云:"左願,繁欽《與魏文帝箋》作'左騧',見《文選》。李善、吕向注引《夔傳》並與箋合;善又云'騧與顒同音'。由善注觀之,《夔傳》此字本作'騧',當是後來傳録者易爲'顒',而作'願'者又'顒'之轉訛也。"校點本即從《辨誤》改"願"爲"騧"。今從之。

[18] 雅:趙幼文《校箋》謂蕭常《續後漢書》"雅"下有"樂"字。

[19] 意猶:趙幼文《校箋》謂蕭常《續後漢書》作"意尤"。

[20] 太樂丞:官名。太樂令之副,第九品。

[21] 下邳:縣名。治所在今江蘇睢寧縣西北。　司律中郎將:

官名。秩比二千石，第四品，掌樂律。

［22］鄭聲：原指春秋時鄭國之音樂，因與孔子提倡的莊重典雅之雅樂不同，受到儒家排斥。《論語·衛靈公》子曰："放鄭聲，遠佞人。鄭聲淫，佞人殆。"後世凡與雅樂相背的音樂皆被稱爲鄭聲。

［23］扶風：郡名。治所槐里縣，在今陝西興平市東南。

［24］傅玄序：沈家本《三國志注所引書目》謂傅玄《馬鈞序》，《隋書·經籍志》《舊唐書·經籍志》《新唐書·藝文志》，皆不著録。盧弼《集解》謂當在《傅玄集中》。傅玄，北地泥陽（今陝西耀縣東南）人。魏末曾爲弘農太守，領典農校尉。西晉初爲散騎常侍、侍中等。著有《傅子》《傅玄集》等。《晉書》卷四七有傳。

［25］馬先生：盧弼《集解》云："《意林》此句下有'鈞字德衡'四字。"

［26］游豫：游樂。《爾雅·釋詁第一》："豫，樂也。"邵晉涵《正義》："豫者，《雜卦傳》云：'豫，怡也。'虞翻注：'豫薦樂祖考，故怡。'鄭康成云：'豫，行出而喜樂之意。'"

［27］博士：官名。此指太學博士，秩比六百石，第五品。掌以五經教諸子弟。

［28］綜（zèng）：織機上使經綫上下交錯以便梭子通過的裝置。　躡：古代織機上提綜的踏板。

［29］喪功費日：盧弼《集解》謂《太平御覽》卷八五二作"遺日喪功"。

［30］輪扁：春秋時齊國造車輪之人。扁乃其名。《莊子·天道篇》謂齊桓公在堂上讀書，輪扁在堂下斫輪。輪扁上前問桓公讀的何書，桓公答："聖人之言。"輪扁卻説桓公所讀爲古人之糟粕。桓公責問其理由，不然就處死他。輪扁即以其造輪爲例，説奧妙的技術祇能自己領會得到，無法用言語表述，即使自己的兒子，也無法傳授。古人無法傳授的精華已經消失了，所能留下的便是糟

粕了。

[31] 給事中：官名。第五品。位在散騎常侍下，給事黃門侍郎上，或爲加官，或爲正官，無定員。

[32] 常侍：官名。指散騎常侍。秩比二千石，第三品。爲門下重職，侍從皇帝左右，諫諍得失，應對顧問，與侍中等共平尚書奏事，有異議得駁奏。驍騎將軍：官名。東漢爲雜號將軍，統兵出征，事訖即罷。魏置爲中軍將領，有營兵，遂常設，以功高者任之。第四品。　秦朗：事迹主要見本書卷三《明帝紀》及裴注引《魏氏春秋》《漢晉春秋》。

[33] 指南車：嚴可均《全晉文》卷五〇傅玄《馬先生傳》注云："《北堂書鈔》一百四十引《鬼谷子注》曰：肅慎氏獻白雉還，恐迷路，周公作指南車以送之也。按，此不知何人注，《御覽》七十五直爲《鬼谷子》正文，非也。"

[34] 鈞：指陶鈞。製作陶器所用之轉輪。

[35] 虛爭空言：盧弼《集解》本作"空爭虛言"，百衲本、殿本、校點本作"虛爭空言"。今從百衲本等。

[36] 灌之：趙幼文《校箋》謂《太平御覽》卷七五二引"灌"字作"溉"。

[37] 翻車：能回轉翻動的引水車，亦即後世用的龍骨水車。

[38] 功：各本皆作"巧"。盧弼《集解》云："《傅子》'巧'作'功'。"嚴可均《全晉文》卷五〇傅玄《馬先生傳》改作"功"。嚴氏注云："本作'巧'，依《意林》《御覽》改。"吳金華《校詁》亦謂《意林》、《藝文類聚》卷六五、《太平御覽》卷七五二"巧"皆作"功"。"功"謂功率、功效，與文義合。按，宋本《太平御覽》卷七五二引實作"巧"。但仍此作"功"爲是。今從嚴說改。

[39] 百戲：本爲樂舞雜技表演之總稱，而此當指木偶一類之技藝。

[40] 女樂：殿本、盧弼《集解》本作"歌樂"，百衲本、校

點本作"女樂"。今從百衲本等。

[41] 跳丸：盧弼《集解》本作"跳瓦"，百衲本、殿本、校點本作"跳丸"。今從百衲本等。

[42] 絙（gēng）：繩索。

[43] 發石車：用機械原理將石拋出去之砲車。

[44] 以斷縣石：趙幼文《校箋》謂《太平御覽》卷二三六引無"以斷"二字。

[45] 瓴（líng）甓（pì）：磚塊。《爾雅·釋宫》："瓴甋謂之甓。"郭璞注："甋磚也。今江東呼瓴甓。"

[46] 上國：國都以西之地區稱上國。《左傳·昭公十四年》："楚子使然丹簡上國之兵于宗丘。"杜預注："上國，在國都之西。西方居上流，故謂之上國。"裴子（裴秀）乃河東聞喜（今山西聞喜縣）人，在洛陽之西，因稱上國。

[47] 不對：嚴可均《全晉文》卷五〇傅玄《馬先生傳》據《太平御覽》卷七五二作"不能對"。

[48] 則必：百衲本"必"字作"彼"，殿本、盧弼《集解》本、校點本作"必"。今從殿本等。

[49] 顏淵：顏淵及以下諸人皆孔子學生，而各有其長。《論語·先進》對諸人之長概括曰："德行：顏淵、閔子騫、冉伯牛、仲弓。言語：宰我、子貢。政事：冉有、季路。文學：子游、子夏。"

[50] 尋：古長度單位。八尺爲一尋。

[51] 御：殿本作"遇"，百衲本、盧弼《集解》本、校點本作"御"。今從百衲本等。

[52] 衡石：謂準則。衡石本指稱重量之器物，衡即秤，石爲一百二十斤。

[53] 荆和：即楚人和氏。《韓非子·和氏》："楚人和氏得玉璞楚山中，奉而獻之厲王。厲王使玉人相之，玉人曰：'石也。'王以和爲誑，而刖其左足。及厲王薨，武王即位，和又奉其璞而獻之

武王。武王使玉人相之，又曰：'石也。'王又以和爲誑，而刖其右足。武王薨，文王即位，和乃抱其璞而哭於楚山之下，三日三夜淚盡而繼之以血。王聞之，使人問其故曰：'天下之刖者多矣，子奚哭之悲也？'和曰：'吾非悲刖也，悲夫寶玉而題之以石，貞士而名之以誑，此吾所以悲也。'王乃使玉人理其璞而得寶焉，遂命曰'和氏之璧'。"

[54] 樸：百衲本、校點本作"璞"，殿本、盧弼《集解》作"樸"。殿本《考證》謂宋本作"璞"，張照云："按'無名之樸'本《老子》，宋本作'璞'非。"今從殿本等。

[55] 公輸般：公輸氏，名般（或作"班"，"盤"），春秋魯國人。又稱魯班。著名的能工巧匠，事迹散見於《墨子·公輸》《戰國策·宋策》等。　墨翟：即墨子，名翟。春秋戰國之際的思想家，墨家學派之創始人。宋國人（一説魯國人）。公輸般曾為楚國造雲梯將攻宋，墨子聞之，往楚見公輸般及楚王，當面用守城法破了雲梯之攻城法，阻止了楚之攻宋。（見《墨子·公輸》）　王爾：古代之能工巧匠。具體的時代、事迹未詳。《韓非子·姦劫弑臣》有云："無規矩之法，繩墨之端，雖王爾不能以成方圓。"

[56] 張平子：名衡，字平子。東漢南陽西鄂（今河南南陽市北）人。傑出的科學家、文學家。曾創製觀天象之渾天儀與測地震之候風地動儀。漢順帝時曾爲侍中、河間相。（見《後漢書》卷五九《張衡傳》）

　　朱建平，沛國人也。善相術，於閭巷之間，效驗非一。太祖爲魏公，聞之，召爲郎。[1]文帝爲五官將，[2]坐上會客三十餘人，文帝問己年壽，又令遍相衆賓。建平曰："將軍當壽八十，至四十時當有小厄，願謹護之。"謂夏侯威曰：[3]"君四十九位爲州牧，而當有厄，厄若得過，可年至七十，致位公輔。"謂應璩曰：[4]"君六十二位爲常伯，[5]而當有厄，先此一年，當獨見一白狗，而旁人不見也。"謂曹彪曰："君據藩國，至五十七當厄於兵，宜善防之。"

初，潁川荀攸、鍾繇相與親善。攸先亡，子幼。繇經紀其門户，欲嫁其妾，[6]與人書曰："吾與公達曾共使朱建平相，[7]建平曰：'荀君雖少，然當以後事付鍾君。'吾時啁之曰：'惟當嫁卿阿騖耳。'何意此子竟早隕没，戲言遂驗乎！今欲嫁阿騖，使得善處。[8]追思建平之妙，雖唐舉、許負何以復加也！"[9]

文帝黄初七年，年四十，病困，謂左右曰："建平所言八十，謂晝夜也，吾其决矣。"頃之，果崩。夏侯威爲兗州刺史，[10]年四十九，十二月上旬得疾，念建平之言，自分必死，豫作遺令及送喪之備，咸使素辦。至下旬轉差，垂以平復。三十日日昃，請紀綱大吏設酒，[11]曰："吾所苦漸平，明日雞鳴，年便五十，建平之戒，真必過矣。"威罷客之後，合瞑疾動，夜半遂卒。璩六十一爲侍中，[12]直省内，[13]欻見白狗，問之衆人，悉無見者。於是數聚會，并急游觀田里，飲宴自娱，過期一年，六十三卒。[14]曹彪封楚王，[15]年五十七，坐與王淩通謀，賜死。凡説此輩，無不如言，不能具詳，故粗記數事。惟相司空王昶、征北將軍程喜、中領軍王肅有蹉跌云。[16]肅年六十二，疾篤，衆醫並以爲不愈。肅夫人問以遺言，肅云："建平相我踰七十，位至三公，今皆未也，將何慮乎！"而肅竟卒。

建平又善相馬。文帝將出，取馬外入，[17]建平道遇之，語曰：[18]"此馬之相，今日死矣。"帝將乘馬，馬惡衣香，驚嚙文帝膝，[19]帝大怒，即便殺之。[20]建平黃初中卒。

［1］郎：郎官的泛稱。西漢光禄勳的屬官郎中、中郎、侍郎、議郎等皆可稱爲郎，無定員，多至千餘人；東漢於光禄勳下又設有五官、左、右中郎將署，合稱三署，主管諸中郎、侍郎、郎中等，亦無定員，多達二千餘人；又尚書、黃門等機構亦設專職郎官。光禄勳下之郎官，掌守衛皇宫殿廊門户，出充車騎扈從，備顧問應對，守衛陵園寢廟等，任滿一定期限，即可遷補内外官職，故郎官機構，實爲儲備官吏的機構。東漢時，舉孝廉者多爲郎官。

［2］五官將：即五官中郎將。漢代，主管五官郎，職掌宿衛殿門，出充車騎，屬光禄勳，不置僚屬，秩比二千石，漢末曹丕爲此官，置僚屬並爲丞相之副。

［3］夏侯威：夏侯淵之子。見本書卷九《夏侯淵傳》。

［4］應璩：應瑒之弟。見本書卷二一《王粲傳》及裴注引《文章叙録》。

［5］常伯：秦漢以後常爲侍中之別稱。

［6］妾：趙幼文《校箋》謂《太平御覽》卷七二九引作"女"。

［7］公達：荀攸字公達。

［8］善處：趙幼文《校箋》謂《太平御覽》卷七二九引"處"下有"焉"字。

［9］唐舉：戰國時魏國人。《荀子·非相》云："古者有姑布子卿，今之世，梁有唐舉，相人之形狀顔色而知其吉凶、妖祥，世俗稱之。古之人無有也，學者不道也。" 許負：西漢初人，善看相。《史記》卷五七《絳侯周勃世家》云："條侯亞夫自未侯爲河内守時，許負相之，曰：'君後三歲而侯。侯八歲爲將相，持國秉，

貴重矣，於人臣無兩。其後九歲而君餓死。'"《索隱》引應劭云："負，河內溫人，老嫗也。"

[10] 兗州：刺史治所廩邱縣，在今山東鄄城縣西北。

[11] 紀綱大吏：指州府之主要佐吏別駕、治中、主簿等等。

[12] 璩六十一：趙幼文《校箋》謂《太平御覽》卷八八五引"璩"下有"年"字。　侍中：官名。曹魏時，第三品。為門下侍中寺長官。職掌門下衆事，侍從左右，顧問應對，拾遺補闕，與散騎常侍、黃門侍郎等共平尚書奏事。晉沿置，為門下省長官。

[13] 省內：趙幼文《校箋》謂《太平御覽》卷九〇四引作"內省"，應據乙。按，蕭常《續後漢書》卷二二《朱建平傳》亦作"省內。"

[14] 六十三卒：趙幼文《校箋》謂《太平御覽》卷九〇四引"六"上有"年"字。

[15] 楚：王國名。治所壽春縣，在今安徽壽縣。

[16] 司空：官名。曹魏後期仍與太尉、司徒並為三公，為名譽宰相，無實際職掌，多為大臣加官。第一品。　征北將軍：官名。秩二千石，第二品，黃初中位次三公，領兵屯薊，統幽、冀、并三州刺史。　中領軍：官名。第三品，掌禁軍，主五校、中壘、武衛三營。　蹉跌：謂失誤，差錯。

[17] 取馬外入：趙幼文《校箋》謂《白孔六帖》卷九六引無"外"字。《藝文類聚》卷九三、《太平御覽》卷八九四引俱無"外入"二字。

[18] 語曰：趙幼文《校箋》謂《太平御覽》卷八九四引"語"下有"人"字。

[19] 驚囓文帝膝：趙幼文《校箋》謂《藝文類聚》《太平御覽》引無"驚"字、"文"字，作"囓帝膝"。

[20] 即便：趙幼文《校箋》謂《白孔六帖》、《太平御覽》卷三七二引"便"字作"使"。按，《白孔六帖》實作"遣使殺之"。

周宣字孔和，樂安人也。[1]爲郡吏。太守楊沛夢人曰：[2]"八月一日曹公當至，必與君杖，飲以藥酒。"使宣占之。[3]是時黃巾賊起，宣對曰："夫杖起弱者，[4]藥治人病，八月一日，賊必除滅。"至期，賊果破。

後東平劉楨夢蛇生四足，[5]穴居門中，使宣占之，宣曰："此爲國夢，非君家之事也。當殺女子而作賊者。"頃之，女賊鄭、姜遂俱夷討，以蛇女子之祥，[6]足非蛇之所宜故也。

文帝問宣曰："吾夢殿屋兩瓦墮地，化爲雙鴛鴦，[7]此何謂也？"[8]宣對曰："後宮當有暴死者。"帝曰："吾詐卿耳！"宣對曰："夫夢者意耳，苟以形言，便占吉凶。"言未畢，[9]而黃門令奏宮人相殺。[10]無幾，帝復問曰："我昨夜夢青氣自地屬天。"宣對曰："天下當有貴女子冤死。"是時，帝已遣使賜甄后璽書，聞宣言而悔之，遣人追使者不及。帝復問曰："吾夢摩錢文，[11]欲令滅而更愈明，[12]此何謂邪？"宣悵然不對。帝重問之，[13]宣對曰："此自陛下家事，[14]雖意欲爾而太后不聽，是以文欲滅而明耳。"[15]時帝欲治弟植之罪，偪於太后，但加貶爵。以宣爲中郎，[16]屬太史。[17]

嘗有問宣曰：[18]"吾昨夜夢見芻狗，[19]其占何也？"宣答曰："君欲得美食耳！"[20]有頃，出行，果遇豐膳。後又問宣曰："昨夜復夢見芻狗，何也？"宣曰："君欲墮車折腳，宜戒慎之。"頃之，果如宣言。後又問宣："昨夜復夢見芻狗，何也？"宣曰："君家欲失火，[21]當善護之。"俄遂火起。語宣曰:[22]"前後三時,皆不夢也。聊試君耳,何以皆驗邪?"宣對曰:"此神靈動君使言,故與真夢無異也。"又問宣曰:"三夢芻狗而其占不同,何也?"宣曰:"芻狗者,祭神之物。故君始夢,當得飲食也。[23]祭祀既訖,則芻狗爲車所轢,故中夢當墮車折腳也。芻狗既車轢之後,必載以爲樵,故後夢憂失火也。"宣之敘夢,凡此類也。十中八九,世以比建平之相矣。其餘效故不次列。明帝末卒。

[1] 樂安:郡名。治所高苑縣,在今山東鄒平縣東北苑城鎮。
[2] 楊沛:事見本書卷一五《賈逵傳》裴注引《魏略》。
[3] 占(zhān):預測吉凶。
[4] 弱者:趙幼文《校箋》謂《太平御覽》卷六五〇、卷七一〇無"者"字。《事類賦》卷一四引"杖"下有"以"字,"弱"下亦無"者"安。按,《事類賦》引"杖"下實無"以"字。
[5] 東平:王國名。治所無鹽縣,在今山東東平縣東。
[6] 祥:徵兆。
[7] 雙鴛鴦:趙幼文《校箋》謂《藝文類聚》卷九一(當作九二)、《太平御覽》卷一八八、卷四〇〇引俱無"雙"字。按,《太平御覽》卷九二五引又有"雙"字。
[8] 此何謂也:趙幼文《校箋》謂《藝文類聚》卷九二、《太平御覽》卷一八八、卷四〇〇引俱無"此謂"二字。按《太平御覽》卷四〇〇實作"此何謂耶",又《太平御覽》卷九二五引作"此何爲也"。
[9] 畢:趙幼文《校箋》謂《藝文類聚》卷九二、《太平御覽》卷四〇〇、卷九二五引俱作"卒"。
[10] 黃門令:官名。秩六百石,第七品。主宮中諸宦者。
[11] 摩:徐紹楨《質疑》云:"《說文》:'摩,研也。'段氏

玉裁以爲，凡《毛詩》《爾雅》'如琢如摩'，《周禮》'刮摩'字，皆從'手'，俗從'石'作'磨'，不可通。余考《州輔碑》云'所謂摩而不磷'，《張公神碑》云'刊鑿琢摩暨'；此傳云'摩錢'，亦皆從'手'，猶有古義。蕭書、郝書則直改作'磨'矣。"

[12] 更愈明：趙幼文《校箋》謂《太平御覽》卷三九九、《事類賦》卷一〇引俱無"愈"字。按，《世說新語・尤悔篇》注引作"愈更明"。

[13] 重問之：趙幼文《校箋》謂《世說新語・尤悔篇》注引"重"字作"固"。

[14] 此自：趙幼文《校箋》謂本書《卞皇后傳》裴注引無"自"字。

[15] 文欲滅而明耳：趙幼文《校箋》謂《世說新語・尤悔篇》注引"欲"上無"文"字，"而"下有"更"字。《太平御覽》卷三九九引亦有"更"字。

[16] 中郎：官名。郎官的一種，秩比六百石，第八品。無定員。

[17] 屬太史：盧弼《集解》云："太史與中郎同爲六百石，中郎屬太史可疑，太史令屬官亦無中郎也。'屬'字或爲'兼'字之誤。"趙幼文《校箋》則謂《太平御覽》卷三九七引無"中郎屬"三字，當刪此三字。按盧、趙說皆有理，但尚無其他佐證，故暫不改動。又按，太史，官名。即太史令。東漢秩六百石，屬太常。掌天時、星曆，歲終奏新曆，國祭、喪、嫁、娶奏良日及時節禁忌，有瑞應、災異則記之。曹魏沿置，第六品。

[18] 嘗有問宣：趙幼文《校箋》謂《太平御覽》卷三九七引"問"上有"者"字。按，《太平御覽》實作"嘗有問宣者"。

[19] 芻狗：用草扎的狗，供祭祀之用，用畢焚之。

[20] 欲：將要。楊樹達《詞詮》卷九："欲，將也。言未來之事用之。"

[21] 君家：百衲本、殿本、盧弼《集解》本"君家"下皆有

"欲"字,校點本無。今從百衲本等。

[22] 語宣:趙幼文《校箋》謂《太平御覽》卷三九七引"語"上有"已而"二字。

[23] 飲食:校點本作"餘食",百衲本、殿本、盧弼《集解》本作"飲食"。今從百衲本等。

管輅字公明,平原人也。[1]容貌粗醜,無威儀而嗜酒,飲食言戲,不擇非類,故人多愛之而不敬也。〔一〕

〔一〕《輅別傳》曰:[2]輅年八九歲,便喜仰視星辰,得人輒問其名,夜不肯寐。父母常禁之,[3]猶不可止。自言:"我年雖小,[4]然眼中喜視天文。"常云:"家雞野鵠,猶尚知時,況於人乎?"與鄰比兒共戲土壤中,[5]輒畫地作天文及日月星辰。[6]每答言說事,語皆不常,宿學者人不能折之,皆知其當有大異之才。及成人,果明《周易》、仰觀、風角、占、相之道,[7]無不精微。體性寬大,多所含受;憎己不讐,愛己不褒,每欲以德報怨。常謂:"忠孝信義,人之根本,不可不厚;廉介細直,士之浮飾,不足爲務也。"自言:"知我者稀,則我貴矣,安能斷江、漢之流,爲激石之清?樂與季主論道,[8]不欲與漁父同舟,此吾志也。"其事父母孝,篤兄弟,順愛士友,皆仁和發中,終無所闕。臧否之士,晚亦服焉。父爲琅邪即丘長,[9]時年十五,來至官舍讀書。始讀《詩》《論語》及《易》本,便開淵布筆,[10]辭義斐然。于時黌上有遠方及國內諸生四百餘人,[11]皆服其才也。琅邪太守單子春雅有材度,[12]聞輅一黌之儁,欲得見,輅父即遣輅造之。大會賓客百餘人,坐上有能言之士,輅問子春:[13]"府君名士,加有雄貴之姿,輅既年少,膽未堅剛,若欲相觀,懼失精神。請先飲三升清酒,[14]然後而言之。"[15]子春大喜,便酌三升清酒,獨使飲之。酒盡之後,問子春:"今欲與輅爲對者,若府君四坐之士邪？"子春曰："吾欲自與卿旗鼓相當。"[16]輅言："始讀《詩》《論》《易》本，學問微淺，未能上引聖人之道，陳秦、漢之事，但欲論金木水火土鬼神之情耳。"子春言："此最難者，而卿以爲易邪？"於是唱大論之端，遂經於陰陽，[17]文采葩流，[18]枝葉橫生，少引聖籍，多發天然。子春及衆士互共攻劫，[19]論難鋒起，[20]而輅人人答對，言皆有餘。至日向暮，酒食不行。子春語衆人曰："此年少盛有才器，[21]聽其言論，正似司馬犬子游獵之賦，[22]何其磊落雄壯，英神以茂，[23]必能明天文地理變化之數，不徒有言也。"於是發聲徐州，號之神童。

[1] 平原：郡名。治所平原縣，在今山東平原縣西南。

[2] 輅別傳：沈家本《三國志注所引書目》謂《隋書·經籍志》著錄《管輅傳》三卷，管辰撰。《舊唐書·經籍志》《新唐書·藝文志》作二卷。管辰，管輅之弟。

[3] 常：盧弼《集解》本作"嘗"，百衲本、殿本、校點本作"常"。今從百衲本等。下"常云"之"常"同。

[4] 雖小：趙幼文《校箋》謂《册府元龜》卷七七五（當作七七三）引"小"字作"少"。按宋本《册府元龜》亦作"小"。

[5] 鄰比：趙幼文《校箋》謂《太平御覽》卷三八五引作"比鄰"。

[6] 天文：趙幼文《校箋》謂《太平御覽》引無"文"字。

[7] 仰觀：指天文。《易·繫辭上》："仰以觀於天文，俯以察於地理。" 風角：古代占卜法之一。《後漢書》卷三〇下《郎顗傳》："父宗，字仲綏，學《京氏易》，善風角。"李賢注："風角，謂候四方四隅之風，以占吉凶也。"

[8] 季主：指司馬季主，西漢初楚人，善卜，曾爲宋忠、賈誼卜。見《史記》卷一二七《日者列傳》。

[9] 琅邪：王國名。治所開陽縣，在今山東臨沂市北。 即

丘：縣名。治所在今山東臨沂市東南。

[10] 開淵：殿本《考證》謂《册府元龜》作"開胸"，元本作"開紙"。

[11] 黌（hóng）：古代的學校。　國内：指琅邪國内。

[12] 琅邪太守：盧弼《集解》謂漢末建安二十一年改琅邪國爲郡，魏太和六年復爲國。單子春爲太守，蓋在太和六年前。趙幼文《校箋》云："管輅建安十五年生，年十五來至官舍讀書，其時當在黄初五六年，亦子春任太守於此時也。"

[13] 輅問子春：趙幼文《校箋》謂《太平御覽》卷三七六引"春"下有"曰"字。按，宋本《册府元龜》卷七七三引亦無"曰"字。

[14] 三升：趙幼文《校箋》謂《藝文類聚》卷一七"升"字作"斗"。《抱朴子・酒戒篇》："管輅傾仰三斗而清辯綺粲。"作"斗"字是。下"酌三升"之"升"同。按，《太平御覽》卷三七六、卷三八五、卷六一七，宋本《册府元龜》卷七七三引皆作"升"。

[15] 然後而言之：校點本無"而"字，百衲本、殿本、盧弼《集解》本有"而"字。盧弼《集解》又云："'而'字疑衍。"趙幼文《校箋》謂《藝文類聚》卷一七引作"然後而言"，《太平御覽》卷三八五引無"而之"二字，有"與"字。疑"而""與"同義，作"而"字是，非衍文也。按，趙說是。王引之《經傳釋詞》卷七："而，猶與也，及也。"今從百衲本等。

[16] 欲自與：趙幼文《校箋》謂《太平御覽》卷三八五、卷六一七作"自欲與"。

[17] 遂經于陰陽：趙幼文《校箋》謂《太平御覽》卷六一七引作"遂造陰陽"。按，宋本《册府元龜》卷七七三引亦作"遂經於陰陽"，《太平御覽》卷三八五引作"遂經乎陰陽"。

[18] 葩（pā）：華麗、華美。段玉裁《說文解字注・艸部》："葩之訓華者，草木花也，亦華麗也。"趙幼文《校箋》則謂《太

平御覽》卷六一七"葩"字作"泛"。按，宋本《册府元龜》卷七七三引亦作"葩"。

［19］攻劫：殿本《考證》謂《册府元龜》作"攻詰"。趙幼文《校箋》謂見《册府元龜》卷七七三。按，宋本《册府元龜》亦作"攻劫"。

［20］論難：趙幼文《校箋》謂《太平御覽》卷三八五、卷六一七引作"請難"。按，宋本《册府元龜》卷七七三引亦作"論難"。

［21］才器：殿本作"材氣"，百衲本、盧弼《集解》本、校點本作"才器"。今從百衲本等。

［22］司馬犬子：即司馬相如。西漢初辭賦家。《史記》卷一一七《司馬相如列傳》云："司馬相如者，蜀郡成都人也，字長卿。少時好讀書，學擊劍，故其親名之曰犬子。相如既學，慕藺相如之爲人，更名相如。"後爲漢武帝著有《游獵賦》。

［23］以茂：趙幼文《校箋》謂《太平御覽》卷三八五引作"秀茂"。按，宋本《册府元龜》卷三七七引亦作"以茂"。

父爲利漕，[1]利漕民郭恩兄弟三人，皆得躄疾，[2]使輅筮其所由。輅曰："卦中有君本墓，墓中有女鬼，非君伯母，當叔母也。昔饑荒之世，當有利其數升米者，[3]排著井中，噴噴有聲，推一大石，下破其頭，孤魂冤痛，自訴於天。"於是恩涕泣服罪。〔一〕

〔一〕《輅別傳》曰：利漕民郭恩，字義博，有才學，善《周易》《春秋》，又能仰觀。輅就義博讀《易》，數十日中，意便開發，言難踰師。於此分著下卦，[4]用思精妙，占覺上諸生疾病死亡貧富喪衰，初無差錯，[5]莫不驚怪，謂之神人也。又從義博學仰觀，三十日中通夜不臥，語義博："君但相語墟落處所耳，[6]至於推運會,[7]論災異,自當出吾天分。"學未一年,義博反從輅問《易》及天文事要。義博每聽輅語,未嘗不椎几慷慨。[8]自言:"登聞君至論之時,忘我篤疾,明闇之不相逮,何其遠也!"義博設主人,[9]獨請輅,具告辛苦,自說:"兄弟三人俱得躄疾,不知何故。試相爲作卦,知其所由。若有咎殃者,天道赦人,當爲吾祈福於神明,勿有所愛。兄弟俱行,此爲更生。"輅便作卦,思之未詳。會日夕,因留宿,至中夜,語義博曰:"吾以此得之。"既言其事,義博悲涕沾衣,曰:"皇漢之末,實有斯事。君不名主,諱也。我不得言,禮也。兄弟躄來三十餘載,腳如棘子,[10]不可復治,但願不及子孫耳。"輅言火形不絕,水形無餘,不及後也。

[1] 利漕:官名。周一良《札記》云:"利漕蓋司漕運之官。"

[2] 躄(bì)疾:腿瘸不能行走。殿本《考證》謂"躄疾"下《太平御覽》有"不知何故"四字。按,見《太平御覽》卷七二七。

[3] 升:殿本《考證》謂《太平御覽》作"斗"。盧弼《集解》謂見《太平御覽》卷七二七。

[4] 分蓍下卦:謂用蓍草卜卦。

[5] 初:全,完全。劉淇《助字辨略》卷一謂初"猶云全"。

[6] 墟落:本謂村落。此指星象之位置、處所。

[7] 運會:時運際會。

[8] 椎:百衲本作"椎",殿本、盧弼《集解》本、校點本作"推"。趙幼文《校箋》云:"考《吳志·孫策傳》注引《吳歷》'椎几大奮'。椎几猶拍案也。"今從百衲本。 几:百衲本、殿本、盧弼《集解》本作"机",校點本作"几"。按二字可通,指几案。今從校點本。 慷慨:百衲本"慨"字作"愾",殿本、盧弼《集解》本、校點本作"慨"。按,二字可通,今從殿本等。

[9] 設主人:周一良《札記》:"設主人蓋當時習語,猶今言

作東道請客也。"

[10] 棘子：荆棘。

廣平劉奉林婦病困，[1]已買棺器。時正月也，使輅占，曰："命在八月辛卯日日中之時。"林謂必不然，而婦漸差，至秋發動，一如輅言。〔一〕

〔一〕《輅别傳》曰：鮑子春爲列人令，[2]有明思才理，與輅相見，曰："聞君爲劉奉林卜婦死亡日，何其詳妙！試爲論其意義。"輅論爻象之旨，説變化之義，若規圓矩方，無不合也。子春自言："吾少好譚《易》，又喜分蓍，可謂盲者欲視白黑，聾者欲聽清濁，苦而無功也。聽君語後，自視體中，真爲憒憒者也。"[3]

[1] 廣平：郡名。治所曲梁縣，在今河北永年縣東南。
[2] 列人：縣名。治所在今河北肥鄉縣東北。
[3] 憒憒：昏亂，糊塗。

輅往見安平太守王基，基令作卦，輅曰："當有賤婦人，生一男兒，墮地便走入竈中死。又牀上當有一大蛇銜筆，小大共視，須臾去之也。[1]又烏來入室中，與燕共鬬，燕死，烏去。有此三怪。"基大驚，問其吉凶。輅曰："直官舍久遠，[2]魑魅魍魎爲怪耳。兒生便走，非能自走，直宋無忌之妖將其入竈也。[3]大蛇銜筆，直老書佐耳。[4]烏與燕鬬，直老鈴下耳。[5]今卦中見象而不見其凶，知非妖咎之徵，自無所憂也。"後卒無患。〔一〕

〔一〕《輅別傳》曰：基與輅共論《易》，數日中，大以爲喜樂，語輅言："俱相聞善卜，定共清論，[6]君一時異才，當上竹帛也。"輅爲基出卦，知其無咎，因謂基曰："昔高宗之鼎，[7]非雉所鴝，[8]殷之階庭，非木所生，而野鳥一鴝，武丁爲高宗，桑穀暫生，[9]太戊以興。[10]焉知三事不爲吉祥？願府君安身養德，從容光大，勿以知神奸汙累天真。"

[1] 去之：盧弼《集解》謂《太平御覽》作"便去"。趙幼文《校箋》謂此見《太平御覽》卷七二七。《事類賦》卷一五引作"失之"。以作"失之"爲上。須臾失之，猶言少時即不見，似與情勢相應。"去"或"失"字之訛。

[2] 官舍：校點本作"客舍"，百衲本、殿本、盧弼《集解》本皆作"官舍"。今從百衲本等。

[3] 宋無忌：何焯云："《急救篇》注'古有僊人宋無忌'。此云妖。未詳，又見《封禪書》注引《白澤圖》云'火之精曰宋無忌'，蓋其人火僊也。以入竈，故以爲火之妖。"（《義門讀書記》卷二六《三國志·魏志》）

[4] 書佐：官名。起草和繕寫文書之佐吏。州、郡、縣府諸曹皆置。

[5] 鈴下：吏名。漢朝官府的侍從小吏，因其在鈴閣之下，有警則掣鈴以呼，故名。魏、晉或作爲門吏之代稱。

[6] 定：吳金華《校詁》謂爲承接連詞，猶言"比及""及至"。

[7] 高宗：指殷高宗武丁。《史記》卷三《殷本紀》："帝武丁祭成湯，明日，有飛雉登鼎耳而呴，武丁懼。祖己曰：'王勿憂，先修政事。'……武丁修政行德，天下咸歡，殷道復興。帝武丁崩，子帝祖庚立。祖己嘉武丁之以祥雉爲德，立其廟爲高宗。"

[8] 鴝（gòu）：百衲本作"鳴"，殿本、校點本作"鴝"，盧

弱《集解》本作"雊"。按,"鴝"同"雊",又通"呴",雉鳴之義。今從殿本等。

［9］ 穀（gǔ）：木名。葉似桑,皮纖維可製紙。又名楮,即構樹。

［10］ 太戊：即殷中宗。《史記·殷本紀》："帝太戊立伊陟爲相。亳有祥桑、穀共生於朝,一暮大拱。帝太戊懼,問伊陟。伊陟曰:'臣聞妖不勝德,帝之政其有闕與？帝其修德。'太戊從之,而祥桑枯死而去……殷復興,諸侯歸之,故稱中宗。"

時信都令家婦女驚恐,[1]更互疾病,使輅筮之。輅曰："君北堂西頭,[2]有兩死男子,一男持矛,一男持弓箭,頭在壁内,腳在壁外。持矛者主刺頭,故頭重痛不得舉也；持弓箭者主射胸腹,故心中懸痛不得飲食也。[3]晝則浮游,夜來病人,故使驚恐也。"於是掘徙骸骨,家中皆愈。〔一〕

〔一〕《輅別傳》曰：王基即遣信都令還掘其室中,[4]入地八尺,果得二棺,[5]一棺中有矛,一棺中有角弓及箭,[6]箭久遠,木皆消爛,但有鐵及角完耳。及徙骸骨,去城一十里埋之,無復疾病。基曰："吾少好讀《易》,玩之以久,不謂神明之數,其妙如此。"便從輅學《易》,推論天文。輅每開變化之象,演吉凶之兆,未嘗不纖微委曲,盡其精神。基曰："始聞君言,如何可得,終以皆亂,[7]此自天授,非人力也。"於是藏《周易》,絕思慮,不復學卜筮之事。輅鄉里乃太原問輅："君往者爲王府君論怪,云老書佐爲蛇,老鈴下爲烏,此本皆人,何化之微賤乎？爲見於爻象,出君意乎？"輅言："苟非性與天道,何由背爻象而任胸心者乎？夫萬物之化,無有常形,人之變異,無有常體,或大爲小,或小爲大,固無優劣。夫萬物之化,一例之道也。是以夏鯀,[8]

天子之父，趙王如意，[9]漢祖之子，而鯀爲黃熊，[10]如意爲蒼狗，斯亦至尊之位而爲黔喙之類也。[11]況虵者協辰巳之位，[12]烏者棲太陽之精，[13]此乃騰黑之明象，[14]白日之流景，如書佐、鈴下，各以微軀化爲虵、烏，不亦過乎！"

[1] 信都：縣名。治所在今河北冀縣。 家婦女驚恐：《太平御覽》卷三四七引《管公明別傳》作"家中婦女盡驚"。（參趙幼文《校箋》）

[2] 北堂：殿本、盧弼《集解》本作"此堂"，百衲本、校點本作"北堂"。今從百衲本等。

[3] 縣："懸"本字。

[4] 還：百衲本、盧弼《集解》本、校點本作"遷"，殿本作"還"。按，作"遷"於義難解。蓋信都令在王基處言其家中怪事，管輅斷言後，王基即令信都令還家掘其室中。今從殿本。

[5] 果得二棺：趙幼文《校箋》謂《太平御覽》卷三四七引作"果得兩楸棺"。

[6] 及箭：趙幼文《校箋》謂《太平御覽》引"及"下有"數"字。

[7] 皆：盧弼《集解》疑作"瞽"。

[8] 夏鯀：夏禹之父。《史記》卷二《夏本紀》謂帝堯之時，洪水泛濫，堯聽四岳之言，用鯀治水，九年無成。舜繼堯後，"行視鯀之治水無狀，乃殛鯀於羽山以死"。張守節《正義》："鯀之羽山，化爲黃熊，入於羽淵。" "束皙《發蒙紀》云：'鱉三足曰熊。'"

[9] 趙王如意：漢高祖劉邦子，戚夫人生。漢惠帝即位後，呂后囚戚夫人，毒死趙王如意，又殘害戚夫人爲"人彘"。惠帝因之不理政，終病死。《史記》卷九《呂太后本紀》謂呂后七年（前181）"三月中，呂后袚，還過軹道，見物如蒼犬，據高后掖，忽弗

復見。卜之，云趙王如意爲祟。高后遂病掖傷"。

[10] 黃熊：百衲本作"黃能"，殿本、盧弼《集解》本、校點本作"黃熊"。張元濟《校勘記》云："按'黃能'見《國語》，《左傳》作'熊'。"按"能""熊"本爲一字。《說文·能部》："能，熊屬。"徐灝注箋："能，古熊字。"今從殿本等。

[11] 黔喙（huì）：本指鳥獸之黑嘴，此借指鳥獸。

[12] 辰巳：東南方。古代陰陽五行家將十二地支與四方四隅相配而定其方位。又將十二地支與鼠、牛、虎、兔、龍、蛇、馬、羊、猴、雞、狗、豬十二屬相相配。王充《論衡·言毒篇》："辰爲龍，巳爲蛇，辰巳之位在東南。"

[13] 烏：古代神話傳說太陽中有三足烏，因以烏爲太陽之代稱。《文選》左思《蜀都賦》"陽烏回翼乎高標"李善注引《春秋元命包》："陽成於三，故日中有三足烏。烏者，陽精。"

[14] 騰黑：黑暗。

清河王經去官還家，[1]輅與相見。經曰："近有一怪，大不喜之，欲煩作卦。"卦成，輅曰："爻吉，不爲怪也。君夜在堂户前，有一流光如燕爵者，[2]入君懷中，[3]殷殷有聲，内神不安，解衣彷徉，[4]招呼婦人，覓索餘光。"經大笑曰："實如君言。"輅曰："吉，遷官之徵也，其應行至。"頃之，經爲江夏太守。〔一〕[5]

〔一〕《輅別傳》曰：經欲使輅卜，而有疑難之言。輅笑而答之曰："君備州里達人，[6]何言之鄙！昔司馬季主有言，夫卜者必法天地，象四時，順仁義。伏羲作八卦，周文王三百八十四爻，[7]而天下治。病者或以愈，且死或以生，患或以免，事或以成，嫁女娶妻或以生長，豈直數千錢哉？以此推之，急務也。苟道之明，聖賢不讓，況吾小人，敢以爲難！"彥緯斂手謝輅：[8]

"前言戲之耳。"於是輅爲作卦,其言皆驗。經每論輅,以爲得龍雲之精,能養和通幽者,非徒合會之才也。

[1]清河:郡名。治所清河縣,在今山東臨清市東北。 王經:事見本書卷四《高貴鄉公紀》、卷九《夏侯玄傳》與裴注引《世語》。

[2]爵:通"雀"。

[3]君:殿本、盧弼《集解》本作"居",百衲本、校點本作"君"。今從百衲本等。

[4]彷徉:徘徊。

[5]江夏:郡名。魏初,治所石陽縣,在今湖北漢川市西北。齊王芳嘉平中,王基徙治於安陸縣上昶城。魏安陸縣在今湖北安陸市西北。上昶城在安陸市西南。

[6]君備:百衲本、殿本、盧弼《集解》本均作"君備",殿本《考證》云:"元本'君備'作'君侯'。"校點本作"君侯"。按,君侯係古時對封侯者之尊稱,秦漢時多以封侯者爲丞相等高官,亦尊稱爲君侯,漢魏以後才泛稱達官貴人爲君侯。考本書有關王經之記載,未見封侯事。本書卷九《夏侯玄傳》謂王經爲冀州名士,曾爲郡守、二州刺史、司隸校尉、尚書等,官職亦不算高,亦未言封侯,故從百衲本等。《玉篇·人部》:"備,預也。"

[7]三百八十四爻:百衲本作"三百六十四爻",誤。今從殿本、盧弼《集解》本、校點本等。古代傳説八卦爲伏羲所作,是不可靠的。漢代司馬遷等又説周文王將八卦兩兩相重,得六十四卦,也還有爭議。而今之六十四卦每卦皆六爻,共三百八十四爻,再加《乾》用九、《坤》用六二爻,則爲三百八十六爻。

[8]彥緯:王經字彥緯。

輅又至郭恩家,有飛鳩來在梁頭,鳴甚悲。輅曰:

"當有老公從東方來，攜豚一頭，酒一壺。主人雖喜，當有小故。"明日果有客，如所占。恩使客節酒、戒肉、慎火，而射雞作食，[1]箭從樹間激中數歲女子手，流血驚怖。〔一〕

〔一〕《輅別傳》曰：義博從輅學鳥鳴之候，[2]輅言："君雖好道，天才既少，又不解音律，恐難爲師也。"輅爲説八風之變，[3]五音之數，[4]以律吕爲衆鳥之商，[5]六甲爲時日之端，[6]反覆譴曲，[7]出入無窮。義博靜然沉思，馳精數日，卒無所得。義博言："才不出位，難以追徵於此。"遂止。[8]

[1] 射雞：趙幼文《校箋》謂《太平御覽》卷七六二引作"射鳩"。

[2] 候：謂占候。

[3] 八風：《禮記·樂記》："五色成文而不亂，八風從律而不姦。"孔穎達疏：五色，五行之色也。八風，八方之風也。

[4] 五音：古代五聲音階中之五個音階，即宫、商、角、徵、羽。相當於簡譜中的1、2、3、5、6。

[5] 律吕：古代校正樂律的器具。用竹管或金屬管制成，共十二管，管徑相等，以管之長短來確定音的不同高度。從低音管算起，成奇數（即陽）的六個管稱爲律，成偶數（即陰）的六個管稱爲吕。合稱律吕。後因以律吕指樂律或音律。

[6] 六甲：謂用天干地支相配推算時日。因天干、地支相配一周，有甲子、甲戌、甲申、甲午、甲辰、甲寅，故稱六甲。《漢書·律曆志》："故日有六甲，辰有五子，十一而天地之道畢，言終而復始。"

[7] 譴：盧弼《集解》謂何焯校改作"繾"。

[8] 遂止：盧弼《集解》本無"遂"字，百衲本、殿本、校

點本皆有。今從百衲本等。

　　輅至安德令劉長仁家,[1]有鳴鵲來在閤屋上,其聲甚急。輅曰:"鵲言東北有婦昨殺夫,牽引西家(人夫)〔父〕離妻,[2]候不過日在虞淵之際,[3]告者至矣。"到時,果有東北同伍民來告鄰婦手殺其夫,詐言"西家人與夫有嫌,來殺我壻"。〔一〕

　　〔一〕《輅別傳》曰:勃海劉長仁有辯才,[4]初雖聞輅能曉鳥鳴,後每見難輅曰:"夫生民之音曰言,鳥獸之聲曰鳴,故言者則有知之貴靈,鳴者則無知之賤名,何由以鳥鳴為語,亂神明之所異也?孔子曰'吾不與鳥獸同群',明其賤也。"輅答曰:"夫天雖有大象而不能言,故運星精於上,流神明於下,驗風雲以表異,役鳥獸以通靈。表異者必有浮沉之候,通靈者必有宮商之應,是以宋襄失德,[5]六鶂並退,[6]伯姬將焚,[7]鳥唱其災,四國未火,[8]融風已發,赤鳥夾日,[9]殃在荊楚。此乃上天之所使,自然之明符。考之律呂則音聲有本,求之人事則吉凶不失。昔在秦祖,[10]以功受封,葛盧聽音,[11]著在《春秋》,斯皆典謨之實,非聖賢之虛名也。商之將興,由一燕卵也。[12]文王受命,[13]丹鳥銜書,此乃聖人之靈祥,周室之休祚,何賤之有乎?夫鳥鳴之聽,[14]精在鶉火,[15]妙在八神,[16]自非斯倫,猶子路之於死生也。"[17]長仁言:"君辭雖茂,華而不實,未敢之信。"[18]須臾有鳴鵲之驗,長仁乃服。

　　[1] 安德:縣名。治所在今山東平原縣東北。
　　[2] 牽引西家父離妻:各本"父"作"人夫"。盧弼《集解》云:"'人夫離妻'字疑有誤。"趙幼文《校箋》云:"高似孫《緯略》引《別傳》作'牽引西家父離妻'。此'人夫'二字當為

'父'字之訛。離婁，老父之名也。今本誤。"今從趙說改。

[3] 虞淵：傳說爲日落處。《淮南子·天文訓》："日至於虞淵，是謂黃昏。"

[4] 勃海：郡名。治所南皮縣，在今河北南皮縣東北。

[5] 宋襄：春秋時之宋襄公。《左傳·僖公十六年》："十六年春，隕石于宋五，隕星也。六鷁退飛，過宋都，風也。周内史叔興聘于宋，宋襄公問焉，曰：'是何祥也？吉凶焉在？'對曰：'今茲魯多大喪，明年齊有亂，君將得諸侯而不終。'退告人曰：'君失問。是陰陽之事，非吉凶所生也。吉凶由人，吾不敢逆君故也。'"

[6] 鷁（yì）：又作"鶂"。水鳥名。形如鷺而大，羽色蒼白，善飛翔。

[7] 伯姬：春秋時宋共公夫人。《左傳·襄公三十年》："或叫于宋大廟，曰：'譆譆，出出。'鳥鳴于亳社，如曰'譆譆'。甲午，宋大災。宋伯姬卒。"

[8] 四國：指春秋時宋、衛、陳、鄭四國。《左傳·昭公十八年》："夏五月，火始昏見。丙子，風。梓慎曰：'是謂融風，火之始也；七日，其火作乎！'戊寅，風甚。壬午，大甚。宋、衛、陳、鄭皆火。梓慎登大庭氏之庫以望之，曰：'宋、衛、陳、鄭也。'數日皆來告火。"

[9] 已發：百衲本"已"作"以"，殿本、盧弼《集解》本、校點本作"已"。按二字通，今從殿本等。　赤烏夾日：《左傳·哀公六年》："是歲也，有雲如衆赤鳥，夾日以飛三日。楚子使問諸周大史。周大史曰：'其當王身乎！若禜之，可移於令尹、司馬。'王曰：'除腹心之疾，而寘諸股肱，何益？不穀不有大過，天其夭諸？有罪受罰，又焉移之？'遂弗禜。"禜，杜預注："禳祭。"

[10] 秦祖：指秦之先祖。《史記》卷五《秦本紀》謂秦之先祖大費，"佐舜調馴鳥獸，鳥獸多馴服，是爲柏翳。舜賜姓嬴氏"。大費生子二人，一曰大廉，二曰若木。"大廉玄孫曰孟戲、中衍，鳥身人言。帝太戊聞而卜之使御，吉，遂致使御而妻之。自太戊以

下，中衍之後，遂世有功，以佐殷國，故嬴姓多顯，遂爲諸侯。"

[11] 葛盧：春秋時介國之君。《左傳·僖公二十九年》："冬，介葛盧來，以未見公故，復來朝。禮之，加燕好。介葛盧聞牛鳴，曰：'是生三犧，皆用之矣，其音云。'問之而信。"

[12] 燕卵：《史記》卷三《殷本紀》："殷契，母曰簡狄，有娀氏之女，爲帝嚳次妃。三人行浴，見玄鳥墮其卵，簡狄取吞之，因孕生契。契長而佐禹治水有功……封於商，賜姓子氏。"

[13] 文王：周文王。《吕氏春秋·有始覽》："及文王之時，天先見火，赤烏銜丹書集於周社。"

[14] 鳥鳴：百衲本、殿本作"鳴鳥"，盧弼《集解》本、校點本作"鳥鳴"。今從盧弼《集解》本等。

[15] 鶉火：星宿名。指柳宿，即二十八宿中南方朱雀七宿之第三宿，有柳、星、張三星。

[16] 八神：八方之神。

[17] 子路：名仲由，字子路，又字季路。孔子弟子。《論語·先進》："季路問事鬼神。子曰：'未能事人，焉能事鬼？'曰：'敢問死。'曰：'未知生，焉知死？'"

[18] 未敢之信：盧弼《集解》本作"未之故信"，百衲本、殿本、校點本作"未敢之信"。盧弼云："成都局本作'未之敢信'。"按語例，當從成都局本。今仍從百衲本等。

輅至列人典農王弘直許，[1]有飄風高三尺餘，從申上來，[2]在庭中幢幢回轉，[3]息以復起，良久乃止。直以問輅，輅曰："東方當有馬吏至，[4]恐父哭子，如何！"明日膠東吏到，[5]直子果亡。直問其故，輅曰："其日乙卯，則長子之候也。[6]木落於申，[7]斗建申，[8]申破寅，[9]死喪之候也。日加午而風發，則馬之候也。[10]離爲文章，[11]則吏之候也。申未爲虎，[12]虎爲大人，[13]則父之候也。"有雄雉飛來，登直內鈴柱頭，直大以不安，令輅作卦，輅曰："到五月必遷。"時三月也，至期，直果爲勃海太守。〔一〕

〔一〕《輅別傳》曰：輅又曰："夫風以時動，爻以象應，[14]時者神之驅使，象者時之形表，[15]一時其道，不足爲難。"王弘直亦大學問，有道術，皆不能精。問輅："風之推變，乃可爾乎？"輅言："此但風之毛髮，何足爲異？若夫列宿不守，衆神亂行，八風橫起，怒氣電飛，山崩石飛，樹木摧傾，揚塵萬里，仰不見天，鳥獸藏竄，兆民駭驚，於是使梓慎之徒，登高臺，望風氣，分災異，刻期日，然後知神思遐幽，靈風可懼。"

[1] 典農：官名。曹魏施行屯田制，在郡國設置典農中郎將或典農校尉，諸縣則置典農都尉，管理該屯田區的農業生產、民政和田租，地位相當於郡太守和縣令長，並直屬中央大司農。

[2] 申上：此爲太歲紀年法之説。古人將黃道附近一周天分爲十二等分，又由東向西配以寅、卯、辰、巳、午、未、申、酉、戌、亥、子、丑十二支，子爲正北，卯爲正東，午爲正南，酉爲正西。申之方位爲西偏南。

[3] 幢幢：回旋晃動的樣子。

[4] 當有：盧弼《集解》本無"當"字，百衲本、殿本、校點本有。今從百衲本等。

[5] 膠東：縣名。治所在今山東平度市。

[6] 長子之候：長子之徵兆。錢大昕云："於卦位，卯屬東方震。震爲長男。"（《廿二史考異》卷一五）

[7] 木落於申：謂木落於秋。按太歲紀年法之説，申的方位爲西偏南，而"日循黃道東行"，"行東陸謂之春，行南陸謂之夏，行西陸謂之秋，行北陸謂之冬"（《隋書·天文志中》）。申既屬西

方,於時則爲秋。

　　[8] 斗建：古代以北斗星的運轉計算月令，斗柄所指之辰謂之斗建。夏曆建寅，即以寅爲正月，則"斗建申"爲七月，亦即秋初。

　　[9] 申破寅：在太歲紀年圖中，申之方位爲西偏南，是爲秋之始；寅之方位爲東偏北，是爲春之始。《呂氏春秋·孝行覽·義賞》："春氣至，則草木産；秋氣至，則草木落。"申破寅，即指時令至秋，春生之物皆已枯落、破敗，故爲"死喪之候"。

　　[10] 日加午：謂日至午。在十二生肖中，午屬馬，故爲"馬之候"。

　　[11] 離：離卦。《易·説卦》："離爲雉。"謂象徵羽毛華麗的山雉。故此云"離爲文章"。而官吏多服華麗之衣，故又云"吏之候也"。

　　[12] 申未爲虎：在太歲紀年圖中，申之方位爲西偏南，未之方位爲南偏西。申未之方位即西南。西南又是二十八宿中參宿所在之方位，而參宿爲白虎七宿之一，故云"申未爲虎"。

　　[13] 虎爲大人：《易·革卦》九五："大人虎變，未占有孚。"孔穎達《正義》："九五居中處尊，以大人之德爲革之主。"故云"虎爲大人"。

　　[14] 爻：殿本、盧弼《集解》本作"又"，百衲本、校點本作"爻"。今從百衲本等。

　　[15] 時之形表：盧弼《集解》本作"神之形表"，百衲本、殿本、校點本作"時之形表"。今從百衲本等。

　　館陶令諸葛原遷新興太守，[1]輅往祖餞之，賓客並會。原自起取燕卵、蜂窠、蜘蛛著器中，使射覆。[2]卦成，輅曰："第一物，含氣須變，依乎宇堂，雄雌以形，[3]翅翼舒張，[4]此燕卵也。第二物，家室倒縣，門戶衆多，藏精育毒，得秋乃化，此蠦蝚也。第三物，觳觫長足，[5]吐絲成羅，尋網求食，利在昏夜，此䵷黽也。"舉坐驚喜。〔一〕[6]

〔一〕《輅別傳》曰：諸葛原字景春，亦學士。好卜筮，數與輅共射覆，不能窮之。景春與輅有榮辱之分，因輅餞之，大有高譚之客。[7]諸人多聞其善卜、仰觀，[8]不知其有大異之才，於是先與輅共論聖人著作之源，[9]又敍五帝、三王受命之符。輅解景春微旨，遂開張戰地，示以不固，藏匿孤虛，以待來攻。景春奔北，軍師摧衂，自言吾覩卿旌旗，城池已壞也。其欲戰之士，於此鳴鼓角，舉雲梯，弓弩大起，牙旗雨集。[10]然後登城曜威，開門受敵，上論五帝，如江如漢，下論三王，如翩如翰；其英者若春華之俱發，其攻者若秋風之落葉。聽者眩惑，不達其義，言者收聲，莫不心服，雖白起之坑趙卒，[11]項羽之塞濉水，[12]無以尚之。于時客皆欲面縛銜璧，[13]求束手於軍鼓之下。輅猶總干山立，未便許之。至明日，離別之際，然後有腹心始終。一時海內俊士，八九人矣。蔡元才在朋友中最有清才，在衆人中言："本聞卿作狗，何意爲龍？"輅言："潛陽未變，非卿所知，焉有狗耳得聞龍聲乎！"景春言："今當遠別，後會何期？且復共一射覆。"輅占既皆中。景春大笑："卿爲我論此卦意，紓我心懷。"輅爲開爻散理，分賦形象，言微辭合，妙不可述。[14]景春及衆客莫不言聽後論之美，勝於射覆之樂。景春與輅別，戒以二事，言："卿性樂酒，量雖溫克，[15]然不可保，寧當節之。卿有水鏡之才，[16]所見者妙，仰觀雖神，禍如膏火，不可不慎。持卿叡才，遊於雲漢之間，[17]不憂不富貴也。"輅言："酒不可極，才不可盡，吾欲持酒以禮，持才以愚，何患之有也？"

[1] 館陶：縣名。治所在今河北館陶縣。　諸葛原：趙幼文

《校箋》謂《藝文類聚》卷二九、《太平御覽》卷四八九引"原"字俱作"樂。" 新興：郡名。治所九原縣，在今山西忻州市。

[2] 射覆：古代的猜物游戲，將東西覆蓋，使人猜之。亦往往用於占卜。

[3] 雄雌：盧弼《集解》本"雌"字作"雉"，百衲本、殿本、校點本作"雌"。今從百衲本等。 形：趙幼文《校箋》謂《太平御覽》卷九二二引作"分"。

[4] 翅翼：殿本《考證》謂《太平御覽》作"分翅"。趙幼文《校箋》謂此見《太平御覽》卷七二七，而《太平御覽》卷九二二引作"翅未"。當從。

[5] 觳（hú）觫（sù）：發抖貌。《孟子·梁惠王上》"吾不忍其觳觫"趙岐注："觳觫，牛當到死地處恐貌。"孫奭疏："我不忍其牛之恐慄。"

[6] 驚喜：殿本《考證》云："《太平御覽》作'驚嘆'。"趙幼文《校箋》謂此見《太平御覽》卷七二七。

[7] 譚：百衲本作"談"，殿本、盧弼《集解》本、校點本作"譚"。按，二字通，今從殿本等。

[8] 諸人：百衲本作"知人"，殿本、盧弼《集解》本、校點本作"諸人"，今從殿本等。

[9] 源：校點本作"原"，百衲本、殿本、盧弼《集解》本作"源"。今從百衲本等。

[10] 牙旗：軍將出征，於營門外樹立之軍旗。此段皆以兩軍對戰之情景，比喻雙方論辯之實情。

[11] 白起：戰國秦昭王之將，因功封爲武安君。秦昭王四十七年（前260），白起攻圍趙軍於長平（今山西高平縣西北），大勝趙軍，坑殺俘虜四十餘萬。（見《史記》卷七三《白起列傳》）

[12] 濉水：又作"睢水"。楚漢相爭之初，漢王劉邦率軍攻入彭城（今江蘇徐州市），楚王項羽遂從齊地南下，大破漢軍於彭城，"漢軍皆南走山，楚又追擊至靈璧東睢水上。漢軍卻，爲楚所

［13］面縛銜璧：謂兩手反綁面向前，口含璧玉以示將死。古人用以表示投降請罪。

［14］述：百衲本作"過"，殿本、盧弼《集解》本、校點本作"述"。今從殿本等。

［15］溫克：謂能從容克制。溫，同"蘊"，蘊藉自恃之義。《詩・小雅・小宛》："人之齊聖，飲酒溫克。"

［16］水鏡：清水與明鏡皆能清楚地反映物體，故以喻指明鑒之人。漢末襄陽龐德公曾以司馬德操爲水鏡。見本書卷三七《龐統傳》裴注引《襄陽記》。趙幼文《校箋》則謂《太平御覽》卷三八〇引"水鏡"作"水鑒"。

［17］雲漢：本指銀河，天河；又指雲霄，高空。此指世間。

輅族兄孝國，居在斥丘，[1]輅往從之，[2]與二客會。客去後，輅謂孝國曰："此二人天庭及口耳之間同有凶氣，[3]異變俱起，[4]雙魂無宅，〔一〕流魂于海，[5]骨歸于家，少許時當並死也。"復數十日，二人飲酒醉，夜共載車，牛驚下道入漳河中，[6]皆即溺死也。

〔一〕《輅別傳》曰：輅又曰："厚味腊毒，[7]天精幽夕，[8]坎爲棺椁，兌爲喪車。"

［1］斥丘：百衲本、盧弼《集解》本作"屏丘"，殿本、校點本作"斥丘"。今從殿本等。斥丘，縣名，治所在今河北成安縣東南。

［2］從之：趙幼文《校箋》謂蕭常《續後漢書》"從"字作"候"。

［3］天庭：相術指人兩眉之間。亦指前額中央。

［4］異變：趙幼文《校箋》謂《太平御覽》卷二七九（當作七二九）引"異"字作"黑"。按，《太平御覽》卷三九六引又作"累變"。

［5］流魂：趙幼文《校箋》謂《太平御覽》卷三九六、卷七二九引"魂"字作"魄"。

［6］牛驚：盧弼《集解》云："《御覽》'驚'字作'渴'。"趙幼文《校箋》謂此見《太平御覽》卷三九六、卷七二九。

［7］腊毒：極毒。《國語·周語下》"厚味寔腊毒"韋昭注："腊，亟也。"

［8］天精：百衲本作"夭精"，殿本、盧弼《集解》本、校點本作"天精"。今從殿本等。

當此之時，輅之鄉里，外户不閉，無相偷竊者。清河太守華表，[1]召輅爲文學掾。[2]安平趙孔曜薦輅於冀州刺史裴徽曰：[3]"輅雅性寬大，與世無忌，仰觀天文則同妙甘公、石申，[4]俯覽《周易》則齊思季主。今明使君方垂神幽藪，[5]留精九皋，[6]輅宜蒙陰和之應，[7]得及羽儀之時。"[8]徽於是辟爲文學從事，[9]引與相見，大善友之。徙部鉅鹿，[10]遷治中、別駕。[11]

初應州召，與弟季儒共載，至武城西，[12]自卦吉凶，語儒云："當在故城中見三狸，爾者乃顯。"前到河西故城角，[13]正見三狸共踞城側，兄弟並喜。正始九年舉秀才。〔一〕[14]

〔一〕《輅別傳》曰：輅爲華清河所召，[15]爲北黌文學，[16]一時士友無不歎慕。安平趙孔曜，明敏有思識，與輅有管、鮑之分，[17]故從發干來，[18]就郡冀上與輅相見，言："卿腹中汪汪，[19]故時死人半，今生人無雙，當去俗騰飛，翱翔昊蒼，云何在此？聞卿消息，使吾食不甘味也。冀州裴使君才理清明，能釋玄虛，[20]每論《易》及老、莊之道，未嘗不注精於嚴、瞿之徒也。[21]又眷吾意重，能相明信者。今當故往，爲卿陳感虎開石之誠。"輅言："吾非四淵之龍，安能使白日畫陰？卿若能動東風，興朝雲，吾志所不讓也。"於是遂至冀州見裴使君。使君言："君顏色何以消減於故邪？"[22]孔曜言："體中無藥石之疾，[23]然見清河郡內有一騏驥，[24]拘繫後殿歷年，去王良、伯樂百八十里，[25]不得騁天骨，起風塵，[26]以此憔悴耳。"使君言："騏驥今何在也？"孔曜言："平原管輅字公明，年三十六，[27]雅性寬大，與世無忌，可謂士雄。[28]仰觀天文則能同妙甘公、石申，俯覽《周易》則能思齊季主，游步道術，開神無窮，可爲士英。抱荊山之璞，[29]懷夜光之寶，而爲清河郡所錄北冀文學，可爲痛心疾首也。使君方欲流精九皋，[30]垂神幽藪，欲令明主不獨治，逸才不久滯，高風遐被，莫不草靡，宜使輅特蒙陰和之應，得及羽儀之時，必能翼宣隆化，揚聲九圍也。"[31]裴使君聞言，則慷慨曰：[32]"何乃爾邪！雖在大州，未見異才可用釋人鬱悶者，思還京師，得共論道耳，況草間自有清妙之才乎？如此便相爲取之，莫使騏驥更爲凡馬，荊山反成凡石。"即檄召輅爲文學從事。一相見，清論終日，不覺罷倦。[33]天時大熱，移牀在庭前樹下，乃至難向晨，[34]然後出。再相見，便轉爲鉅鹿從事。三見，轉治中。四見，轉爲別駕。至十月，舉爲秀才。輅辭裴使君，使君言："（丁）〔何〕、鄧二尚書，[35]有經國才略，於物理〔無〕不精也。[36]何尚書神明精微，[37]言皆巧妙，巧妙之志，[38]殆破秋毫，君當慎之！自言不解《易》九事，[39]必當以相問。比至洛，[40]宜善精其理也。"輅言："何若巧妙，以攻難之才，游形之表，未入於神。夫入神者，當步天元，[41]推陰陽，探玄虛，極幽明，然後覽道無窮，未暇細言。若欲差次老、莊而參爻、象，愛微辯而興浮藻，可謂射侯之巧,[42]非能破秋毫之妙也。若九事皆至義者，不足勞思也。若陰陽者，精之以久。[43]輅去之後，歲朝當有時刑大風,[44]風必摧破樹木。若發於乾者,[45]必有天威，不足共清譚者。"

[1] 華表：華歆之子。主要事迹見本書卷一三《華歆傳》及裴注引華嶠《譜叙》。

[2] 文學掾：官名。郡國主管文教之學官。

[3] 冀州：刺史治所即信都縣。　裴徽：裴潛之小弟。見本書卷二三《裴潛傳》裴注。

[4] 甘公：戰國時齊國天文學家。《史記·天官書》裴駰《集解》引徐廣曰："或曰甘公名德也，本是魯人。"又張守節《正義》："《七錄》云楚人，戰國時作《天文星占》八卷。"　石申：戰國時魏國天文學家。《史記·天官書》張守節《正義》："《七錄》云石申，魏人，戰國時作《天文》八卷也。"

[5] 明使君：對刺史之敬稱。　幽藪：僻静之草澤。指於此隱居之士。

[6] 九皋：曲折深遠之沼澤。亦指於此隱居之士。

[7] 陰和：《易·中孚》九二："鳴鶴在陰，其子和之；我有好爵，吾與爾靡之。"後世遂謂應賢者之邀而出仕爲陰和。

[8] 羽儀：《易·漸》上九："鴻漸於逵，其羽可用爲儀。"後世因以羽儀比喻居高位而有才德又被人尊重者。

[9] 文學從事：官名。州府屬官，職掌文教。

[10] 部鉅鹿：即部鉅鹿郡從事。漢魏諸州置部郡國從事，每郡國一人，爲刺史屬吏，主督促文書，察舉非法。鉅鹿郡治所廮陶縣，在今河北寧晉縣西南。

[11] 治中：即治中從事。官名。州牧刺史的主要屬吏，居中治事，主衆曹文書。　別駕：官名。別駕從事史的簡稱，爲州牧刺

史的主要屬吏，州牧刺史巡行各地時，別乘傳車從行，故名別駕。

　　[12] 武城：即東武城。縣名。治所在今河北清河縣東北。

　　[13] 河：指清河。自西南向東北流，中經東武城西。

　　[14] 正始：魏少帝齊王曹芳年號（240—249）。　秀才：漢魏選舉科目之一。而東漢稱"茂才"，曹魏則定爲州舉秀才，郡舉孝廉。

　　[15] 華清河：即清河太守華表。

　　[16] 北黌：蓋清河郡北之學校。

　　[17] 管鮑：指春秋時之管仲與鮑叔牙。鮑叔牙深知管仲之賢，始終成全管仲。管仲説："吾始困時，嘗與鮑叔賈，分財利多自與，鮑叔不以我爲貪，知我貧也。吾嘗爲鮑叔謀事而更窮困，鮑叔不以我爲愚，知時有利不利也。吾嘗三仕三見逐於君，鮑叔不以我爲不肖，知我不遭時也。吾嘗三戰三走，鮑叔不以我爲怯，知我有老母也。公子糾敗，召忽死之，吾幽囚受辱，鮑叔不以我爲無恥，知我不羞小節而耻功名不顯於天下也。生我者父母，知我者鮑子也。"（《史記》卷六二《管晏列傳》）

　　[18] 發干：縣名。治所在今山東冠縣東南。

　　[19] 汪汪：形容深廣。

　　[20] 玄虛：指玄學。

　　[21] 嚴：指嚴君平。西漢蜀郡成都人，善卜筮，博鑒無不通，依老子、莊子之旨，著書十餘萬言。（見《漢書》卷七二《王貢兩龔鮑傳序》）　瞿：指商瞿。春秋魯國人，字子木。孔子弟子，得孔子《易》學之傳。

　　[22] 消減：趙幼文《校箋》謂《太平御覽》卷六三二引"消"字作"清"。

　　[23] 體中：趙幼文《校箋》謂《太平御覽》引"中"字作"本"。

　　[24] 騏驥：駿馬。比喻管輅。

　　[25] 王良：春秋時善御馬者。《孟子·滕文公下》："昔者趙

簡子使王良與嬖奚乘。"趙岐注："王良，善御者也。" 伯樂：春秋秦穆公時人，善相馬。見《列子·説符》。《吕氏春秋·恃君覽》又謂古之善相馬者，"若趙之王良，秦之伯樂、九方堙，尤盡其妙矣"。又按，此以王良、伯樂比喻裴徽。

[26] 騁天骨起風塵：趙幼文《校箋》謂《太平御覽》卷六三二引作"騁其足以起風塵"。按，天骨，指駿馬之軀幹。

[27] 三十六：盧弼《集解》云："輅死於甘露元年，年四十八，正始九年爲年四十。此言三十六，不知何故。"

[28] 可謂：百衲本、盧弼《集解》本作"可爲"，殿本、校點本作"可謂"。按，"爲"通"謂"。王引之《經傳釋詞》卷二："家大人曰：爲，猶謂也。"今從殿本等。而下文"可爲士英"之"可爲"，僅校點本作"可謂"，則從百衲本等作"可爲"。

[29] 荆山之璞：即和氏璧。與下云"夜光之寶"同喻管輅懷有超常之才。

[30] 流精：趙幼文《校箋》云："'流'字當從正文作'留'，於義乃恰。"

[31] 九圍：九州。《詩·商頌·長發》"帝命式于九圍"孔穎達疏："謂九州爲九圍者，蓋以九分天下，各爲九處，規圍然，故謂之九圍也。"

[32] 慷慨：百衲本作"忼慷"，盧弼《集解》本作"忼慨"，殿本、校點本作"慷慨"。按，"忼"同"慷"。今從殿本等。

[33] 罷：通"疲"。

[34] 雞向晨：趙幼文《校箋》謂《太平御覽》卷二三六、卷六三二引"雞"下有"鳴"字。

[35] 何鄧二尚書：各本皆作"丁、鄧二尚書"。《世説新語·規箴篇》劉孝校注引《輅别傳》作"何、鄧二尚書"。校點本即據改。今從之。何，指何晏；鄧，指鄧颺。是時皆爲尚書。事見本書卷九《曹爽傳》。

[36] 無不精也：各本皆無"無"字，《世説新語·規箴篇》

劉孝標注引《輅別傳》有"無"字。校點本即據增。今從之。

[37] 精微：《世說新語》作"清徹"，又無下二句。

[38] 志：盧弼《集解》謂疑作"至"。

[39]《易》九事：趙幼文《校箋》謂《世說新語·規箴篇》注引"易"下有"中"字。

[40] 洛：指洛陽。

[41] 天元：謂歲時運行之理。

[42] 射侯：用箭射靶。侯爲用獸皮或布製之箭靶。

[43] 精之以久：殿本"以"字作"已"，百衲本、盧弼《集解》本、校點本作"以"。按，二字通，今從百衲本等。趙幼文《校箋》則謂《世說新語·規箴篇》注引作"精之久矣"。

[44] 歲朝（zhāo）：正月初一。

[45] 乾：指西北方位。《易·說卦》："乾，西北之卦也。"

　　十二月二十八日，吏部尚書何晏請之，[1]鄧颺在晏許。晏謂輅曰："聞君（著）〔蓍〕爻神妙，[2]試爲作一卦，知位當至三公不？"又問："連夢見青蠅數十頭，來在鼻上，驅之不肯去，有何意故？"輅曰："夫飛鴞，[3]天下賤鳥，及其在林食椹，則懷我好音，況輅心非草木，敢不盡忠？昔元、凱之弼重華，[4]宣慈惠和，[5]周公之翼成王，坐而待旦，[6]故能流光六合，萬國咸寧。此乃履道休應，[7]非卜筮之所明也。今君侯位重山嶽，[8]勢若雷（電）〔霆〕，[9]而懷德者鮮，畏威者衆，殆非小心翼翼多福之仁。[10]又鼻者艮，[11]此天中之山，〔一〕高而不危，所以長守貴也。[12]今青蠅臭惡，[13]而集之焉。位峻者顛，輕豪者亡，不可不思害盈之數，[14]盛衰之期。是故山在地中曰謙，[15]雷在天上曰壯;[16]謙則衰多益寡,[17]壯則非禮不履。未有損己而不光大,行非而不傷敗。願君侯上追文王六爻之旨,[18]下思尼父彖象之義,[19]然後三公可決,青蠅可驅也。"颺曰:"此老生之常譚。"輅答曰:"夫老生者見不生,常譚者見不譚。"晏曰:"過歲更當相見。"〔二〕輅還邑舍,具以此言語舅氏,舅氏責輅言太切至。輅曰:"與死人語,何所畏邪?"舅大怒,謂輅狂悖。歲朝,西北大風,塵埃蔽天,十餘日,聞晏、颺皆誅,然後舅氏乃服。〔三〕

〔一〕臣松之案:相書謂鼻之所在爲天中。[20]鼻有山象,故曰"天中之山"也。

〔二〕《輅別傳》曰:輅爲何晏所請,果共論《易》九事,九事皆明。晏曰:"君論陰陽,此世無雙。"時鄧颺與晏共坐,颺言:"君見謂善《易》,[21]而語初不及《易》中辭義,何故也?"輅尋聲答之曰:"夫善《易》者不論《易》也。"晏含笑而讚之:"可謂要言不煩也。"因請輅爲卦。輅既稱引鑒誡,[22]晏謝之曰:"知機其神乎,[23]古人以爲難;交疏而吐其誠,今人以爲難。君今一面而盡二難之道,[24]可謂明德惟馨。[25]《詩》不云乎,[26]'中心藏之,何日忘之'!"

〔三〕《輅別傳》曰:舅夏大夫問輅:"前見何、鄧之日,爲已有凶氣未也?"輅言:"與禍人共會,然後知神明交錯;與吉人相近,又知聖賢求精之妙。夫鄧之行步,則筋不束骨,脈不制肉,起立傾倚,若無手足,謂之鬼躁。[27]何之視候,則魂不守宅,血不華色,精爽烟浮,容若槁木,謂之鬼幽。[28]故鬼躁者爲風所收,鬼幽者爲火所燒,自然之符,不可以蔽也。"輅後因得休,裴使君問:"何平叔一代才名,[29]其實何如?"輅曰:"其才若盆盎之水,所見者清，所不見者濁。神在廣博，志不務學，弗能成才。欲以盆盎之水，求一山之形，形不可得，則智由此惑。故說老、莊則巧而多華，說《易》生義則美而多偽；華則道浮，偽則神虛；得上才則淺而流絕，得中才則游精而獨出，輅以爲少功之才也。"裴使君曰："誠如來論。吾數與平叔共說老、莊及《易》，常覺其辭妙於理，不能折之。又時人吸習，皆歸服之焉，益令不了。相見得清言，然後灼灼耳。"

[1] 吏部尚書：官名。尚書臺（省）吏部曹長官，主管官吏銓選考課等，第三品，位居列曹尚書之上。

[2] 蓍爻：各本皆作"著爻"。盧弼《集解》謂"著"當作"蓍"。《世說新語·規箴篇》劉孝標注引《輅別傳》有"聞君非徒善論《易》，至於分蓍思爻，亦爲神妙"之說。按蕭常《續後漢書·管輅傳》正作"蓍爻"。《太平御覽》卷七二七引《魏志》亦作"蓍爻"。今據蕭常《續後漢書》等改。又按《世說新語·規箴篇》注引《輅別傳》，語多與本書異，一般不作校對。蓍爻，謂占卜。

[3] 鴞（xiāo）：猫頭鷹。《詩·魯頌·泮水》："翩彼飛鴞，集于泮林。食我桑黮，懷我好音。"桑黮，同"桑椹"，桑樹之果實。

[4] 元凱：指"八元""八愷"。 重華：《史記》卷一《五帝本紀》云："虞舜者，名重華。"又云："昔高陽氏有才子八人，世得其利，謂之'八愷'。高辛氏有才子八人，世謂之'八元'。此十六族者，世濟其美，不隕其名。至堯，堯未能舉。舜舉八愷，使主后土，以揆百事，莫不時序。舉八元，使佈五教於四方，父義，母慈，兄友，弟恭，子孝，内平外成。"又詳見《左傳·文公十八年》。

[5] 宣慈惠和：百衲本、殿本、盧弼《集解》本皆如此，校

點本作"宣惠慈和"。今從百衲本等。

［6］坐而待旦：《孟子·離婁下》："周公思兼三王，以施四事；其有不合者，仰而思之，夜以繼日；幸而得之，坐以待旦。"

［7］履道休應：盧弼《集解》云："《御覽》'道'下有'之'字。《世說》注引同。"趙幼文《校箋》謂此《太平御覽》見卷七二七。

［8］君侯：本書卷九《曹爽傳》裴注引《魏略》謂何晏"前以尚主，得賜爵爲列侯"。故此尊稱何晏爲君侯。

［9］雷霆：各本皆作"雷電"。盧弼《集解》云："《世說》注'電'作'霆'。此句下有'望雲赴景，萬里馳風'二語。"趙幼文《校箋》謂作"霆"字是。與下文"畏威者衆"意相承。《太平御覽》卷四五八引亦作"霆"。今從盧、趙說改。雷霆，疾雷，暴雷。《文選》張平子《西京賦》"聞雷霆之相激"薛綜注："《蒼頡篇》曰：霆，霹靂也。"

［10］多福之仁：殿本《考證》云："仁，《太平御覽》作'人'。"盧弼《集解》云："《世說》注作'士'。"趙幼文《校箋》謂《太平御覽》卷四八五（當作四五八）、卷七二七引俱作"人"。按，"仁"通"人"。朱駿聲《說文通訓定聲·坤部》："仁，假借爲人。"

［11］艮：《易·說卦》云："艮爲山。"盧弼《集解》云："《世說》注'艮'下有'也'字。"趙幼文《校箋》謂《太平御覽》卷四〇〇引"艮"下"此"字作"也"，疑是。

［12］也：百衲本、殿本、盧弼《集解》本皆無"也"字，校點本有。盧弼《集解》謂馮夢禎本有"也"字，《世說新語·規箴篇》注亦有。今從校點本。

［13］臭惡：趙幼文《校箋》謂《世說新語》注引"惡"下有"之物"二字。

［14］害盈：盧弼《集解》謂《冊府元龜》作"虛盈"。趙幼文《校箋》謂此見《冊府元龜》卷八二九。

［15］謙：《易》六十四卦之一。其卦爲艮下坤上，艮爲山，

坤爲地。《象》曰："地中有山，謙。君子以裒多益寡，稱物平施。"

［16］壯：即大壯。《易》六十四卦之一。其卦爲乾下震上，乾爲天，震爲雷。《象》曰："雷在天上，大壯。君子以非禮弗履。"

［17］裒多益寡：百衲本"裒"字作"褒"，殿本、盧弼《集解》本、校點本作"裒"。今從殿本等。《玉篇·衣部》："裒，減也。"

［18］上追：趙幼文《校箋》謂《世說新語》注引"追"字作"尋"，義較勝。

［19］尼父：指孔子。古人相傳《易》之《彖傳》《象傳》爲孔子所作。

［20］相書：《隋書·經籍志》子部五行類著録《相書》四十六卷，無作者姓名。

［21］見：盧弼《集解》謂《通鑑》卷七五魏邵陵厲公正始九年作"自"。

［22］誡：百衲本、盧弼《集解》本作"誡"，殿本、校點本作"戒"。按，二字之義可通，今從百衲本等。

［23］機：殿本、校點本作"幾"，百衲本、盧弼《集解》本作"機"。今從百衲本等。

［24］君今：校點本作"今君"，百衲本、殿本、盧弼《集解》本皆作"君今"。今從百衲本等。

［25］明德惟馨：僞古文《尚書·君陳》："黍稷非馨，明德惟馨。"

［26］詩：此詩見《詩·小雅·隰桑》。

［27］鬼躁：指人將死前形體所表現出之一種病態。

［28］鬼幽：同"鬼躁"。

［29］何平叔：何晏字平叔。

始輅過魏郡太守鍾毓,[1]共論《易》義,輅因言"卜可知君生死之日"。毓使筮其生日月,如言無蹉跌。毓大愕然,曰:"君可畏也。死以付天,[2]不以付君。"遂不復筮。毓問輅:"天下當太平否?"輅曰:"方今四九天飛,[3]利見大人,神武升建,王道文明,何憂不平?"毓未解輅言,無幾,曹爽等誅,乃覺寤云。〔一〕

　　〔一〕《輅別傳》云:"魏郡太守鍾毓,清逸有才,難輅《易》二十餘事,自以爲難之至精也。輅尋聲投響,言無留滯,分張爻象,義皆殊妙。毓即謝輅。輅卜知毓生日月,毓愕然曰:"聖人運神通化,連屬事物,何聰明乃爾!"輅言:"幽明同化,死生一道,悠悠太極,終而復始。文王損命,[4]不以爲憂,仲尼曳杖,[5]不以爲懼,緒煩蓍筮,宜盡其意。"毓曰:"生者好事,死者惡事,哀樂之分,吾所不能齊,且以付天,不以付君也。"石苞爲鄴典農,[6]與輅相見,問曰:"聞君鄉里翟文耀能隱形,其事可信乎?"輅言:"此但陰陽蔽匿之數,苟得其數,則四嶽可藏,河海可逃。況以七尺之形,游變化之內,散雲霧以幽身,布金水以滅迹,術足數成,不足爲難。"苞曰:"欲聞其妙,君且善論其數也。"輅言:"夫物不精不爲神,數不妙不爲術,故精者神之所合,妙者智之所遇,合之幾微,可以性通,難以言論。是故魯班不能說其手,離朱不能說其目,[7]非言之難,孔子曰'書不盡言',[8]言之細也,'言不盡意',意之微也,斯皆神妙之謂也。請舉其大體以驗之。夫白日登天,運景萬里,無物不照,及其入地,一炭之光,不可得見。三五盈月,[9]清耀燭夜,可以遠望,及其在晝,明不如鏡。今逃日月者必陰陽之數,陰陽之數通於萬類,鳥獸猶化,況於人乎!夫得數者妙,得神者靈,非徒生者有驗,死亦有徵。

是以杜伯乘火氣以流精,[10]彭生託水變以立形。"[11]是故生者能出亦能入,死者能顯亦能幽,此物之精氣,化之游魂,人鬼相感,數使之然也。"苞曰:"目見陰陽之理,[12]不過於君,君何以不隱?"輅曰:"夫陵虛之鳥,愛其清高,不願江、漢之魚;淵沼之魚,樂其濡溼,不易騰風之鳥;由性異而分不同也。僕自欲正身以明道,直己以親義,見數不以爲異,知術不以爲奇,夙夜研機,[13]孳孳溫故,而素隱行怪,未暇斯務也。"

[1] 魏郡:治所鄴縣,在今河北臨漳縣西南鄴鎮東一里半。

[2] 君可畏也死以付天:殿本《考證》云:"《太平御覽》作'君可畏人也命以付天'。"趙幼文《校箋》謂此見《太平御覽》卷七二七。

[3] 四九:指《易》六十四卦中《乾卦》之第四爻。其辭云:"或躍在淵,無咎。"孔穎達疏:"躍於在淵,未即飛也,此自然之象。猶若聖人位漸尊高,欲進於王位,猶豫遲疑在於故位,未即進也。"管輅當以此爻象指潛默中之司馬懿。而九四之上一爻九五之辭云:"飛龍在天,利見大人。"孔穎達疏云:"猶若聖人有龍德,飛騰而居天位,德備天下,爲萬物所瞻睹,故天下利見此居王位之大人。"管輅當以此爻辭指司馬懿將握朝廷大權。

[4] 文王損命:《呂氏春秋・季夏紀・制樂》:"周文王立國八年,歲六月,文王寢疾,五日而地動,東西南北不出國郊,百吏皆請曰:'臣聞地之動,爲人主也。今王寢疾,五日而地動,四面不出周郊,君臣皆恐,曰請移之。'文王曰:'若何其移之也?'對曰:'興事動衆,以增國城,其可以移之乎!'文王曰:'不可。夫天之見妖也,以罰有罪也。我必有罪,故天以此罰我也。今故興事動衆,以增國城,是重吾罪也。不可。'"

[5] 仲尼曳杖:《史記》卷四七《孔子世家》:"孔子病,子貢請見。孔子方負杖逍遙於門,曰:'賜,汝來何其晚也?'孔子因歎,

歌曰:'太山壞乎!梁柱摧乎!哲人萎乎!'因以涕下。謂子貢曰:'天下無道久矣,莫能宗予。夏人殯於東階,周人於西階,殷人兩柱間。昨暮予夢坐奠兩柱之間,予始殷人也。'後七日卒。"

[6] 鄴典農:《晉書》卷三三《石苞傳》謂石苞曾爲鄴典農中郎將。

[7] 離朱:即離婁。《孟子·離婁》趙岐注:"離婁者,古之明目者,蓋以爲黄帝之時人也。黄帝亡其玄珠,使離朱索之。離朱即離婁也,能視於百步之外,見秋毫之末。"

[8] 書不盡言:《易·繫辭上》:子曰:"書不盡言,言不盡意。"

[9] 三五盈月:謂每月十五夜之圓月。

[10] 杜伯:周宣王之大臣。《墨子·明鬼》:"周宣王殺其臣杜伯而不辜。杜伯曰:'吾君殺我而不辜,若以死者爲無知,則止矣。若死而有知,不出三年,必使吾君知之。'其三年,周宣王合諸侯而田於圃,田車數百乘,從數千人滿野。日中,杜伯乘白馬素車,朱衣冠,執朱弓,挾朱矢,追宣王,射入車上,中心折脊,殪車中,伏弢而死。"蓋以朱衣冠、朱弓矢爲火氣。

[11] 彭生:春秋時齊宗室,故稱公子彭生。齊襄公曾與至齊的魯桓公夫人文姜通奸,魯桓公得知後,怒責文姜。文姜告之齊襄公,襄公因使公子彭生於送桓公之車上殺桓公。魯國遂與齊交涉,請除彭生,齊因殺彭生。(見《左傳·桓公十八年》)又《左傳·莊公八年》謂齊襄公"田于貝丘,見大豕。從者曰:'公子彭生也。'公怒,曰:'彭生敢見!'射之,豕人立而啼。公懼,墜於車,傷足,喪履"。盧弼《集解》引胡玉縉説,《易·説卦》謂坎卦爲豕,又爲水。故此云"託水變以立形"。

[12] 目:盧弼《集解》本作"自",百衲本、殿本、校點本作"目"。今從百衲本等。

[13] 機:殿本、校點本作"幾",百衲本、盧弼《集解》本作"機"。今從百衲本等。

平原太守劉邠取印囊及山雞毛著器中，使筮。[1]輅曰："內方外圓，[2]五色成文，含寶守信，出則有章，此印囊也。高嶽巖巖，有鳥朱身，羽翼玄黃，鳴不失晨，此山雞毛也。"邠曰："此郡官舍，連有變怪，使人恐怖，其理何由？"輅曰："或因漢末之亂，兵馬擾攘，軍屍流血，汙染丘山，故因昏夕，多有怪形也。明府道德高妙，自天祐之，願安百祿，以光休寵。"〔一〕

〔一〕《輅別傳》曰：故郡將劉邠字令元，[3]清和有思理，好《易》而不能精。與輅相見，意甚喜歡，自說注《易》向訖也。輅言："今明府欲勞不世之神，經緯大道，誠富美之秋。然輅以爲注《易》之急，[4]急於水火；水火之難，登時之驗，《易》之清濁，延于萬代，不可不先定其神而後垂明思也。自旦至今，[5]聽采聖論，未有《易》之一分，《易》安可注也！輅不解古之聖人，何以處乾位於西北，[6]坤位於西南。[7]夫乾坤者天地之象，然天地至大，爲神明君父，覆載萬物，生長無首，[8]何以安處二位與六卦同列？[9]乾之象象曰：'大哉乾元，萬物資始，乃統天。'夫統者，屬也，尊莫大焉，何由有別位也？"邠依《易繫辭》諸爲之理以爲注，[10]不得其要。輅尋聲下難，事皆窮析。曰："夫乾坤者，《易》之祖宗，變化之根源，今明府論清濁者有疑，疑則無神，恐非注《易》之符也。"輅於此爲論八卦之道及爻象之精，[11]大論開廓，衆化相連。邠所解者，皆以爲妙，所不解者，皆以爲神。自說："欲注《易》八年，用思勤苦，歷載靡寧，定相得至論，[12]此才不及《易》，不愛久勞，喜承雅言，如此相爲高枕偃息矣。"欲從輅學射覆，輅言："今明府以虛神於注《易》，亦宜絕思於靈蓍。靈蓍者，二儀之明數，[13]陰陽之幽契，施之於道則定天下吉凶，用之於術則收天下豪纖。纖微，未可以爲《易》也。"邠曰："以爲術者《易》之近數，欲求其端耳。若如來論，何事於斯？"留輅五日，不遑恤官，[14]但共清譚。邠自言："數與何平叔論《易》及老、莊之道，至於精神遐流，與化周旋，清若金水，鬱若山林，非君侶也。"邠又曰："此郡官舍，連有變怪，變怪多形，使人怖恐，君似當達此數者，其理何由也？"輅言："此郡所以名平原者，本有原，山無木石，與地自然；含陰不能吐雲，含陽不能激風，陰陽雖弱，猶有微神；微神不真，多聚凶奸，以類相求，魍魎成羣。或因漢末兵馬擾攘，軍屍流血，汙染丘嶽，殭魂相感，變化無常，故因昏夕之時，多有怪形也。昔夏禹文明，不怪於黃龍，[15]周武信時，不惑於暴風，[16]今明府道德高妙，神不懼妖，自天祐之，吉無不利，願安百祿以光休寵也。"邠曰："聽雅論爲近其理，每有變怪，輒聞鼓角聲音，或見弓劍形象。夫以土山之精，伯有之魂，[17]實能合會，干犯明靈也。"邠問輅："《易》言剛健篤實，輝光日新，斯爲同不也？"輅曰："不同之名，朝旦爲輝，日中爲光。"

《晉諸公贊》曰：邠本名炎，犯晉太子諱，[18]改爲邠。位至太子僕。[19]子粹，字純嘏，侍中。次宏，字終嘏，太常。[20]次漢，字仲嘏，光祿大夫。[21]漢清沖有貴識，名亞樂廣。宏子咸，徐州刺史。次耽，晉陵內史。[22]耽子恢，字真長，尹丹楊，[23]爲中興名士也。

　　[1] 使筮：趙幼文《校箋》謂《太平御覽》卷六八三引作"使管輅筮之"。疑此有脫文。

　　[2] 圓：殿本、盧弼《集解》本作"員"，百衲本、校點本作"圓"。今從百衲本等。

　　[3] 郡將：即郡太守。自漢代郡太守兼領武事，亦可稱太守爲郡將。

［4］急：困難。《管子・問》："舉知人急，則衆不亂。"房玄齡注："急，謂困難也。"
　　［5］旦：指周公旦。
　　［6］乾位：乾卦之方位在西北，坤卦之方位在西南，這是所謂的文王八卦方位。
　　［7］西南：盧弼《集解》本作"東南"，百衲本、殿本、校點本作"西南"。今從百衲本等。
　　［8］無首：盧弼《集解》本作"撫育"，百衲本、殿本、校點本作"無首"。今從百衲本等。
　　［9］六卦：指震、巽、坎、離、艮、兑六卦，與乾、坤二卦合爲八卦。
　　［10］易繫辭：殿本、校點本"辭"字作"詞"，百衲本、盧弼《集解》本作"辭"。按，二字雖通，今仍從百衲本等。
　　［11］爲論八卦：百衲本、盧弼《集解》本"爲論八卦"下有"八卦"二字，殿本、校點本無；殿本《考證》云："監本'爲論八卦'下又重'八卦'二字，衍文，今去。"今從殿本等。
　　［12］定：吴金華《校詁》謂"定"猶"及"也。
　　［13］二儀：天地。
　　［14］恤官：顧及官事。
　　［15］不怪於黄龍：《吕氏春秋・恃君覽》："禹南省，方濟乎江，黄龍負舟，舟中之人五色無主。禹仰視天而歎曰：'吾受命於天，竭力以養人，生性也，死命也，余何憂於龍焉！'龍俯耳低尾而逝。"
　　［16］不惑於暴風：《史記》卷三二《齊太公世家》："武王將伐紂，卜，龜兆不吉，風雨暴至。群公盡懼，唯太公强之勸武王，武王於是遂行。"又按，百衲本"不惑"作"不感"，殿本、盧弼《集解》本、校點本作"不惑"。今從殿本等。
　　［17］伯有：春秋時鄭國大夫。《左傳・襄公三十年》謂伯有在與駟帶作戰中死亡。《左傳・昭公七年》則云："鄭人相驚以伯

有,曰:'伯有至矣!'則皆走,不知所往。鑄刑書之歲二月,或夢伯有介而行,曰:'壬子,余將殺帶也。明年壬寅,余又將殺段也。'及壬子,駟帶卒,國人益懼。齊、燕平之月,壬寅,公孫段卒,國人愈懼。其明月,子產立公孫洩及良止以撫之,乃止。子大叔問其故。子產曰:'鬼有所歸,乃不爲厲,吾爲之歸也。'"楊伯峻注:"立其子爲大夫,則能受祭祀,有歸宿。"

[18] 晋太子:百衲本"晋"字作"于",殿本、盧弼《集解》本、校點本作"晋"。今從殿本等。

[19] 太子僕:官名。東漢隸太子少傅,秩千石,主東宮車馬,職如太僕。魏沿置,五品。晋朝爲詹事屬官,主車馬及親族,武帝太康八年(287)進爲五品。

[20] 太常:官名。秩中二千石,掌禮儀祭祀,選試博士。魏、晋皆三品。

[21] 光禄大夫:官名。西晋時位在諸卿上,第三品,多授予年老有病的致仕官員,無具體職掌。

[22] 晋陵:王國名。治丹徒縣,在今江蘇鎮江市丹徒區。内史:官名。即王國相,晋武帝太康十年改稱内史,職如太守,掌民政。

[23] 尹丹楊:即爲丹楊尹。東晋以京都所在之丹楊郡爲丹楊尹,治所建康縣,在今江蘇南京市。丹楊尹之長官亦稱丹楊尹,地區名與官名相同。

　　清河令徐季龍使人行獵,令輅筮其所得。輅曰:"當獲小獸,復非食禽,雖有爪牙,微而不彊,雖有文章,蔚而不明,非虎非雉,其名曰貍。"獵人暮歸,果如輅言。季龍取十三種物,著大篋中,使輅射。云:"器中藉藉有十三種物。"[1]先説雞子,後道蠶蛹,遂一一名之,惟以梳爲枇耳。〔一〕

〔一〕《輅別傳》曰：清河令徐季龍，字開明，有才機。與輅相見，共論龍動則景雲起，虎嘯則谷風至，[2]以爲火星者龍，[3]參星者虎，[4]火出則雲應，參出則風到，此乃陰陽之感化，非龍虎之所致也。輅言：「夫論難當先審其本，然後求其理，理失則機謬，機謬則榮辱之主。若以參星爲虎，則谷風更爲寒霜之風，寒霜之風非東風之名。[5]是以龍者陽精，以潛爲陰，[6]幽靈上通，和氣感神，二物相扶，故能興雲。夫虎者，陰精而居於陽，依木長嘯，動於巽林，[7]二氣相感，[8]故能運風。若磁石之取鐵，不見其神而金自來，有徵應以相感也。況龍有潛飛之化，虎有文明之變，招雲召風，何足爲疑？」季龍言：「夫龍之在淵，不過一井之底，虎之悲嘯，不過百步之中，形氣淺弱，所通者近，何能驅景雲而馳東風？」[9]輅言：「君不見陰陽燧在掌握之中，[10]形不出手，乃上引太陽之火，下引太陰之水，噓吸之間，煙景以集。苟精氣相感，縣象應乎二燧；[11]苟不相感，則二女同居，志不相得。自然之道，無有遠近。」季龍言：「世有軍事，則感難雉先鳴，其道何由？復有他占，惟在難雉而已？」輅言：「貴人有事，其應在天，在天則日月星辰也。兵動民憂，其應在物，在物則山林鳥獸也。夫雞者兌之畜，[12]金者兵之精，雉者離之鳥，[13]獸者武之神，故太白揚輝則雞鳴，[14]熒惑流行則雉驚，[15]各感數而動。又兵之神道，布在六甲，[16]六甲推移，其占無常。是以晉樞牛呴，[17]果有西軍，鴻嘉石鼓，[18]鳴則有兵，不專近在於難雉也。」季龍言：「魯昭公八年，有石言於晉，師曠以爲作事不時，[19]怨讟動於民，[20]則有非言之物而言，於理爲合不？」輅言：「晉平奢泰，崇飾宮室，[21]斬伐林木，殘破金石，民力既盡，怨及山澤，神痛人感，二精並作，金石同氣，則兌爲口舌，口舌之妖，動于靈石。傳曰輕百姓，飾城郭，[22]則金不從革，此之謂也。」季龍欽嘉，留輅經數日。輅占獵既驗，季龍曰：「君雖神妙，但不多藏物耳，何能皆得之?"輅言:"吾與天地參神,蓍龜通靈,抱日月而游杳冥,極變化而覽未然,況兹近物,能蔽聰明?"季龍大笑:"君既不謙,又念窮在近矣。"輅言:"君尚未識謙言,焉能論道?夫天地者則乾坤之卦,蓍龜者則卜筮之數,日月者離坎之象,[23]變化者陰陽之爻,杳冥者神化之源,[24]未然者幽冥之先,[25]此皆《周易》之紀綱,何僕之不謙?"季龍於是取十三種物,欲以窮之,輅射之皆中。季龍乃嘆曰:"作者之謂聖,述者之謂明,豈此之謂乎!"

[1] 藉藉:衆多而雜亂的樣子。

[2] 谷風:山谷中之風。《淮南子·天文訓》:"虎嘯而谷風至,龍舉而景雲屬。"

[3] 火星:指大火。又名心宿,爲二十八宿之一,東方蒼龍七宿之第五宿,有星三顆。故此云"火星者龍"。

[4] 參星:亦二十八宿之一,西方白虎七宿之末一宿,即獵户座之七顆亮星。故此云"參星者虎"。

[5] 東風:古代又稱東風爲谷風。《爾雅·釋天》:"東風謂之谷風。"

[6] 以潛爲陰:趙幼文《校箋》謂唐鈔本《文選集注·聖王得賢臣頌》注引"爲"字作"於"。

[7] 巽林:《易·説卦》謂"巽爲木,爲風"。

[8] 二氣:百衲本作"二數",殿本、盧弼《集解》本、校點本作"二氣"。今從殿本等。

[9] 潎:百衲本作"剽",殿本、盧弼《集解》本、校點本作"潎"。今從殿本等。"潎"同"漂",又通"飄"。

[10] 陰陽燧:青銅所製之兩種鏡。《周禮·冬官考工記·輈人》:"金錫半謂之鑒燧之齊。"鄭玄注:"鑒燧,取水火於日月之器也。"又干寶《搜神記》卷一三:"夫金錫之性一也,以五月丙午日中鑄,爲陽燧;以十一月壬子夜半鑄,爲陰燧。"

[11] 縣象：天象。《易·繫辭上》："縣象著明，莫大乎日月。"縣，"懸"本字。

[12] 兌：今傳《易·説卦》謂"兌爲羊"，"兌爲口舌"，"巽爲鷄"。

[13] 離：《易·説卦》謂"離爲雉"。

[14] 太白：星名，即金星。《史記·天官書》："察日行以處位太白。"司馬貞《索隱》："太白晨出東方，曰啓明。"

[15] 熒惑：星名，即火星。因隱現不定，令人迷惑，故名。

[16] 六甲：方術之一，即遁甲之術。其法以十干之乙、丙、丁爲三奇，以戊、己、庚、辛、壬、癸爲六儀。三奇六儀分置九宫，而以甲統之，視其加臨吉凶，以爲趨避，故稱遁甲。《後漢書·方術傳序》李賢注："遁甲，推六甲之陰而隱遁也。"

[17] 晋柩牛吼（hǒu）：《左傳·僖公三十二年》："冬，晋文公卒。庚辰，將殯于曲沃，出絳，柩有聲如牛。卜偃使大夫拜，曰：'君命大事：將有西師過軼我，擊之，必大捷焉。'"

[18] 鴻嘉石鼓：《漢書》卷二七上《五行志》："成帝鴻嘉三年五月乙亥天水冀南山大石鳴，聲隆隆如雷，有頃止，聞平襄二百四十里，野鷄皆鳴。石長丈三尺，廣厚略等，旁著岸脅，去地二百餘丈，民俗名曰石鼓。石鼓鳴，有兵。"

[19] 師曠：春秋時晋國樂師。此語爲師曠對晋平公之言。此事見《左傳·昭公八年》。

[20] 怨讟（dú）：怨恨誹謗。《方言》卷十三："讟，謗也。"

[21] 崇飾宫室：《左傳·昭公八年》謂晋平公當時正築虒祁之宫。

[22] 城郭：盧弼《集解》本作"城廓"，百衲本、殿本、校點本作"城郭"。今從百衲本等。

[23] 離坎之象：《易·説卦》謂離爲火、爲日；坎爲水、爲月。

[24] 源：百衲本作"原"，殿本、盧弼《集解》本、校點本

作"源"。今從殿本等。

[25] 未然者：百衲本、盧弼《集解》本、校點本"未然者"下有"則"字，殿本無；郝經《續後漢書》苟宗道注引亦無"則"字。盧弼《集解》亦謂"則"字衍。今從殿本。

輅隨軍西行，過毌丘儉〔父〕墓下，[1]倚樹哀吟，[2]精神不樂。人問其故，輅曰："林木雖茂，無形可久；碑誄雖美，無後可守。[3]玄武藏頭，[4]蒼龍無足，白虎銜尸，朱雀悲哭，四危以備，法當滅族。不過二載，其應至矣。"卒如其言。後得休，過清河倪太守。時天旱，[5]倪問輅雨期，輅曰："今夕當雨。"是日晹燥，[6]晝無形似，府丞及令在坐，[7]咸謂不然。到鼓一中，[8]星月皆没，風雲並起，竟成快雨。於是倪盛脩主人禮，共爲歡樂。〔一〕

〔一〕《輅別傳》曰：輅與倪清河相見，既刻雨期，倪猶未信。輅曰："夫造化之所以爲神，[9]不疾而速，不行而至。十六日壬子，直滿，畢星中已有水氣，[10]水氣之發，動於卯辰，[11]此必至之應也。又天昨檄召五星，[12]宣布星符，刺下東井，[13]告命南箕，[14]使召雷公、電父、風伯、雨師，[15]羣嶽吐陰，衆川激精，雲漢垂澤，[16]蛟龍含靈，爗爗朱電，吐咀杳冥，殷殷雷聲，噓吸雨靈，習習谷風，六合皆同，欬唾之間，品物流形。天有常期，道有自然，不足爲難也。"倪曰："譚高信寡，相爲憂之。"於是便留輅，往請府丞及清河令。[17]若夜雨者當爲啖二百斤犢肉，若不雨當住十日。輅曰："言念費損！"至日向暮，了無雲氣，衆人並嗤輅。輅言："樹上已有少女微風，[18]樹間又有陰鳥和鳴。又少男風起，[19]衆鳥和翔，[20]其應至矣。"須臾，果有艮風鳴鳥。日未入，東南有山雲樓起。黃昏之後，雷聲動天。到鼓一中，星月皆没，風雲並興，玄氣四合，[21]大雨河傾。[22]倪調輅言：[23]"誤中耳，不爲神也。"輅曰："誤中與天期，不亦工乎！"

[1] 毌丘儉父墓：各本皆作"毌丘儉墓"。趙一清《注補》云："'儉'下當有'父'字。説見《儉傳》。"周壽昌《注證遺》云："案此儉之先墓，非儉之墓也。輅此時正當儉盛時，後儉以舉事被誅夷三族，必不能有墓，疑'儉''墓'兩字中脱一'先'字耳。"徐紹楨《質疑》則謂蕭常《續後漢書》"墓"上有"先"字，蓋其所據《三國志》如此，後乃訛奪也。按《水經·穀水注》云："穀水又東，徑魏將作大匠毌丘興墓南，二碑存焉，儉父也。《管輅別傳》曰：輅嘗隨軍西征，過其墓而嘆。"楊守敬、熊會貞疏云："會貞按：《書鈔》引作'過毌丘儉墓下'。《魏志·輅傳》、《御覽》五百五十引《魏略》同，並誤，當以此注正文。"今從趙、熊等説增"父"字。

[2] 倚樹：趙幼文《校箋》謂《藝文類聚》卷一九引"樹"上有"松"字。

[3] 無後：趙幼文《校箋》謂《藝文類聚》卷八八引"後"字作"復"。按，《藝文類聚》卷一九引亦作"後"。

[4] 玄武：指龜。

[5] 天旱：趙幼文《校箋》謂《太平御覽》卷九、《事類賦》卷二引"天"字俱作"大"。按，《藝文類聚》卷二引亦作"天"。

[6] 暘燥：謂天晴燥熱。《玉篇·日部》："暘，明也，日乾物也。"

[7] 府丞：官名。即郡丞，郡太守之副，佐太守掌衆事。秩六百石，第八品。

[8] 鼓一：即一鼓。古代將一夜分爲五個時段，稱五鼓或五更。一鼓即天剛黑之時段。

［9］造化：指自然界之創造者。

［10］畢：星宿名。二十八宿之一，爲白虎七宿之第五宿。有星八顆。古人以爲此星主兵、主雨。

［11］卯辰：指卯時與辰時。西漢太初改朔之後，將日夜之十二時段配以子丑寅卯等十二支。子時相當於夜晚 23 時至次日凌晨 1 時。

［12］天：百衲本作"夫"，殿本、盧弼《集解》本、校點本作"天"。今從殿本等。

［13］東井：星宿名。即井宿，二十八宿之一，爲朱雀七宿之第一宿。有星八顆，屬雙子座。因在參宿之東，故又稱東井。

［14］南箕：星宿名。即箕宿，二十八宿之一，爲蒼龍七宿之末一宿。有星四顆，形似簸箕，夏秋之間見於南方，故又稱南箕。

［15］電父：校點本作"電母"，百衲本、殿本、盧弼《集解》本皆作"電父"。今從百衲本等。錢大昕《十駕齋養新錄》卷一七《電父》云："今人稱電神曰電母，古人則稱電父。"錢氏所引之例證即此《管輅別傳》。

［16］雲漢：銀河，天河。

［17］往：盧弼《集解》謂"往"疑作"住"，屬上句。

［18］少女微風：指西方微風。黃生《義府·少女風》云："兌爲少女，位西方，此謂風從西來耳。"

［19］少男風：指東北風。艮位東北，爲少男，故又稱艮風。

［20］和翔：趙幼文《校箋》謂《藝文類聚》卷二、《初學記》卷一引"和"字作"亂"。

［21］玄氣：陰氣，寒氣。

［22］河傾：趙幼文《校箋》謂《北堂書鈔》卷一五〇、《藝文類聚》卷二、《初學記》卷一引"河"字俱作"注"。按，《北堂書鈔》實作"至如傾"。

［23］調：百衲本作"問"，殿本、盧弼《集解》本、校點本作"調"。今從殿本等。

正元二年，[1]弟辰謂輅曰："大將軍待君意厚，[2]冀當富貴乎？"輅長歎曰："吾自知有分直耳，然天與我才明，[3]不與我年壽，恐四十七八間，不見女嫁兒娶婦也。若得免此，欲作洛陽令，可使路不拾遺，枹鼓不鳴。[4]但恐至太山治鬼，不得治生人，如何！"辰問其故，輅曰："吾額上無生骨，眼中無守精，鼻無梁柱，腳無天根，[5]背無三甲，[6]腹無三壬，此皆不壽之驗。又吾本命在寅，加月食夜生。天有常數，不可得諱，但人不知耳。吾前後相當死者過百人，略無錯也。"是歲八月，爲少府丞。[7]明年二月卒，年四十八。〔一〕

〔一〕《輅別傳》曰：既有明才，遭朱陽之運，[8]于時名勢赫奕，若火猛風疾。當塗之士，莫不枝附葉連。賓客如雲，無多少皆爲設食。賓無貴賤，候之以禮。京城紛紛，非徒歸其名勢而已，然亦懷其德焉。向不天命，輅之榮華，非世所測也。弟辰嘗欲從輅學卜及仰觀事，輅言："卿不可教耳。夫卜非至精不能見其數，非至妙不能覩其道，《孝經》《詩》《論》，足爲三公，無用知之也。"於是遂止。子弟無能傳其術者。辰敍曰："夫晉、魏之士，見輅道術神妙，占候無錯，以爲有隱書及象甲之數。[9]辰每觀輅書傳，惟有《易林》《風角》及《鳥鳴》《仰觀星書》三十餘卷，[10]世所共有。然輅獨在少府官舍，無家人子弟隨之，其亡沒之際，好奇不哀喪者，盜輅書，惟餘《易林》《風角》及《鳥鳴書》還耳。[11]夫術數有百數十家，其書有數千卷，書不少也。然而世鮮名人，皆由無才，不由無書也。裴冀州、何、鄧二尚書及鄉里劉太常、潁川兄弟，以輅稟受天才，明陰陽之道，吉凶之情，一得其源，遂涉其流，亦不爲難，常歸服之。輅自言與此五君共語使人精神清發，昏不暇寐。自此以下，殆白日欲寢矣。又自言當世無所願，欲得與魯梓慎、鄭神竈、晋卜偃、宋子韋、楚甘公、魏石申共登靈臺，[12]披神圖，步三光，明災異，運蓍龜，決狐疑，無所復恨也。辰不以闇淺，得因孔懷之親，[13]數與輅有所諮論。至於辨人物，[14]析臧否，説近義，彈曲直，拙而不工也。[15]若敷皇羲之典，[16]揚文孔之辭，[17]周流五曜，[18]經緯三度，[19]口滿聲溢，微言風集，若仰眺飛鴻，[20]漂漂兮景没，若俯臨深溪，杳杳兮精絶；偶以攻難，而失其端，欲受學求道，尋以迷昏，無不扼腕椎指，追響長歎也。[21]昔京房雖善卜及風律之占，[22]卒不免禍，而輅自知四十八當亡，可謂明哲相殊。又京房目見遘讒之黨，耳聽青蠅之聲，面諫不從，而猶道路紛紜。輅處魏、晋之際，藏智以朴，卷舒有時，妙不見求，愚不見遺，可謂知機相邈也。[23]京房上不量萬乘之主，下不避佞諂之徒，欲以天文、洪範，[24]利國利身，困不能用，卒陷大刑，可謂枯龜之餘智，[25]膏燭之末景，豈不哀哉！世人多以輅疇之京房，辰不敢許也。至於仰察星辰，俯定吉凶，遠期不失年歲，近期不失日月，辰以甘、石之妙不先也。射覆名物，見術流速，東方朔不過也。[26]觀骨形而審貴賤，覽形色而知生死，許負、唐舉不超也。[27]若夫疏風氣而探微候，聽鳥鳴而識神機，亦一代之奇也。向使輅官達，爲宰相大臣，膏腴流於明世，華曜列乎竹帛，使幽驗皆舉，秘言不遺，千載之後，有道者必信而貴之，無道者必疑而怪之；信者以妙過真，夫妙與神合者，得神則無所惑也。恨輅才長命短，道貴時賤，親賢遐潛，不宣於良史，而爲鄙弟所見追述，既自闇濁，又從來久遠，所載卜占事，雖不識本卦，捃拾殘餘，十得二焉。至於仰觀靈曜，説魏、晋興衰，及五運浮沉，[28]兵革災異，十不收一。無源何以成河？無根何以垂榮？雖秋菊可採，不及春英，臨文慷慨，伏用哀慚。將來君子，幸以高明求其義焉。往孟荆州爲列人典農，嘗問亡兄，昔東方朔射覆得何卦，正知守宮、蜥蜴二物者。亡兄於此爲安卦生象，辭喻交錯，微義豪起，變化相推，會於辰巳，分別龍蛇，[29]各使有理。言絶之後，孟荆州長歎息曰：'吾聞君論，精神騰躍，殆欲飛散，何其汪汪乃至於斯邪！'"

臣松之案：辰所稱鄉里劉太常者，謂劉寔也。辰撰輅傳，寔時爲太常，潁川則寔弟智也。[30]寔、智並以儒學爲名，無能言之。《世語》稱寔博辯，猶不足以並裴、何之流也。又案輅自説，云"本命在寅"，則建安十五年生也。至正始九年，應三十九，而傳云三十六，以正元三年卒，應四十七，傳云四十八，皆爲不相應也。近有閻纘伯者，[31]名纘，該微通物，有良史風。爲天下補綴遺脱，敢以所聞列于篇左。皆從受之於大人先哲，足以取信者，冀免虛誣之譏云爾。嘗受辰傳所謂劉太常者曰："輅始見聞，由於爲鄰婦卜亡牛，云當在西面窮墻中，縣頭上向。教婦人令視諸丘冢中，[32]果得牛。婦人因以爲藏己牛，告官案驗，乃知以術知，故裴冀州遂聞焉。"又云："（路）〔洛〕中小人失妻者，[33]輅爲卜，教使明旦於東陽城門中伺擔豚人牽與共鬭。[34]具如其言，豚逸走，即共追之。豚入人舍，突破主人甕，婦從甕中出。"劉侯云甚多此類，辰所載纔十一二耳。劉侯云："辰，孝廉才也。"中書令史紀玄龍，[35]輅鄉里人，云："輅在田舍，[36]嘗候遠鄰，主人患數失火。輅卜，教使明日於南陌上伺，當有一角巾諸生，駕黑牛故車，必引留，[37]爲設賓主，[38]此能消之。即從輅戒。諸生有急求去，不聽，遂留當宿，意大不安，以爲圖己。主人罷入，生乃把刀出門，倚兩薪積閒，側立假寐。歘有一小物直來過前，如獸，手中持火，[39]以口吹之。生驚，舉刀斫，正斷腰，[40]視之則狐。[41]自此主人不復有災。"[42]前長廣太守陳承祐口受城門校尉華長駿語云：[43]"昔其父爲清河太守時，召輅作吏，駿與少小，（後）〔復〕以鄉里，[44]遂加恩意，常與同載周旋，具知其事。云諸要驗，三倍於傳。辰既短才，又年縣小，又多在田舍，故益不詳。辰仕官至州主簿、部從事，[45]太康之初物故。"[46]駿又云："輅卜亦不悉中，十得七八，駿問其故，輅云：'理無差錯，來卜者或言不足以宣事實，故使爾。'華城門夫人者，魏故司空涿郡盧公女也，[47]得疾，連年不差。華家時居西城下南纏里中，三廄在其東南。輅卜當有師從東方來，自言能治，便聽使之，必得其力。後無何，有南征廄騶，[48]當充甲卒，來詣盧公，占能治女郎。[49]公即表請留之，專使其子將詣華氏療疾，初用散藥，後復用丸治，尋有效，即奏除騶名，以補太醫。"[50]又云："隨輅父在利漕時，有治下屯民捕鹿者，其晨行還，見毛血，人取鹿處來詣廄告輅，輅爲卦語云：'此有盜者，是汝東巷中第三家也。汝徑往門前，伺無人時，取一瓦子，密發其碓屋東頭第七椽，以瓦著下，不過明日食時，自送還汝。'其夜，盜者父病頭痛，壯熱煩疼，然亦來詣輅。輅爲發祟，[51]盜者具服。輅令擔皮肉藏還著故處，病當自愈。乃密教鹿主往取。又語使復往如前，舉椽棄瓦。盜父亦差。[52]又都尉治内史有失物者，[53]輅使明晨於寺門外看，當逢一人，使指天畫地，舉手四向，自當得之。暮果獲於故處矣。"

[1] 正元：魏少帝高貴鄉公曹髦年號（254—256）。

[2] 大將軍：指司馬昭。時昭爲大將軍。

[3] 天與：趙幼文《校箋》謂蕭常《續後漢書》"天"下有"雖"字。　才明：趙幼文《校箋》云："裴注引《管輅別傳》'既有明才'，則此'才明'當作'明才'爲是。"

[4] 枹（fú）鼓：本謂鼓槌與鼓。此指報警之鼓。

[5] 天根：相術家謂人的足後根。

[6] 三甲：與下句之"三壬"，皆相術家謂人之福壽之相。

[7] 少府丞：官名。少府之副，秩比千石，第七品。

[8] 明才：盧弼《集解》云："郝經《續後漢書》'明才'作'才名'。"　朱陽：指夏季。

［9］象甲：謂象數六甲。

［10］易林風角及鳥鳴仰觀星書：此類書在《隋書·經籍志》子部五行類及天文類著録不少，不一一列舉。

［11］還：吴金華《校詁》云："'還'上似應有'以'字。'以還'猶今語'以下'，魏晋習用。"

［12］魯梓慎：春秋時魯國大夫，善天文占候。見《左傳·昭公十八年》等。　鄭裨竈：春秋時鄭國大夫，亦善天文占候。見《左傳·昭公九年》等。　晋卜偃：春秋時晋國掌卜大夫。見《左傳·閔公元年》等。　宋子韋：春秋時宋國史官，善天文占候。《漢書·藝文志》著録"《宋司星子韋》三篇。景公之史"。數術類又云："數術者，皆明堂羲和史卜之職也"；"春秋時魯有梓慎，鄭有裨竈，晋有卜偃，宋有子韋。六國時楚有甘公，魏有石申夫"。

［13］孔懷之親：謂兄弟之親。《詩·小雅·常棣》："死喪之威，兄弟孔懷。"

［14］辨人物：殿本"辨"字作"辯"，百衲本、盧弼《集解》本、校點本作"辨"。今從百衲本等。

［15］工：百衲本、盧弼《集解》本作"功"，殿本、校點本作"工"。今從殿本等。

［16］皇羲之典：指伏羲八卦。古代傳説八卦爲伏羲所作。

［17］文孔之辭：指《易》六十四卦之卦辭、爻辭，及其解説之"十翼"。傳説六十四卦爲周文王所推演，"十翼"爲孔子所作。

［18］五曜：指金、木、水、火、土五星。

［19］三度：謂天祥、地宜、人順三祥度。《管子·五輔》："所謂三度者何？曰：上度之天祥，下度之地宜，中度之人順。此所謂三度。"

［20］飛鴻：百衲本"鴻"字作"鳴"，殿本、盧弼《集解》本、校點本作"鴻"。今從殿本等。

［21］追響：百衲本"追"下有"音"字，殿本、盧弼《集解》本、校點本無。今從殿本等。

［22］京房：西漢《易》學家。《漢書》卷七五《京房傳》謂京房之師焦延壽，"其説長於災變，分六十四卦，更直日用事，以風雨寒温爲候，各有占驗。房用之尤精。好鐘律，知音聲"。後京房被石顯所誣，説他"非謗政治，歸惡天子，詿誤諸侯王"。因被誅殺，年四十一。

［23］機：盧弼《集解》本、校點本作"幾"，百衲本、殿本作"機"。今從百衲本等。

［24］洪範：此指五行。"洪範"本《尚書》中之一篇，古代相傳爲箕子所作，以此向周武王陳述五行自然之大法。

［25］枯龜：乾龜殼，用以占卜。《關尹子·六匕》："枯龜無我，能見大知。"

［26］東方朔：西漢人。漢武帝初，曾待詔金馬門，尚未爲官。《漢書》卷六五《東方朔傳》載："上嘗使諸數家射覆，置守宫盂下，射之，皆不能中。朔自贊曰：'臣嘗受《易》，請射之。'乃別蓍佈卦而對曰：'臣以爲龍又無角，謂之爲蛇又有足，跂跂脈脈善緣壁，是非守宫即蜥蜴。'上曰：'善。'賜帛十匹。復使射他物，連中，輒賜帛。"

［27］許負：西漢初人。善相術，曾爲河内郡守周亞夫看相，曰："君後三歲而侯。侯八歲，爲將相，持國秉，貴重矣，於人臣無二。後九年而餓死。"周亞夫不信，而皆如其言。（見《漢書》卷四〇《周勃附亞夫傳》）　唐舉：戰國時人。善相術，曾爲蔡澤相面，蔡澤問其壽，唐舉曰："先生之壽，從今以往者四十三歲。"（見《史記》卷七九《蔡澤列傳》）

［28］五運：指據五行生克説推算出王朝興替之氣運。

［29］分別：百衲本"分"下有"列"字，殿本、盧弼《集解》本、校點本無。今從殿本等。

［30］潁川：《晋書》卷四一《劉寔附智傳》謂劉智曾爲潁川太守。

［31］閻續伯：事見《晋書》卷四八《閻續傳》。

[32] 丘冢：百衲本"冢"字作"家"，殿本、盧弼《集解》本、校點本作"冢"。今從殿本等。

[33] 洛中：各本皆作"路中"。盧弼《集解》謂《太平御覽》卷七二五"路"作"洛"，"妻"作"婢"。吳金華《校詁》又謂《太平廣記》卷二一六引劉敬叔《異苑》云："洛中一人失妻，輅令與擔冢人鬥於東陽門。"《異苑》與裴注皆成於宋元嘉間，所據資料當同出一源。"路中"顯係"洛中"之誤。"妻"作"婢"則不足據。今從盧、吳之說，改"路中"爲"洛中"。

[34] 東陽城門：洛陽之城門。《洛陽伽藍記序》謂洛陽城東面有三門："北頭第一門曰建春門；次南曰東陽門（漢曰東中門，魏晉曰東陽門）；次南曰青陽門。"

[35] 中書令史：官名。中書省掌文書之低級官吏，曹魏置，第八品。西晉沿置。

[36] 田舍：趙幼文《校箋》謂《太平御覽》卷七二五引"舍"下有"時"字。

[37] 必引留：趙幼文《校箋》謂《太平御覽》引"留"下有"宿"字。

[38] 設賓主：謂主人設食款侍客人。

[39] 手中：趙幼文《校箋》謂《初學記》卷二九引無"中"字。

[40] 腰：百衲本、校點本作"要"，殿本、盧弼《集解》本作"腰"。"要"雖爲"腰"本字，今仍從殿本等。

[41] 則狐：趙幼文《校箋》謂《初學記》卷二九引無"則"字，"狐"下有"也"字。

[42] 有災：趙幼文《校箋》謂《初學記》《太平御覽》引"災"上有"火"字。

[43] 長廣：郡名。治所和廣縣，在今山東萊陽市東。　城門校尉：官名。秩比二千石，第四品，掌洛陽十二城門。西晉沿置。華長駿：即華廙。廙字長駿，華表子。見《晉書》卷四四《華表附廙傳》。

[44] 復：各本作"後"。郝經《續後漢書》苟宗道注引作"復"，於義較順。今據改。

[45] 主簿：官名。漢代中央、州、郡、縣皆置，以典領文書，辦理事務。　部從事：即部郡國從事。

[46] 太康：晉武帝司馬炎年號（280—289）。　物故：死亡。

[47] 盧公：指盧毓。

[48] 廐騶（zōu）：管馬之騎士。

[49] 占：盧弼《集解》謂郝經《續後漢書》作"言"。趙幼文《校箋》云："考作'占'字是。《文選·思玄賦》'占水火而妄訊'注：'占謂自隱度而言也。'與上文'自言能治'義承。郝書改'占'爲'言'，雖意較明顯，然非舊文如是也。"

[50] 太醫：此當指太醫令下之屬員。東漢太醫令下有員醫二百九十三人，員吏十九人。

[51] 祟：校點本1982年7月第2版誤作"崇"。

[52] 亦：盧弼《集解》本、校點本作"病"，百衲本、殿本作"亦"。郝經《續後漢書》苟宗道注引亦作"亦"。今從百衲本等。

[53] 都尉：官名。西漢時郡置都尉，輔佐郡守並掌本郡軍事。東漢廢除，僅在邊郡或關塞之地置都尉及屬國都尉，並漸漸分縣治民，職如太守。魏、晉皆置，第五品。　史：官府佐吏之統稱。此指都尉之屬吏。

評曰：華佗之醫診，杜夔之聲樂，朱建平之相術，周宣之相夢，管輅之術筮，誠皆玄妙之殊巧，非常之絕技矣。昔史遷著扁鵲、倉公、日者之傳，[1]所以廣異聞而表奇事也。故存錄云爾。

[1]史遷：司馬遷。 扁鵲倉公：扁鵲，春秋戰國間之名醫。倉公，西漢初之名醫。《史記》有《扁鵲倉公列傳》。 日者：以占候卜筮爲業之人。《史記》有《日者列傳》。

三國志 卷三〇

魏書三十

烏丸鮮卑東夷傳第三十

《書》載"蠻夷猾夏",[1]《詩》稱"獫狁孔熾",[2]久矣,其爲中國患也。秦、漢以來,匈奴久爲邊害。孝武雖外事四夷,東平兩越、朝鮮,[3]西討貳師大宛,[4]開邛、莋、夜郎之道,[5]然皆在荒服之外,[6]不能爲中國輕重。而匈奴最逼於諸夏,胡騎南侵則三邊受敵,是以屢遣衞、霍之將,[7]深入北伐,窮追單于,[8]奪其饒衍之地。後遂保塞稱藩,世以衰弱。建安中,[9]呼廚泉南單于入朝,遂留内侍,使右賢王撫其國,[10]而匈奴折節,過於漢舊。然烏丸、鮮卑稍更彊盛,亦因漢末之亂,中國多事,不遑外討,故得擅(漢)〔漠〕南之地,[11]寇暴城邑,殺略人民,北邊仍受其困。會袁紹兼河北,乃撫有三郡烏丸,[12]寵其名王而收其精騎。其後尚、熙又逃于蹋頓,[13]蹋頓又驍武,邊長老皆比之冒頓,[14]恃其阻遠,敢受亡命,以雄百蠻。[15]太祖潛師北伐，出其不意，一戰而定之，夷狄慴服，威振朔土。遂引烏丸之衆服從征討，而邊民得用安息。後鮮卑大人軻比能復制御羣狄，盡收匈奴故地，自雲中、五原以東抵遼水，[16]皆爲鮮卑庭。數犯塞寇邊，幽、并苦之。[17]田豫有馬城之圍，[18]畢軌有陘北之敗。[19]青龍中，[20]帝乃聽王雄，[21]遣劍客刺之。然後種落離散，互相侵伐，彊者遠遁，弱者請服。由是邊陲差安，（漢）〔漠〕南少事，雖時頗鈔盜，不能復相扇動矣。烏丸、鮮卑即古所謂東胡也。[22]其習俗、前事，撰漢記者已錄而載之矣。故但舉漢末魏初以來，以備四夷之變云。〔一〕

〔一〕《魏書》曰：烏丸者，[23]東胡也。漢初，匈奴冒頓滅其國，餘類保烏丸山，[24]因以爲號焉。俗善騎射，隨水草放牧，居無常處，以穹廬爲宅，[25]皆東向。日弋獵禽獸，食肉飲酪，以毛毳爲衣。[26]貴少賤老，其性悍驁，怒則殺父兄，而終不害其母，以母有族類，[27]父兄以己爲種，無復報者故也。常推募勇健能理決鬬訟相侵犯者爲大人，[28]邑落各有小帥，不世繼也。數百千落自爲一部，大人有所召呼，刻木爲信，邑落傳行，無文字，而部衆莫敢違犯。氏姓無常，以大人健者名字爲姓。大人已下，各自畜牧治產，不相徭役。其嫁娶皆先私通，略將女去，或半歲百日，然後遣媒人送馬牛羊以爲聘娶之禮。壻隨妻歸，見妻家無尊卑，旦起皆拜，而不自拜其父母。爲妻家僕役二年，妻家乃厚遣送女，居處財物，一出妻家。故其俗從婦人計，至戰鬬時，乃自決之。父子男女，相對蹲踞，悉髡頭以爲輕便。[29]婦人至嫁時乃養髮，分爲髻，著句決，[30]飾以金碧，猶中國有冠步摇也。[31]父兄死，妻後母（執）〔報〕嫂；[32]若無（執）〔報〕嫂者，則己子以親之次妻伯叔焉，死則歸其故夫。俗識鳥獸孕乳，時以四節，[33]耕種常用布穀鳴爲候。地宜青穄、東牆，[34]東牆似蓬草，實如葵子，至十月熟。能作白酒，而不知作麴蘗。[35]米常仰中國。大人能作弓矢鞍勒，鍛金鐵爲兵器，能刺韋作文繡，織縷氈罽。[36]有病，知以艾灸，或燒石自熨，燒地臥上，或隨痛病處，以刀決脈出血，及祝天地山川之神，無鍼藥。貴兵死，斂屍有棺，始死則哭，葬則歌舞相送。肥養犬，以采繩嬰牽，幷取亡者所乘馬、衣物、生時服飾，皆燒以送之。特屬累犬，[37]使護死者神靈歸乎赤山。[38]赤山在遼東西北數千里，[39]如中國人以死之魂神歸泰山也。至葬日，夜聚親舊員坐，牽犬馬歷位，或歌哭者，擲肉與之，使二人口誦呪文，[40]使死者魂神徑至，歷險阻，勿令橫鬼遮護，達其赤山，然後殺犬馬、衣物燒之。敬鬼神，祠天地日月星辰山川，及先大人有健名者，亦同祠以牛羊，祠畢皆燒之。飲食必先祭。其約法，違大人言死，盜不止死。其相殘殺，令部落自相報，相報不止，詣大人平之，有罪者出其牛羊以贖死命，乃止。自殺其父兄無罪。其亡叛爲大人所捕者，諸邑落不肯受，皆逐使至雍狂地。地無山，有沙漠、流水、草木，多蝮蛇，在丁令之西南，[41]烏孫之東北，[42]以窮困之。自其先爲匈奴所破之後，人衆孤弱，爲匈奴臣服，常歲輸牛馬羊，過時不具，輒虜其妻子。至匈奴壹衍鞮單于時，[43]烏丸轉彊，發掘匈奴單于冢，將以報冒頓所破之恥。[44]壹衍鞮單于大怒，發二萬騎以擊烏丸。大將軍霍光聞之，[45]遣度遼將軍范明友將三萬騎出遼東追擊匈奴。[46]比明友兵至，匈奴已引去。烏丸新被匈奴兵，乘其衰弊，遂進擊烏丸，[47]斬首六千餘級，獲三王首還。後數復犯塞，明友輒征破之。至王莽末，並與匈奴爲寇。[48]光武定天下，遣伏波將軍馬援將三千騎，[49]從五原關出塞征之，[50]無利，而殺馬千餘匹。烏丸遂盛，鈔擊匈奴，匈奴轉徙千里，漠南地空。建武二十五年，[51]烏丸大人郝旦等九千餘人率衆詣闕，[52]封其渠帥爲侯王者八十餘人，使居塞內，布列遼東屬國、遼西、右北平、漁陽、廣陽、上谷、代郡、鴈門、太原、朔方諸郡界，[53]招來種人，給其衣食，置校尉以領護之，[54]遂爲漢偵備，[55]擊匈奴、鮮卑。[56]至永平中，[57]漁陽烏丸大人欽志賁帥種人叛，[58]鮮卑還爲寇害，遼東太守祭肜募殺志賁，[59]遂破其衆。至安帝時，漁陽、右北平、鴈門烏丸率衆王無何等復與鮮卑、匈奴合，鈔略代郡、上谷、涿郡、五原，[60]乃以大司農何熙行車騎將軍，[61]左右羽林五營士，[62]發緣邊七郡黎陽營兵合二萬人擊之。[63]匈奴降，鮮卑、烏丸各還塞外。是後，烏丸稍復親附，拜其大人戎末廆爲都尉。[64]至順帝時，戎末廆率將王侯咄歸、去延等從烏丸校尉耿曄出塞擊鮮卑有功，還皆拜爲率衆王，賜束帛。

[1] 蠻夷猾夏：語見《尚書·堯典》。孔傳："猾，亂也。"

[2] 玁（xiǎn）狁（yǔn）孔熾：語見《詩·小雅·六月》。玁狁，西周時北方之少數民族。孔熾，很盛。

[3] 兩越：指南越與東越。南越之地，爲秦之桂林、南海、象郡。秦滅後，南海尉趙佗并有三郡，自立爲南越王，都番禺（今廣東廣州市）。漢高帝十一年（前196），因立趙佗爲南越王，服屬於漢。漢武帝時南越相呂嘉反，殺王及漢使。漢武帝遂遣路博德、楊僕等領兵征討，於元鼎六年（前111）平息，以其地爲儋耳、珠崖、南海、蒼梧等九郡。（見《史記》卷一一三《南越列傳》）東越之地，爲秦之閩中郡。楚漢相爭中，閩越之無諸率越衆佐漢。漢高帝五年，立無諸爲閩越王，都東冶（今福建福州市）。漢武帝時，閩越王郢擅自擊南越，其弟餘善殺郢，漢因立餘善爲東越王。後餘善刻"武帝"璽自立。漢武帝遣韓說、楊僕、王溫等征討。越繇王居股等殺餘善降。漢封繇王居股爲東成侯，東越亡。（見《史記》卷一一四《東越列傳》） 朝鮮：秦漢時之朝鮮，包括今朝鮮北部和鴨綠江以西北的地區，都城王險城（今平壤）。秦時，朝鮮爲遼東郡外徼。漢初，屬燕國。燕王盧綰反，入匈奴，燕人衛滿遂入朝

鮮稱王，後仍爲漢之外臣。漢武帝元封二年（前109），朝鮮王右渠反。武帝遣楊僕、荀彘等征討。元封三年夏，朝鮮尼谿相參殺右渠降，朝鮮平，漢於其地設置真番、臨屯、樂浪、玄菟等四郡。（見《史記》卷一一五《朝鮮列傳》）

[4] 貳師：大宛城名。在今吉爾吉斯斯坦南部馬爾哈馬特。大宛：古西域國名。都城在貴山城（在今吉爾吉斯斯坦安集延西北卡散賽地）。漢武帝得知大宛之貳師城産善馬，欲得之，使壯士車令等持千金及金馬至大宛求善馬，大宛不與，並截殺漢使掠取財物。武帝大怒，於太初元年（前104）以李廣利爲貳師將軍討伐大宛，但因路遠乏食，中途而返。太初三年，武帝又大發兵，仍令貳師將軍征討。貳師圍大宛城，宛貴人殺其王請降，獻善馬。李廣利等得勝而歸。（見《史記》卷一二三《大宛列傳》）

[5] 邛莋夜郎：皆秦漢時西南地區之少數民族。邛，即邛都，在今四川西昌市一帶。莋，又作"莋""筰"，即筰都或筰都，在今四川漢源縣一帶。夜郎，在今貴州西部、北部，雲南東北，四川南部部分地區。漢武帝先後派唐蒙、司馬相如等通西南夷，修治道路，設置郡縣，終於元鼎六年在夜郎置牂柯郡，在邛都置越嶲郡，在筰都置沈黎郡等。（見《史記》卷一二六《西南夷列傳》）

[6] 荒服：《尚書·禹貢》以王畿以外五百里爲一服，共五服，荒服爲最邊遠之服。

[7] 衛霍：指衛青、霍去病。皆漢武帝時征伐匈奴之名將，事見《史記》卷一一一《衛將軍驃騎列傳》或《漢書》卷五五《衛青霍去病傳》。

[8] 單（chán）于：匈奴稱君長爲單于。

[9] 建安：漢獻帝劉協年號（196—220）。

[10] 右賢王：《後漢書》卷八九《南匈奴列傳》謂南單于內附後，"其大臣，貴者左賢王，次左谷蠡王，次右賢王，次右谷蠡王，謂之四角"。此右賢王名去卑。見本書卷一《武帝紀》建安二十一年。

[11] 漠南：各本皆作"漢南"。殿本《考證》陳浩云："按'漢南'疑當作'漠南'。蓋就彼言之，漠以南也。"校點本即從此説改。今從之。

[12] 三郡：指遼西、上谷、右北平三郡。具體詳後。

[13] 蹋頓：遼西烏丸首領。詳後。

[14] 冒（mò）頓（dú）：秦漢時之匈奴單于。秦末，冒頓射殺其父曼頭自立爲單于後，東破滅東胡，西擊走月氏，南并樓煩、白羊河南王；有控弦之士三十餘萬，勢力甚强。（見《史記》卷一一〇《匈奴列傳》）

[15] 雄：殿本、盧弼《集解》本作"控"，百衲本、校點本作"雄"。今從百衲本等。

[16] 雲中：郡名。治所雲中縣，在今内蒙古托克托縣東北。　五原：郡名。治所九原縣，在今内蒙古包頭市西北。　遼水：即今内蒙古、遼寧之遼河。

[17] 幽：州名。刺史治所薊縣，在今北京城西南。　并：州名。刺史治所晉陽縣，在今山西太原市西南古城營西古城。

[18] 馬城：縣名。西漢置縣，治所在今河北懷安縣西，東漢末廢。

[19] 畢軌：魏明帝時曾爲并州刺史。事見本書卷九《曹真附爽傳》裴注引《魏略》。　陘北：地區名。指陘嶺以北地區。陘嶺又名西陘山、句注山、雁門山，在今山西代縣西北。

[20] 青龍：魏明帝曹叡年號（233—237）。

[21] 王雄：魏文帝時曾爲涿郡太守，魏明帝時又爲幽州刺史。見本書卷二四《崔林傳》及裴注引《魏名臣奏》。

[22] 東胡：戰國秦漢初之少數民族名。因居于匈奴之東，故名東胡。戰國時南鄰燕國，後爲燕所破，遷於今西遼河上游一帶。秦末强盛，後爲匈奴冒頓單于擊敗，餘衆退居烏桓（丸）山和鮮卑山，分別稱烏桓（丸）、鮮卑。後世始泛稱東北少數民族爲東胡。

[23] 烏丸：又作"烏桓"。丁謙云："烏桓，因山得名。烏桓

者，烏蘭之轉音也。蒙古語紅曰烏蘭，故傳中又稱爲赤山。考《游牧記》，阿魯科爾沁旗北至烏蘭峰，與烏珠穆秦旗接界；又云西北有烏遼山，即烏丸山。知烏桓、烏蘭、烏遼、烏丸名雖小異實即一山。"（丁謙《〈後漢書·南匈奴傳〉地理考證》）又有學者認爲，戰國時已有烏丸之名，烏丸不是因山得名，而是以族名轉爲山名（見黃烈《中國古代民族史研究》，人民出版社 1987 年版）。還有學者認爲，烏丸是蒙古語"聰明"的譯音，是最初部落酋長之名，後因以爲族名。（參見白鳥庫吉《東胡民族考》）

[24] 烏丸山：在今内蒙古阿魯科爾沁旗北，即大興安嶺山脈南端。

[25] 穹（qióng）廬：氈帳。《漢書》卷九四上《匈奴傳上》："匈奴父子同穹廬卧。"顏師古注："穹廬，旃帳也。其形穹隆，故曰穹廬。"

[26] 毛毳（cuì）：獸之毛皮。

[27] 族類：指氏族。從這一段所述推知，烏丸尚存原始母系氏族社會之習俗。

[28] 大人：部之首領。烏丸之政治組織，最大者爲部，部之下爲邑落。邑落又由若干落組成。落即帳落，亦即帳户。（參見馬長壽《烏丸與鮮卑》，上海人民出版社 1962 年版；白翠琴《魏晉南北朝民族史》，四川民族出版社 1996 年版）

[29] 髡頭：殿本、盧弼《集解》本作"秃頭"，百衲本、校點本作"髡頭"。今從百衲本等。髡頭，剃去頭髮。

[30] 句决：烏丸婦女之首飾。

[31] 步摇：漢族婦女之首飾。《釋名疏證·釋首飾》："步摇，上有垂珠，步則摇動也。"

[32] 報：各本皆作"執"，殿本《考證》、梁章鉅《旁證》、盧弼《集解》皆謂《後漢書·烏桓傳》作"報"。諸家雖未明言當改，而皆以《後漢書》爲是。今從諸家意改之。下同。《詩·邶風·雄雉》序孔穎達疏引服虔曰："淫親屬之妻曰報。漢律：淫季

父之妻曰報。"

　　[33] 時以四節：殿本《考證》謂《後漢書》作"以別四節"。

　　[34] 青穄（jì）：作物名。與黍相似而不黏。又稱糜子。

　　[35] 麴蘖：酒麴。釀酒之發酵劑。

　　[36] 氀毼（hé）：用動物毛織的布。

　　[37] 屬累：託付。

　　[38] 赤山：丁謙謂即烏丸山。有學者則謂此赤山似應爲烏丸祖先之根據地，故稱在"遼東西北數千里"。其後之赤山，即"漁陽赤山"，是烏丸南遷後的根據地，即今内蒙古赤峰市之赤山。也許是烏丸南遷後，於南遷地別立一赤山以爲紀念。（參見白翠琴《魏晋南北朝民族史》）

　　[39] 遼東：郡名。治所襄平縣，在今遼寧遼陽市。

　　[40] 誦：校點本作"頌"，百衲本、殿本、盧弼《集解》本作"誦"。今從百衲本等。

　　[41] 丁令：古部族名。又作"丁零""丁靈"。分佈於今貝加爾湖以南一帶，西漢初服屬於匈奴。

　　[42] 烏孫：古西域國名。漢代，分佈於今天山北麓伊犁河上游、伊塞克湖畔及納倫河流域一帶。都城赤谷城，在今新疆阿克蘇河上源，今吉爾吉斯斯坦境内伊什提克一帶。

　　[43] 壹衍鞮：《漢書·匈奴傳上》作"壺衍鞮"。漢昭帝始元二年（前85）立爲單于，至漢宣帝地節二年（前68）卒，在位十八年。

　　[44] 報冒頓所破之恥：《後漢書》卷九〇《烏桓傳》云："烏桓自爲冒頓所破，衆遂孤弱，常臣伏匈奴，歲輸牛馬羊皮，過時不具，輒没其妻子。"

　　[45] 大將軍：官名。西漢時，領尚書事，執掌朝政，爲中朝官最高領袖，優寵，權力常在外朝首領丞相之上。

　　[46] 度遼將軍：官名。西漢昭帝元鳳三年（前78）置，即以范明友爲之。因所領軍隊須渡遼水，故以"度遼"爲官號。"度"

通"渡"。

[47] 進擊烏丸：《漢書·匈奴傳上》謂當時烏桓數犯塞，大將軍霍光謂范明友曰："兵不空出，即後匈奴，遂擊烏桓。"

[48] 與匈奴爲寇：其事詳見《後漢書·烏桓傳》。

[49] 伏波將軍：官名。東漢爲雜號將軍，主征伐。

[50] 五原關：《後漢書·烏桓傳》作"五阮關"，李賢注："關在代郡。"丁謙云："漢代郡在今宣化府西南，則是關當設於懷安北境。"（丁謙《〈後漢書·烏桓傳〉地理考證》）懷安，即今河北懷安縣。

[51] 建武：漢光武帝年號（25—56）。

[52] 郝旦：百衲本、殿本、盧弼《集解》本作"郝旦"。殿本《考證》謂北宋本、《後漢書》作"郝旦"；校點本亦作"郝旦"。今從之。 九千餘人：盧弼《集解》云："范書作'郝旦等九百二十二人'，此作'九千餘人'誤，觀下文有'率衆'之語自明。"

[53] 遼東屬國：漢王朝在少數民族歸附之邊郡地區置屬國，設都尉管理民政、軍事。遼東屬國治所昌黎縣，在今遼寧義縣。 遼西：郡名。東漢時治所陽樂縣，在今遼寧義縣西偏南古城子溝。 右北平：郡名。治所土垠縣，在今河北豐潤縣東南。 漁陽：郡名。治所漁陽縣，在今北京密雲縣西南。 廣陽：郡名。治所薊縣，在今北京城西南。 上谷：郡名。治所沮陽縣，在今河北懷來縣東南。 代郡：東漢治所高柳縣，在今山西陽高縣西北。 鴈門：郡名。東漢時治所陰館縣，在今山西朔州市東南夏關城。 太原：郡名。治所晉陽縣，在今山西太原市西南古城營西古城。 朔方：郡名。治所臨戎縣，在今内蒙古磴口縣北之黄河東岸。

[54] 校尉：指護烏丸校尉。秩比二千石，屯上谷廣寧縣（今河北張家口市），常將烏丸等部與度遼將軍等共戍衛邊塞。

[55] 偵備：《後漢書·烏桓傳》作"偵候"。

[56] 擊：《後漢書·烏桓傳》作"助擊"。

［57］永平：漢明帝劉莊年號（58—75）。

［58］欽志賁：《後漢書》卷九〇《鮮卑傳》作"歆志賁"。

［59］祭肜：百衲本、殿本"肜"字作"肜"，盧弼《集解》本、校點本作"肜"，《後漢書》卷二〇《祭遵傳》亦作"肜"。今從《集解》本等。下文《魏書》叙鮮卑同此。

［60］涿郡：治所涿縣，在今河北涿州市。

［61］大司農：官名。東漢時，秩中二千石，掌全國租賦收入和國家財政開支。　行：官缺未補，暫由他官攝行其事，稱爲行。

車騎將軍：官名。東漢時位比三公，常以貴戚充任。出掌征伐，入參朝政，漢靈帝時常作贈官。

［62］左右羽林：皇帝之禁衛軍，由羽林中郎將統領。　五營：指東漢宿衛京師的五校尉營，即屯騎校尉、越騎校尉、步兵校尉、長水校尉、射聲校尉等五營。

［63］七郡：《後漢書》卷四七《梁慬傳》載此事作"十郡"。李賢注云："緣邊十郡謂五原、雲中、定襄、雁門、朔方、代郡、上谷、漁陽、遼西、右北平。"　黎陽：縣名。治所在今河南浚縣東北。漢光武帝統一天下後，於黎陽立營屯兵，以謁者監之。故東漢一代，黎陽乃重兵之地。

［64］戎末廆（wěi）爲都尉：《後漢書·烏桓傳》作"戎朱廆爲親漢都尉"。

　　漢末，遼西烏丸大人丘力居，衆五千餘落，上谷烏丸大人難樓，衆九千餘落，各稱王，[1]而遼東屬國烏丸大人蘇僕延，衆千餘落，自稱峭王，右北平烏丸大人烏延，衆八百餘落，自稱汗魯王，皆有計策勇健。中山太守張純叛入丘力居衆中，[2]自號彌天安定王，爲三郡烏丸元帥，[3]寇略青、徐、幽、冀四州，[4]殺略吏民。靈帝末，以劉虞爲幽州牧，[5]募胡斬純首，北州乃定。後丘力居死，[6]子樓班年小，從子蹋頓有武略，代立，總攝三王部，衆皆從其教令。袁紹與公孫瓚連戰不決，蹋頓遣使詣紹求和親，助紹擊瓚，破之。紹矯制賜蹋頓、（難）峭王、汗魯王印綬，[7]皆以爲單于。〔一〕

〔一〕《英雄記》曰：紹遣使即拜烏丸三王爲單于，皆安車、華蓋、羽旄、黃屋、左纛。[8]版文曰："使持節大將軍督幽、青、并領冀州牧（阮）〔郱〕鄉侯紹，[9]承制詔遼東屬國率衆王頌下、烏丸遼西率衆王蹋頓、右北平率衆王汗盧：[10]維乃祖慕義遷善，款塞內附，北捍獫狁，東拒濊貊，[11]世守北陲，爲百姓保障，雖時侵犯王略，命將徂征厥罪，率不旋時，悔惡變改，方之外夷，最又聰慧者也。[12]始有千夫長、百夫長以相統領，[13]用能悉乃心，克有勳力於國家，稍受王侯之命。自我王室多故，公孫瓚作難，殘夷厥土之君，[14]以侮天慢主，是以四海之內，[15]並執干戈以衛社稷。三王奮氣裔土，[16]忿姦憂國，控弦與漢兵爲表裏，誠甚忠孝，朝所嘉焉。然而虎兕長蛇，相隨塞路，王官爵命，否而無聞。夫有勳不賞，俾勤者怠。今遣行謁者楊林，[17]齎單于璽綬車服，以對爾勞。其各綏靜部落，教以謹愼，無使作凶作慝。[18]世復爾祀位，長爲百蠻長。厥有咎有不臧者，泯於爾祿，而喪於乃庸，可不勉乎！烏桓單于都護部衆，左右單于受其節度，他如故事。"

[1] 各稱王：趙幼文《校箋》謂《册府元龜》卷一〇〇〇引"各"字作"皆"。按，宋本《册府元龜》作"皆自稱王"，與"各稱王"義同。

[2] 中山：郡名。治所盧奴縣，在今河北定州市。張純之叛，《後漢書》卷九〇《烏桓傳》謂在中平四年（187）。

[3] 元帥：趙幼文《校箋》謂郝經《續後漢書》無"元"字。

按，《後漢書》亦無"元"字。

〔4〕青：州名。刺史治所臨淄縣，在今山東淄博市東北臨淄區。　徐：州名。東漢時刺史治所郯縣，在今山東郯城縣。　冀：州名。東漢時刺史治所高邑縣，在今河北柏鄉縣北；東漢末又移至鄴縣，在今河北臨漳縣西南鄴鎮東一里半。

〔5〕劉虞：劉虞之爲幽州牧及斬張純事，見本書卷八《公孫瓚傳》。

〔6〕丘力居死：《後漢書·烏丸傳》謂在漢獻帝初平中。

〔7〕峭王：各本"峭王"上皆有"難"字。沈家本《瑣言》據下裴注引《英雄記》，謂烏丸三王即蹋頓、汗魯、峭。"難"字似爲衍文。校點本即從沈說刪"難"字，今從之。

〔8〕安車：以一馬拉之可以坐乘的小車。古代乘車爲立乘，此爲坐乘，故稱安車。多爲尊者、老者使用。　華蓋：帝王或達官貴人車上的傘蓋。　羽旄：百衲本作"羽覆"，殿本、盧弼《集解》本、校點本作"羽旄"。今從殿本等。羽旄，古代用鳥羽或犛牛尾爲旗飾，稱爲羽旄。　黃屋：帝王車蓋，以黃繒爲蓋裏，故名。　左纛（dào）：帝王車輿的裝飾物，用犛牛尾或雉尾製成，設在車衡的左邊，故稱左纛。

〔9〕使持節：漢末三國，皇帝授予出征或出鎮的軍事長官的一種權力。至晉代，此種權力明確爲可誅殺二千石以下官員。若皇帝派遣大臣執行出巡或祭吊等事務時，加使持節，則表示權力和尊崇。　邟鄉侯：各本皆作"阮鄉侯"。本書卷六《袁紹傳》及《後漢書》卷七四上《袁紹傳》皆謂袁紹封"邟鄉侯"，盧弼《集解》亦謂此作"阮"誤。趙幼文《校箋》亦謂郝經《續後漢書》作"邟"。今據以改之。

〔10〕率衆王：《續漢書·百官志》："四夷國王，率衆王，歸義侯，邑君，邑長，皆有丞，比郡、縣。"

〔11〕濊貊：即本傳後面之濊。

〔12〕最又聰慧：盧弼《集解》云："郝經《續後漢書》'又'

作'爲'。弼按'惠'疑作'慧'。"按，殿本、盧弼《集解》本、校點本"慧"字作"惠"，百衲本作"慧"。二字雖可通，今仍從百衲本。

〔13〕千夫長百夫長：由朝廷任命的軍事組織之長，不同於烏丸邑落制。出土文物中，就有"魏烏丸率善仟長""魏烏丸率善佰長""魏烏丸率善邑長"等。（參見白翠琴《魏晉南北朝民族史》及其所引瞿中溶《集古官印考證》）

〔14〕厥土之君：指幽州牧劉虞。

〔15〕四海：百衲本作"四方"，殿本、盧弼《集解》本、校點本作"四海"。今從殿本等。

〔16〕裔土：百衲本"土"字作"士"，今從殿本、盧弼《集解》本、校點本作"土"。

〔17〕謁者：官名。秩比六百石，掌賓禮司儀、上章報問、奉命出使等。

〔18〕慝：盧弼《集解》本作"惡"，百衲本、殿本、校點本作"慝"。今從百衲本等。

後樓班大，峭王率其部衆奉樓班爲單于，蹋頓爲王。然蹋頓多畫計策。廣陽閻柔，少沒烏丸、鮮卑中，爲其種所歸信。[1]柔乃因鮮卑衆，殺烏丸校尉邢舉代之，紹因寵慰以安北邊。[2]後袁尚敗奔蹋頓，憑其勢，復圖冀州。會太祖平河北，柔帥鮮卑、烏丸歸附，遂因以柔爲校尉，猶持漢使節，治廣甯如舊。[3]建安十（一）〔二〕年，[4]太祖自征蹋頓於柳城，[5]潛軍詭道，未至百餘里，虜乃覺。尚與蹋頓將衆逆戰於凡城，[6]兵馬甚盛。太祖登高望虜陣，[7]（柳）〔抑〕軍未進，[8]觀其小動，乃擊破其衆，臨陣斬蹋頓首，死者被野。

速附丸、樓班、烏延等走遼東,[9]遼東悉斬,傳送其首。其餘遺迸皆降。及幽州、并州柔所統烏丸萬餘落,悉徙其族居中國,帥從其侯王大人種衆與征伐。由是三郡烏丸爲天下名騎。〔一〕

〔一〕《魏略》曰:景初元年秋,[10]遣幽州刺史毌丘儉率衆軍討遼東。右北平烏丸單于寇婁敦、遼西烏丸都督率衆王護留(葉)〔等〕,[11]昔隨袁尚奔遼(西)〔東〕,[12]聞儉軍至,率衆五千餘人降。寇婁敦遣弟(阿羅獎)〔阿羅槃〕等詣闕朝貢,[13]封其渠帥三十餘〔人〕爲王〔侯〕,[14]賜輿馬繒采各有差。

[1] 爲其種:盧弼《集解》謂《後漢書》"種"下有"人"字。

[2] 慰:百衲本、殿本、盧弼《集解》本作"尉",校點本作"慰"。盧弼《集解》謂《後漢書》作"慰"。按,古時二字同,今從校點本。

[3] 廣甯:《後漢書》卷九〇《烏桓傳》謂烏桓校尉治"上谷寧城"。謝鐘英《補三國疆域志補注》謂廣寧稱大寧城,寧稱小寧城。《後漢書》之寧城其爲大小均不可知,《三國志·烏丸傳》既云"治廣寧如舊",是《後漢書》寧城係指廣寧而言。按,廣寧縣治所在今河北張家口市。

[4] 十二:各本皆作"十一"。徐紹楨《質疑》云:"據《武紀》在建安十二年,《後漢書·烏丸傳》亦作'十二年',此傳當是傳寫之誤,郝書亦與《後漢書》同也。"今從徐說改。

[5] 柳城:舊縣名。西漢時爲縣,屬遼西郡。東漢省。舊治所在今遼寧朝陽市西南十二臺營子。(本《〈中國歷史地圖集〉釋文匯編(東北卷)》)

[6] 凡城:地名。在今河北平泉縣南。

[7] 陣：校點本作"陳"，百衲本、殿本、盧弼《集解》本皆作"陣"。二字雖通，今仍從百衲本等。下同。

[8] 抑：各本皆作"柳"。殿本《考證》云："'柳'疑作'抑'。"校點本即從《考證》改。今從之。

[9] 速附丸：本書卷一《武帝紀》作"速僕丸"。

[10] 景初：魏明帝曹叡年號（237—239）。

[11] 護留等：各本皆作"護留葉"，本書卷二八《毌丘儉傳》作"護留等"。趙幼文《校箋》謂《册府元龜》卷九八三引"葉"字作"等"，郝經《續後漢書》同，是，當據改。今從趙説改。

[12] 遼東：各本皆作"遼西"。而本書卷六《袁紹傳》、卷一《武帝紀》均謂袁尚最後敗奔遼東，卷二八《毌丘儉傳》還謂寇婁敦、護留等昔隨袁尚奔遼東。故此"遼西"應爲"遼東"。

[13] 阿羅槃：各本皆作"阿羅獎"。盧弼《集解》謂本書《毌丘儉傳》作"阿羅槃"。校點本即據《毌丘儉傳》改爲"阿羅槃"，今從之。

[14] 三十餘人爲王侯：各本無"人""侯"二字。盧弼《集解》云："'餘'下應有'人'字。"趙幼文《校箋》云："《毌丘儉傳》作'封其渠率二十餘人爲侯王'，《册府》引同，此'餘'下脱'人'字，'王'上脱'侯'字，應據增。"按，宋本《册府元龜》卷九八三引作"三十餘人爲王侯"，今據改。

鮮卑[一]步度根既立，衆稍衰弱，中兄扶羅韓亦別擁衆數萬爲大人。[1]建安中，太祖定幽州，步度根與軻比能等因烏丸校尉閻柔上貢獻。後代郡烏丸能臣氏等叛，求屬扶羅韓，扶羅韓將萬餘騎迎之。到桑乾，[2]氐等議，以爲扶羅韓部威禁寬緩，恐不見濟，更遣人呼軻比能。比能即將萬餘騎到，當共盟誓。比能便於會上殺扶羅韓，扶羅韓子泄歸泥及部衆悉屬比能。比能自以殺歸泥父，特又善遇之。[3]步度根由是怨比能。文帝踐阼，田豫爲烏丸校尉，持節并護鮮卑，[4]屯昌平。[5]步度根遣使獻馬，帝拜爲王。後數與軻比能更相攻擊，步度根部衆稍寡弱，將其衆萬餘落保太原、鴈門郡。步度根乃使人招呼泄歸泥曰："汝父爲比能所殺，不念報仇，反屬怨家。今雖厚待汝，是欲殺汝計也。不如還我，我與汝是骨肉至親，豈與仇等？"[6]由是歸泥將其部落逃歸步度根，比能追之弗及。至黃初五年，[7]步度根詣闕貢獻，厚加賞賜。是後一心守邊，不爲寇害，而軻比能衆遂彊盛。明帝即位，務欲綏和戎狄，以息征伐，羈縻兩部而已。至青龍元年，比能誘步度根深結和親，於是步度根將泄歸泥及部衆悉保比能，[8]寇鈔并州，殺略吏民。帝遣驍騎將軍秦朗征之，[9]歸泥叛比能，將其部衆降，拜歸義王，賜幢麾、曲蓋、鼓吹，[10]居并州如故。步度根爲比能所殺。

〔一〕《魏書》曰：鮮卑亦東胡之餘也，別保鮮卑山，[11]因號焉。其言語習俗與烏丸同。其地東接遼水，西當西城，[12]常以季春大會，作樂水上，[13]嫁女娶婦，[14]髡頭飲宴。其獸異於中國者，野馬、羱羊、端牛。[15]端牛角爲弓，世謂之角端者也。又有貂、豽、鼵子，[16]皮毛柔蠕，[17]故天下以爲名裘。鮮卑自爲冒頓所破，遠竄遼東塞外，不與餘國爭衡，未有名通於漢，而（由）自與烏丸相接。[18]至光武時，南北單于更相攻伐，[19]匈奴損耗，而鮮卑遂盛。建武三十年，鮮卑大人於仇賁率種人詣闕朝貢，封於仇賁爲王。永平中，祭肜爲遼東太守，誘賂鮮卑，使斬叛烏丸欽志賁等首，[20]於是鮮卑自燉煌、酒泉以東邑落大人，[21]皆詣遼東受賞賜，青、徐二州給錢，歲二億七千萬以爲常。和帝時，鮮卑大都護校尉廆帥部衆從烏丸校尉任尚擊叛者，[22]封校尉廆爲率衆王。殤帝延平中，[23]鮮卑乃東入塞，殺漁陽太守張顯。安帝時，鮮卑大人燕荔陽入朝，漢賜鮮卑王印綬，赤車參駕，[24]止烏丸校尉所治甯下。[25]通胡市，築南北兩部質宮，[26]受邑落質者〔百〕二十部。[27]是後或反或降，或與匈奴、烏丸相攻擊。安帝末，發緣邊步騎二萬餘人，屯列衝要。後鮮卑八九千騎穿代郡及馬城塞入害長吏，漢遣度遼將軍鄧遵、中郎將馬續出塞追破之。[28]鮮卑大人烏倫、其至鞬等七千餘人詣遵降，[29]封烏倫爲王，其至鞬爲侯，賜采帛。遵去後，其至鞬復反，[30]圍烏丸校尉於馬城，[31]度遼將軍耿夔及幽州刺史救解之。[32]其至鞬遂盛，控弦數萬騎，數道入塞，趣五原（寧貊）〔曼柏〕，[33]攻匈奴南單于，殺左奧鞬日逐王。順帝時，復入塞，殺代郡太守。[34]漢遣黎陽營兵屯中山，緣邊郡兵屯塞下，調五營弩帥令教戰射，南單于將步騎萬餘人助漢擊卻之。後烏丸校尉耿曄將率王出塞擊鮮卑，多斬首虜，於是鮮卑三萬餘落，詣遼東降。匈奴及北單于遁逃後，餘種十餘萬落，詣遼東雜處，皆自號鮮卑兵。投鹿侯從匈奴軍三年，其妻在家，有子。[35]投鹿侯歸，怪欲殺之。妻言："嘗晝行聞雷震，仰天視而雹入其口，[36]因吞之，遂姙身，十月而產，此子必有奇異，且長之。"投鹿侯固不信。[37]妻乃語家，令收養焉，號檀石槐，長大勇健，智略絕衆。年十四五，異部大人卜賁邑鈔取其外家牛羊，檀石槐策騎追擊，所向無前，悉還得所亡。由是部落畏服，施法禁，〔平〕曲直，[38]莫敢犯者，遂推以爲大人。檀石槐既立，乃爲庭於高柳北三百餘里彈汗山歠仇水上，[39]東西部大人皆歸焉。兵馬甚盛，南鈔漢邊，北拒丁令，東卻夫餘，[40]西擊烏孫，盡據匈奴故地，東西萬二千餘里，[41]南北七千餘里，罔羅山川、水澤、鹽池甚廣。漢患之。桓帝時使匈奴中郎將張奐征之，[42]不克。乃更遣使者齎印綬，即封檀石槐爲王，欲與和親。檀石槐拒不肯受，寇鈔滋甚。乃分其地爲中東西三部。從右北平以東至遼，東接夫餘、〔濊〕貊爲東部，[43]二十餘邑，其大人曰彌加、闕機、素利、槐頭。從右北平以西至上谷爲中部，十餘邑，其大人曰柯最、闕居、慕容等，[44]爲大帥。從上谷以西至燉煌，西接烏孫爲西部，二十餘邑，其大人曰置鞬落羅、日律推演、宴荔游等，[45]皆爲大帥，而制屬檀石槐。至靈帝時，大鈔略幽、并二州。緣邊諸郡，無歲不被其毒。（嘉）〔熹〕平六年，[46]遣護烏丸校尉夏育，破鮮卑中郎將田晏，[47]匈奴中郎將臧旻與南單于出鴈門塞，三道並進，徑二千餘里征之。檀石槐帥部衆逆擊，旻等敗走，兵馬還者什一而已。鮮卑衆日多，田畜射獵，不足給食。後檀石槐乃案行烏侯秦水，[48]廣袤數百里，渟不流，[49]中有魚而不能得。聞汗人善捕魚，[50]於是檀石槐東擊汗國，得千餘家，徙置烏侯秦水上，使捕魚以助糧。至于今，烏侯秦水上有汗人數百戶。檀石槐年四十五死，[51]子和連代立。和連材力不及父，而貪淫，斷法不平，衆叛者半。靈帝末年數爲寇鈔，攻北地，[52]北地（庶）〔廉〕人善弩射者射中和連，[53]和連即死。其子騫曼小，兄子魁頭代立。魁頭既立後，騫曼長大，與魁頭爭國，衆遂離散。魁頭死，弟步度根代立。自檀石槐死後，諸大人遂世相襲也。

[1] 擁衆數萬：趙幼文《校箋》謂《册府元龜》卷一〇〇〇引無"數"字，"萬"下有"人"字。

[2] 桑乾：縣名。治所在今河北蔚縣東北。

[3] 特又：趙幼文《校箋》謂《册府元龜》卷一〇〇〇引無"又"字，郝經《續後漢書》同。按，宋本《册府元龜》有"又"字。

[4] 持節：漢朝官吏奉使外出時，由皇帝授予節杖，以提高其威權。漢末三國，則爲皇帝授予出征或出鎮的軍事長官的一種權力。至晉代，此種權力明確爲可殺無官位人，若軍事，可殺二千石

以下官員。如皇帝派遣大臣執行出巡或祭吊等事務時,加持節,則表示權力和尊崇。

〔5〕昌平:縣名。治所在今北京昌平區東南。

〔6〕仇等:趙幼文《校箋》謂《册府元龜》卷一〇〇〇引"仇"字作"他"。

〔7〕黄初:魏文帝曹丕年號(220—226)。

〔8〕保:依附。《字彙·人部》:"保,依也。"

〔9〕驍騎將軍:官名。東漢爲雜號將軍,統兵出征,事訖即罷。魏置爲中軍將領,有營兵,遂常設,以功高者任之。第四品。

〔10〕幢麾:旗幟儀仗等。 曲蓋:儀仗用的曲柄傘。 鼓吹:軍樂。古代出師勝利,建立軍功,則鼓吹凱旋。而"魏、晋世給鼓吹甚輕,牙門、督將、五校,悉有鼓吹"。(本《宋書·樂志一》)

〔11〕鮮卑山:此指東部鮮卑起源地鮮卑山,即遼東塞外之鮮卑山,亦即今内蒙古科爾沁右翼中旗西哈勒古河附近之大罕山。此山與其西南的阿魯科爾沁旗北之烏丸山遥相對應。至於北部鮮卑(即拓跋鮮卑),則起源於大鮮卑山,即今内蒙古鄂倫春自治旗阿里河鎮西北之大興安嶺北段。

〔12〕西城:未詳。殿本《考證》云:"元本'西城'作'西域'。"

〔13〕作樂水上:《後漢書》卷九〇《鮮卑傳》此句與上句作"以季春月大會於饒樂水上"。潘眉《考證》疑此有訛脱。若爲饒樂水,則爲水名,即今内蒙古之西拉木倫河。

〔14〕娶:百衲本作"取",殿本、盧弼《集解》本、校點本作"娶"。按,二字可通,今從殿本等。

〔15〕羱(yuán)羊:産於我國西部和北部的一種野生羊,兩角大。《爾雅·釋獸》:"羱如羊。"郭璞注:"羱羊似吴羊而大角,角橢,出西方。" 端牛:《後漢書·鮮卑傳》作"角端牛",是鮮卑地區的一種異獸,形狀似牛,角在鼻上。李賢注引《前書音義》:"角端似牛,角可爲弓。"

[16] 貀（nà）：猴類動物。《後漢書·鮮卑傳》李賢注："貀，猴屬也。" 鼲（hún）子：灰鼠。其毛皮柔軟，可製衣裘。

[17] 柔蠕：盧弼《集解》謂《後漢書·鮮卑傳》"蠕"字作"頓"。趙幼文《校箋》謂"頓"當爲"輭"字之訛。《藝文類聚》卷九六（當作九五）引作"軟"，"軟"爲"輭"之俗體。

[18] 自：百衲本、殿本"自"上有"由"字，盧弼《集解》本又作"猶"字。殿本《考證》云："'由'字宜衍。"校點本即從《考證》删"由"字。今從之。

[19] 南北單于：指南、北匈奴之單于。

[20] 欽志賁：《後漢書·鮮卑傳》作"歆志賁"。

[21] 燉煌：郡名。治所敦煌縣，在今甘肅敦煌市西。 酒泉：郡名。治所福禄縣，在今甘肅酒泉市。

[22] 大都護：當爲鮮卑首領之稱號。 任尚：百衲本、殿本作"任常"，盧弼《集解》本作"任賞"，校點本作"任尚"。按，《後漢書》卷四《和帝紀》謂永元六年"冬十一月，護烏桓校尉任尚率烏桓、鮮卑，大破逢侯"，卷八九《南匈奴傳》亦載"烏桓校尉任尚將烏桓、鮮卑"討逢侯之事。作"任尚"爲是，今從校點本。

[23] 延平：漢殤帝劉隆年號（106）。

[24] 赤車參駕：胡三省云："赤車者，帷裳衡軛皆赤。參駕者，駕三馬。"（《通鑑》卷四九漢安帝永初元年注）

[25] 甯：《後漢書·鮮卑傳》作"寧城"，亦即廣寧。見前注。

[26] 質宫：《後漢書·鮮卑傳》作"質館"。李賢注："築館以受降質。"

[27] 百二十部：各本皆作"二十部"。《後漢書·鮮卑傳》作"百二十部"。校點本即據《後漢書》補"百"字，今從之。

[28] 中郎將：官名。東漢統兵將領之一，位次將軍，秩比二千石。

[29] 詣遵降：《後漢書·鮮卑傳》謂烏倫、其至鞬等詣鄧遵降在漢安帝永寧元年（120）。

[30] 其至鞬復反：《後漢書·鮮卑傳》謂此事在漢安帝建光元年（121）。

[31] 烏丸校尉：《後漢書·鮮卑傳》謂烏丸校尉徐常。

[32] 幽州刺史：《後漢書·鮮卑傳》謂幽州刺史龐參。

[33] 曼柏：各本皆作"寧貊"，《後漢書·鮮卑傳》作"曼柏"。校點本即據《後漢書》改，今從之。曼柏，縣名。治所在今内蒙古達拉特旗東南。

[34] 代郡太守：《後漢書·鮮卑傳》謂代郡太守李超。

[35] 有子：《後漢書·鮮卑傳》作"生子"。

[36] 雹：校點本作"雹"，百衲本、殿本、盧弼《集解》本均作"雹"，《後漢書·鮮卑傳》亦作"雹"。今從百衲本等。

[37] 固不信：《後漢書·鮮卑傳》作"不聽遂棄之"。

[38] 平曲直："曲直"上各本皆無"平"字，《後漢書·鮮卑傳》有。校點本即據《後漢書》增"平"字，今從之。

[39] 高柳：西漢縣名。治所在今山西高陽縣西北。東漢廢。

彈汗山：在今内蒙古興和縣東北、河北尚義縣東南。　啜（chuò）仇水：即今内蒙古興和縣與河北懷安縣境之東洋河。

[40] 夫餘：盧弼《集解》本作"扶餘"，百衲本、殿本、校點本作"夫餘"。今從百衲本等。

[41] 二千：《後漢書·鮮卑傳》作"四千"。

[42] 匈奴中郎將：官名。本稱護匈奴中郎將，或稱使匈奴中郎將，東漢置，秩比二千石。監護南匈奴單于，參預司法事務，並助南匈奴防禦北匈奴的侵擾。

[43] 東：百衲本、殿本作"遼"，盧弼《集解》本作"東"，《後漢書·鮮卑傳》亦作"東"。校點本即據《後漢書》改"遼"爲"東"。今從《集解》本，不煩改"遼"。　濊貊：各本皆無"濊"字，《後漢書·鮮卑傳》有。校點本據以增之，今從。

［44］等：殿本誤作"寺"。

［45］日律推演：百衲本"日"字作"曰"，殿本、盧弼《集解》本、校點本作"日"。今從殿本等。

［46］熹平：各本皆作"嘉平"，《後漢書·鮮卑傳》作"熹平"。校點本即據《後漢書》改，今從之。熹平，漢靈帝劉宏年號（172—178）。

［47］破鮮卑中郎將：官名。蓋臨時所置領兵征討鮮卑之將領。

［48］烏侯秦水：即今内蒙古老哈河。

［49］淳：校點本1982年7月第2版誤作"湻"。趙幼文《校箋》謂《册府元龜》卷一〇〇〇引"淳"上有"水"字，《後漢書》同。當據補。

［50］汗人：《後漢書·鮮卑傳》作"倭人"。惠棟《後漢書補注》謂"汗"當作"汙"，與"倭"同音。丁謙《〈後漢書·烏桓鮮卑傳〉地理考證》則謂汗人國指南朝鮮南境馬韓、辰韓、弁韓等部，《後漢書》改爲"倭人"，謬甚。倭，今日本，遠隔重洋，檀石槐雖强，非所能至，安能伐之？馬長壽《烏桓與鮮卑》又謂倭人當即今日之"倭奴"，古代東北海岸曾有此族。

［51］年四十五死：《後漢書·鮮卑傳》謂檀石槐死於漢靈帝光和（178—184）中。

［52］北地：郡名。東漢屬涼州，治所富平縣，在今寧夏吳忠市西南。漢末，郡徙寓左馮翊境内，寓治所於今陝西富平縣東。（本王先謙《後漢書郡國志集解》）

［53］廉人：各本皆作"庶人"，梁章鉅《旁證》謂《後漢書·鮮卑傳》作"廉人"。李賢注："廉，縣名，屬北地郡。"潘眉《考證》亦謂當從《後漢書》。今從梁、潘之説改爲"廉"。廉縣治所在今寧夏銀川市北。

軻比能本小種鮮卑，[1]以勇健，斷法平端，不貪財物，衆推以爲大人。部落近塞，自袁紹據河北，中國人多亡叛歸之，教作兵器鎧楯，頗學文字。故其勒御部衆，擬則中國，出入弋獵，建立旌麾，[2]以鼓節爲進退。建安中，因閻柔上貢獻。太祖西征關中，[3]田銀反河間，[4]比能將三千餘騎隨柔擊破銀。後代郡烏丸反，比能復助爲寇害，太祖以鄢陵侯彰爲驍騎將軍，[5]北征，大破之。比能走出塞，後復通貢獻。延康初，[6]比能遣使獻馬，文帝亦立比能爲附義王。黃初二年，比能出諸魏人在鮮卑者五百餘家，還居代郡。明年，比能帥部落大人、小子、代郡烏丸修武盧等三千餘騎，驅牛馬七萬餘口交市，遣魏人千餘家居上谷。後與東部鮮卑大人素利及步度根三部爭鬪，更相攻擊。田豫和合，[7]使不得相侵。五年，比能復擊素利，豫帥輕騎徑進掎其後。比能使別小帥瑣奴拒豫，豫進討，破走之，由是懷貳。乃與輔國將軍鮮于輔書曰：[8]"夷狄不識文字，故校尉閻柔保我於天子。我與素利爲讐，往年攻擊之，而田校尉助素利。我臨陣使瑣奴往，聞使君來，即便引軍退。步度根數數鈔盜，又殺我弟，而誣我以鈔盜。我夷狄雖不知禮義，兄弟子孫受天子印綬，牛馬尚知美水草，[9]況我有人心邪！將軍當保明我於天子。"輔得書以聞，[10]帝復使豫招納安慰。比能衆遂彊盛，控弦十餘萬騎。每鈔略得財物，均平分付，一決目前，終無所私，故得衆死力，餘部大人皆敬憚之，然猶未能及檀石槐也。

　　太和二年，[11]豫遣譯夏舍詣比能女壻鬱築鞬部，舍爲䡄所殺。其秋，豫將西部鮮卑蒲頭、泄歸泥出塞討鬱築鞬。大破之。還至馬城，比能自將三萬騎圍豫七日。上谷太守閻志，柔之弟也，素爲鮮卑所信。志往解喻，即解圍去。後幽州刺史王雄并領校尉，[12]撫以恩信。比能數款塞，詣州奉貢獻。至青龍元年，比能誘納步度根，使叛并州，與結和親，自勒萬騎迎其累重於陘北。并州刺史畢軌遣將軍蘇尚、董弼等擊之，比能遣子將騎與尚等會戰於樓煩，[13]臨陣害尚、弼。至三年中，雄遣勇士韓龍刺殺比能，更立其弟。

素利、彌加、厥機皆爲大人，在遼西、右北平、漁陽塞外，道遠初不爲邊患，然其種衆多於比能。建安中，因閻柔上貢獻，通市，太祖皆表寵以爲王。厥機死，又立其子沙末汗爲親漢王。延康初，又各遣使獻馬。文帝立素利、彌加爲歸義王。素利與比能更相攻擊。太和二年，素利死。子小，以弟成律歸爲王，代攝其衆。

[1] 小種鮮卑：所指不詳。趙一清《注補》云："據《晉書》，軻比能之後即契丹也。"但不知更詳之依據。

[2] 旌麾：盧弼《集解》本作"旌旄"，百衲本、殿本、校點本作"旌麾"。今從百衲本等。旌麾，帥旗。

[3] 關中：地區名。指函谷關以內之地。包括今陝西和甘肅、寧夏、內蒙古之部分地區。曹操西征關中，指建安十六年（211）曹操西征關中之馬超、韓遂等。

[4] 河間：郡名。治所樂成縣，在今河北獻縣東南。

[5] 鄢陵侯彰：鄢陵侯曹彰，曹操之子。

[6] 延康：漢獻帝劉協年號（220）。

[7] 和合：趙幼文《校箋》謂《太平御覽》卷八〇一引作"和之"，無"合"字。《通志》"合"下有"之"字。

　　[8] 輔國將軍：官名。魏、晉皆三品。

　　[9] 美水草：趙幼文《校箋》謂《册府元龜》卷九九五引"美"字作"羨"，卷八〇一引亦作"美"。

　　[10] 聞：百衲本、殿本、盧弼《集解》本"聞"下有"帝"字，盧弼謂爲衍文。校點本無"帝"字，今從之。

　　[11] 太和：魏明帝曹叡年號（227—233）。

　　[12] 校尉：指護烏丸校尉。

　　[13] 樓煩：縣名。治所在今山西寧武縣東。此事又見本書卷三《明帝紀》青龍元年。

　　《書》稱"東漸于海，[1]西被于流沙"。[2]其九服之制，[3]可得而言也。然荒域之外，重譯而至，非足跡車軌所及，未有知其國俗殊方者也。自虞暨周，西戎有白環之獻，[4]東夷有肅慎之貢，[5]皆曠世而至，其遐遠也如此。及漢氏遣張騫使西域，[6]窮河源，經歷諸國，遂置都護以總領之，[7]然後西域之事具存，故史官得詳載焉。魏興，西域雖不能盡至，其大國龜兹、于寘、康居、烏孫、疏勒、月氏、鄯善、車師之屬，[8]無歲不奉朝貢，略如漢氏故事。而公孫淵仍父祖三世有遼東，天子爲其絶域，委以海外之事，遂隔斷東夷，不得通於諸夏。景初中，大興師旅，誅淵，又潛軍浮海，收樂浪、帶方之郡，[9]而後海表謐然，東夷屈服。其後高句麗背叛，又遣偏師致討，窮追極遠，踰烏丸骨都，[10]過沃沮，踐肅慎之庭，東臨大海。長老説有異面之人，近日之所出，遂周觀諸國，采其法俗，小大區別，各有名號，可得詳紀。雖夷狄之邦，而俎豆之象存。[11]中國失禮，求之四夷，猶信。故撰次其國，列其同異，以接前史之所未備焉。

［1］書：指《尚書·禹貢》。　漸：流入。《尚書·禹貢》孔傳："漸，入也。"

［2］流沙：指西邊之廣闊沙漠。

［3］九服：《周禮·夏官·職方氏》謂天子所住京都方千里稱王畿，其外每方五百里爲一服，共九服，即侯服、甸服、男服、采服、衛服、蠻服、夷服、鎮服、藩服。

［4］白環：白玉環。《竹書紀年》卷上："六年，西王母之來朝，獻白環玉玦。"

［5］肅慎：東北古部族名。周代稱肅慎，漢魏稱挹婁。分佈於今牡丹江、東流松花江及黑龍江下游流域。《國語·魯語下》：仲尼曰："昔武王克商，通道於九夷百蠻，使各以其方賄來貢，使無忘職業。於是肅慎氏貢楛矢、石砮。"

［6］張騫：漢武帝時官大行，封博望。兩次奉命出使西域，打通了西域通道，加強了中原和西域之聯繫。其事詳見《史記》卷一二三《大宛列傳》、《漢書》卷六一《張騫傳》。

［7］都護：官名。指西域都護，亦稱都護西域、使西域都護。西漢始置，主管西域地區之軍政事務。

［8］龜（qiū）茲（cí）：西域國名。治所延城。漢代延城在今新疆庫車縣，魏晉延城在今新疆沙雅縣北羊達克沁廢城。　于寘：即于闐。西域國名。治所西山城（亦稱西城），在今新疆和田縣南下庫馬提。　康居：西域國名。都於卑闐城，約當今哈薩克的塔什干或奇姆肯特等地。　疎勒：西域國名。都於疏勒城，在今新疆喀什市。　月氏：指大月氏，西域國名。漢魏時正值其貴霜王朝時期，都於富樓沙，在今巴基斯坦的白沙瓦。　鄯善：西域國名。本

名樓蘭，漢昭帝時更名鄯善，都於伊循城，在今新疆若羌縣東米蘭。　車師：西域國名。東漢時有車師前部與後部，前部都於交河城，在今新疆吐魯番市西北雅爾村附近；後部都於務塗谷，在今新疆吉木薩爾縣南。

[9] 樂浪：郡名。治所朝鮮縣，在今朝鮮平壤市西南。　帶方：郡名。治所帶方縣，在今朝鮮黃海道鳳山郡土城內。

[10] 烏丸骨都：各本皆如此。丁謙《〈三國志·鮮卑傳〉地理考證》云："按本書《毌丘儉傳》，儉討高句麗，'束馬縣車以登丸都，屠句麗所都'。考丸都，山名，在高句麗都，夫餘城北。今陳氏衍丸都爲烏丸骨都，謬甚。蓋烏丸乃北狄部名，骨都乃匈奴官名，與高句麗何涉？"按，丁氏所言有理，當從。丸都山，在高句麗國都丸都境；丸都城在今吉林集安市西側山城子。

[11] 俎（zǔ）豆：古代祭祀、宴饗盛牲體或食物之兩種禮器。亦泛指各種禮器，又代指祭祀、奉祀等禮儀。

　　夫餘在長城之北，[1]去玄菟千里，[2]南與高句麗，[3]東與挹婁，西與鮮卑接，北有弱水，[4]方可二千里。戶八萬，其民土著，有宮室、倉庫、牢獄。多山陵、廣澤，於東夷之域最平敞。土地宜五穀，不生五果。[5]其人麤大，性彊勇謹厚，不寇鈔。國有君王，皆以六畜名官，有馬加、牛加、豬加、狗加、大使、大使者、使者。[6]邑落有豪民，名下戶皆爲奴僕。[7]諸加別主四出，道大者主數千家，小者數百家。食飲皆用俎豆，會同、拜爵、洗爵，[8]揖讓升降。[9]以殷正月祭天，[10]國中大會，連日飲食歌舞，名曰迎鼓，於是時斷刑獄，解囚徒。在國衣尚白，白布大袂，袍、袴，履革鞜。[11]出國則尚繒繡錦罽，大人加狐狸、狖白、黑貂之裘，[12]以金銀飾帽。[13]譯人傳辭，皆跪，手據地竊語。用刑嚴急，殺人者死，没其家人爲奴婢。竊盜一責十二。男女淫，婦人妒，皆殺之。尤憎妒，已殺，尸之國南山上，至腐爛。女家欲得，輸牛馬乃與之。兄死妻嫂，與匈奴同俗。其國善養牲，出名馬、赤玉、貂、狖、美珠。珠大者如酸棗。以弓矢刀矛爲兵，家家自有鎧仗。國之耆老自説古之亡人。[14]作城柵皆員，有似牢獄。行道晝夜無老幼皆歌，通日聲不絶。有軍事亦祭天，殺牛觀蹄以占吉凶，蹄解者爲凶，合者爲吉。有敵，諸加自戰，下户俱擔糧飲食之。其死，夏月皆用冰。殺人徇葬，多者百數。厚葬，有槨無棺。〔一〕[15]

〔一〕《魏略》曰：其俗停喪五月，以久爲榮。其祭亡者，有生有熟。喪主不欲速而他人彊之，常諍引以此爲節。其居喪男女皆純白，婦人著布面衣，去環珮，大體與中國相彷彿也。

[1] 夫餘：族名。又作"扶餘"。大體分佈於今嫩江中下游、北松花江及拉林河、阿什河流域。

[2] 玄菟：郡名。治所高句驪縣，而縣址數變，東漢安帝永初元年（107）後，在今遼寧瀋陽城東上柏官屯古城。

[3] 高句麗：丁謙《〈三國志·東夷傳〉地理考證》云："南之高句麗，乃古高句麗，非西漢之末新立於朝鮮北境之高句麗也。古高句麗在玄菟郡內。"

[4] 弱水：此弱水當指今東流松花江（《〈中國歷史地圖集〉釋文匯編（東北卷）》）。

[5] 五果：指桃、李、杏、栗、棗五種果樹。

[6] 大使：殿本、盧弼《集解》本作"犬使"，百衲本、校點本作"大使"。今從百衲本等。　大使者：盧弼《集解》本作"犬使者"，百衲本、殿本、校點本作"大使者"。今從百衲本等。

[7] 名：盧弼《集解》本作"民"，百衲本、殿本、校點本作"名"。今從百衲本等。

[8] 會同：聚會。　拜爵：謂拜受爵。古人聚會時之一種禮儀。《禮記·鄉飲酒義》："拜至，拜洗，拜受。"孔穎達疏："拜至者，謂賓與主人升堂之後，主人於阼階之上，北面再拜，是拜至也。拜洗者，謂主人拜至訖，洗爵而升，賓於西階上，北面再拜，拜主人洗也。拜受者，賓於西階上拜受爵也。"

[9] 揖讓升降：趙幼文《校箋》謂《太平寰宇記》句下有"有似中國"四字。

[10] 殷正月：即夏曆十二月。《白虎通·三正》："《尚書大傳》曰：夏以孟春月爲正，殷以季冬月爲正，周以仲冬月爲正。"

[11] 革鞜（tà）：革履，皮靴。

[12] 狖（yòu）白：狖爲像狸之獸。《文選》班孟堅《西都賦》"猿狖失木"李善注："《蒼頡篇》曰：狖，似狸。"狖白，狖之白皮毛。

[13] 飾帽：趙幼文《校箋》謂《晉書》卷九七《四夷傳》"帽"字作"腰"。

[14] 亡人：逃亡人。

[15] 有槨無棺：殿本、盧弼《集解》本作"有棺無椁"，百衲本、校點本、《後漢書》卷八五《東夷列傳》均作"有椁無棺"。今從百衲本等。

夫餘本屬玄菟。漢末，公孫度雄張海東，威服外夷，夫餘王尉仇台更屬遼東。時句麗、鮮卑彊，度以夫餘在二虜之間，妻以宗女。尉仇台死，簡位居立。

無適子，有孼子麻余。位居死，[1]諸加共立麻余。牛加兄子名位居，爲大使，輕財善施，國人附之，歲歲遣使詣京都貢獻。正始中，[2]幽州刺史毌丘儉討句麗，遣玄菟太守王頎詣夫餘，位居遣大加郊迎，[3]供軍糧。季父牛加有二心，[4]位居殺季父父子，籍没財物，遣使簿斂送官。[5]舊夫餘俗，水旱不調，五穀不熟，輒歸咎於王，或言當易，或言當殺。麻余死，其子依慮年六歲，立以爲王。漢時，夫餘王葬用玉匣，[6]常豫以付玄菟郡，王死則迎取以葬。公孫淵伏誅，玄菟庫猶有玉匣一具。今夫餘庫有玉璧、珪、瓚數代之物，傳世以爲寶，耆老言先代之所賜也。〔一〕其印文言"濊王之印"，[7]國有故城名濊城，蓋本濊貊之地，而夫餘王其中，自謂"亡人"，抑有（似）〔以〕也。〔二〕[8]

〔一〕《魏略》曰：其國殷富，自先世以來，未嘗破壞。[9]
〔二〕《魏略》曰：舊志又言，昔北方有高離之國者，[10]其王者侍婢有身，[11]王欲殺之，婢云："有氣如雞子來下，我故有身。"後生子，王捐之於溷中，豬以喙嘘之，[12]徙至馬閑，[13]馬以氣嘘之，不死。王疑以爲天子也，[14]乃令其母收畜之，名曰東明，常令牧馬。東明善射，王恐奪其國也，欲殺之。東明走，南至施掩水，[15]以弓擊水，魚鼈浮爲橋，東明得度，魚鼈乃解散，追兵不得渡。東明因都王夫餘之地。

[1] 位居：指簡位居。
[2] 正始：魏少帝齊王曹芳年號（240—249）。
[3] 大加：盧弼《集解》本作"犬加"，百衲本、殿本、校點本作"大加"。今從百衲本等。

〔4〕有二心：謂對魏王朝有二心。

〔5〕簿斂：殿本作"薄斂"，百衲本、盧弼《集解》本、校點本作"簿斂"。今從百衲本等。簿斂送官，謂將財物登記入簿並聚集送交官府。

〔6〕玉匣：用玉片綴成之玉衣。即二十世紀七十年代以來考古發現的金縷玉衣之類。

〔7〕其印：趙幼文《校箋》謂《晋書·四夷傳》"其"下有"王"字。

〔8〕以：各本皆作"似"。盧弼《集解》引何焯説"似"當作"以"。校點本即從何焯説改爲"以"，今從之。趙幼文《校箋》謂《太平御覽》卷七八一引"似"字正作"以"。

〔9〕嘗：百衲本作"當"，今從殿本等作"嘗"。　破壞：百衲本"壞"下有"也"字，殿本、盧弼《集解》本、校點本無。今從殿本等。

〔10〕高離：殿本作"槀離"，盧弼《集解》本作"豪離"，百衲本、校點本作"高離"。《後漢書》卷八五《東夷列傳》作"索離"，李賢注："索"或作"橐"。《太平御覽》卷七八一引《後漢書》即作"橐離"。今暫從百衲本等。

〔11〕王者：趙幼文《校箋》謂《藝文類聚》卷九六、《太平御覽》卷三四七、卷三六〇引俱無"者"字。

〔12〕喙（huì）：趙幼文《校箋》謂《藝文類聚》引作"氣"。按，《太平御覽》卷三四七、卷三六〇引亦作"喙"。《説文·口部》："喙，口也。"

〔13〕馬閑：馬厩。

〔14〕天子：殿本《考證》云："《太平御覽》'天子'作'天生'。"趙幼文《校箋》謂此見《太平御覽》卷三四七、卷三六〇。按，《太平御覽》卷三四七實作"太子"。

〔15〕施掩水：《後漢書》卷八五《東夷列傳》作"掩㴲水"。丁謙云："掩㴲水，《魏略》作'施掩水'，疑刊刻倒誤。《梁書》

作'掩滯水'，當即《水經注》'馬訾水'。《新唐書》馬訾水出靺鞨長白山，色若鴨淥，號鴨淥江。"（丁謙《〈後漢書・東夷列傳〉地理考證》）

高句麗在遼東之東千里，[1]南與朝鮮、濊貊，[2]東與沃沮，北與夫餘接。都於丸都之下，[3]方可二千里，户三萬。多大山深谷，無原澤。隨山谷以爲居，食澗水。無良田，雖力佃作，不足以實口腹。其俗節食，好治宮室，於所居之左右立大屋，祭鬼神，又祠靈星、社稷。[4]其人性凶急，喜寇鈔。其國有王，其官有相加、對盧、沛者、古雛加、主簿、優台丞、使者、皁衣先人，[5]尊卑各有等級。東夷舊語以爲夫餘別種，言語諸事，多與夫餘同，其性氣、衣服有異。本有五族，有涓奴部、絶奴部、順奴部、灌奴部、桂婁部。[6]本涓奴部爲王，稍微弱，今桂婁部代之。漢時賜鼓吹技人，常從玄菟郡受朝服、衣幘，[7]高句麗令主其名籍。後稍驕恣，不復詣郡，于東界築小城，置朝服衣幘其中，歲時來取之，今胡猶名此城爲幘溝漊。溝漊者，句麗名城也。其置官，有對盧則不置沛者，有沛者則不置對盧。王之宗族，其大加皆稱古雛加。涓奴部本國主，今雖不爲王，適統大人，得稱古雛加，亦得立宗廟，祠靈星、社稷。絶奴部世與王婚，加古雛之號。諸大加亦自置使者、皁衣先人，名皆達於王，如卿大夫之家臣，會同坐起，不得與王家使者、皁衣先人同列。其國中大家不佃作，坐食者萬餘口，下户遠擔米糧魚鹽供給之。其民喜歌舞，國中邑落，暮夜男女羣聚，相就歌戲。無大倉庫，家家自有小倉，名之爲（桴）〔稃〕京。[8]其人絜清自喜，善藏釀。跪拜申一腳，[9]與夫餘異，行步皆走。以十月祭天，國中大會，名曰東盟。其公會，衣服皆錦繡金銀以自飾。大加、主簿頭著幘，如幘而無餘，[10]其小加著折風，[11]形如弁。[12]其國東有大穴，名隧穴。[13]十月國中大會，迎隧神還于國東上祭之，置木隧于神坐。無牢獄，有罪諸加評議，便殺之，没入妻子爲奴婢。其俗作婚姻，言語已定，女家作小屋於大屋後，名壻屋，壻暮至女家户外，自名跪拜，乞得就女宿，如是者再三，女父母乃聽使就小屋中宿，傍頓錢帛，至生子已長大，乃將婦歸家。其俗淫。[14]男女已嫁娶，便稍作送終之衣。厚葬，[15]金銀財幣，盡於送死，積石爲封，列種松柏。其馬皆小，便登山。國人有氣力，習戰鬬，沃沮、東濊皆屬焉。又有小水貊。句麗作國，依大水而居，西安平縣北有小水，[16]南流入海，句麗別種依小水作國，因名之爲小水貊，出好弓，所謂貊弓是也。

　　王莽初發高句麗兵以伐胡，[17]不欲行，[18]彊迫遣之，皆亡出塞爲寇盜。遼西大尹田譚追擊之，[19]爲所殺。州郡縣歸咎于句麗侯（騊）〔騶〕，[20]嚴尤奏言：[21]"貊人犯法，罪不起于（騊）〔騶〕，且宜安慰，今猥被之大罪，恐其遂反。"莽不聽，詔尤擊之。尤誘期句麗侯（騊）〔騶〕至而斬之，傳送其首詣長安。莽大悦，布告天下，更名高句麗爲下句麗。當此時爲侯國，漢光武帝八年，[22]高句麗王遣使朝貢，始見稱王。

至殤、安之間,[23]句麗王宮數寇遼東,更屬玄菟。遼東太守蔡風、玄菟太守姚光以宮爲二郡害,[24]興師伐之。宮詐降請和,二郡不進。宮密遣軍攻玄菟,焚燒候城,[25]入遼隧,[26]殺吏民。後宮復犯遼東,蔡風輕將吏士追討之,軍敗没。

宮死,子伯固立。[27]順、桓之間,[28]復犯遼東,寇新、安居鄉,[29]又攻西安平,于道上殺帶方令,略得樂浪太守妻子。靈帝建寧二年,[30]玄菟太守耿臨討之,斬首虜數百級,伯固降,屬遼東。(嘉)〔熹〕平中,[31]伯固乞屬玄菟。公孫度之雄海東也,伯固遣大加優居、主簿然人等助度擊富山賊,[32]破之。

伯固死,有二子,長子拔奇,小子伊夷模。拔奇不肖,國人便共立伊夷模爲王。自伯固時,數寇遼東,又受亡胡五百餘家。建安中,公孫康出軍擊之,破其國,焚燒邑落。拔奇怨爲兄而不得立,與涓奴加各將下户三萬餘口詣康降,還住沸流水。[33]降胡亦叛伊夷模,伊夷模更作新國,今日所在是也。拔奇遂往遼東,有子留句麗國,今古雛加駮位居是也。其後復擊玄菟,玄菟與遼東合擊,大破之。

伊夷模無子,淫灌奴部,生子名位宮。伊夷模死,立以爲王,今句麗王〔位〕宮是也。[34]其曾祖名宮,[35]生能開目視,其國人惡之,及長大,果凶虐,數寇鈔,國見殘破。今王生墮地,[36]亦能開目視人,句麗呼相似爲位,似其祖,故名之爲位宮。位宮有力勇，[37]便鞍馬，善獵射。景初二年，太尉司馬宣王率衆討公孫淵，[38]〔位〕宮遣主簿大加將數千人助軍。[39]正始三年，〔位〕宮寇西安平，其五年，爲幽州刺史毌丘儉所破。[40]語在《儉傳》。

[1] 高句麗：族名。又作"高句驪"，或稱句麗、句驪。因與夫餘、濊貊等族有密切的淵源關係，故在某些書中又稱之爲貊或貉，甚至稱濊貊。其分佈地，大約當今吉林與遼寧交界地區及朝鮮之北部。（參見田繼周《秦漢民族史》，四川民族出版社1996年版）

[2] 朝鮮：族名。分佈於今朝鮮北部和鴨綠江以西北地區。秦漢之際都於王險城，在今朝鮮平壤。漢武帝滅朝鮮後，置玄菟、真番、臨屯、樂浪四郡，朝鮮之名遂少見於記載。

[3] 丸都：指丸都山。丸都山下之國都，是建安十四年（209）後的高句麗國都。

[4] 靈星：星名。又稱天田星、龍星。古人認爲主稼穡，以壬辰日祀於東南，取祈年報功之義。《史記·封禪書》："於是高祖制詔御史：'其令郡國縣立靈星祠，常以歲時祠以牛。'"《正義》引《漢舊儀》："靈者，神也。辰之神爲靈星，故以壬辰日祠靈星於東南，金勝爲土相也。" 社稷：土神與穀神。

[5] 古雛加：《後漢書》卷八五《東夷列傳》作"古鄒大加"。李賢注："古鄒大加，高麗掌賓客之官，如鴻臚也。" 皁衣先人：《後漢書·東夷列傳》作"帛衣先人"。

[6] 涓奴部：《後漢書·東夷列傳》作"消奴部"。李賢注云："案今高驪五部：一曰内部，一名黃部，即桂婁部也；二曰北部，一名後部，即絶奴部也；三曰東部，一名左部，即順奴部也；四曰南部，一名前部，即灌奴部也；五曰西部，一名右部，即消奴部也。"

[7] 幘（zé）：包頭巾。

[8] 秤（fū）京：各本皆作"桴京"。盧弼《集解》謂何焯校改"桴"爲"秤"。又謂郝經《續後漢書》亦作"秤"。又郁松年《續後漢書札記》卷三云："案《説文》，桴，棟名；秤，穚也。穚，糠也。秤京，小倉名。字當從禾，《志》誤。"今從諸家之説改。

[9] 申：《後漢書·東夷列傳》作"曳"。

[10] 餘：殿本、盧弼《集解》本作"後"，百衲本、校點本作"餘"。今從百衲本等。餘、後，均幘包頭之後，頭後所垂部分。

[11] 折風：古冠名。

[12] 弁：古代男子穿禮服時所戴之冠。

[13] 隧穴：趙幼文《校箋》謂《後漢書·東夷傳》作"隧神"（按，實作"襚神"）。考《白孔六帖》卷六"高麗國左有大穴曰神隧，每十月王皆自祭"，疑此傳或本作"神隧"，此隧神所居，故稱之爲神隧，而神遂呼爲隧神。

[14] 其俗淫：趙幼文《校箋》謂《太平御覽》卷七八三引《魏略》，句下有"多相奔誘"四字。

[15] 厚葬：趙幼文《校箋》謂《太平御覽》引《魏略》"厚"上有"好"字。

[16] 西安平縣：治所在今遼寧丹東市東北靉河尖古城。

[17] 胡：指匈奴。

[18] 不欲行：殿本、盧弼《集解》本、校點本皆如此，百衲本作"欲不行"。今從殿本等。

[19] 大尹：官名。王莽稱帝後，改太守爲大尹。

[20] 驕：各本皆作"騎"。《後漢書·東夷列傳》作"驕"，《漢書》卷九九中《王莽傳中》亦作"驕"。錢大昕《廿二史考異》亦謂"騎"當作"驕"。今並據改。

[21] 嚴尤：王莽之將，被任命爲討穢將軍。（見《漢書》卷九九中《王莽傳》）

[22] 漢光武帝八年：盧弼《集解》謂《後漢書》光武帝"建

武八年十二月，高句麗王遣使奉貢”。趙幼文《校箋》謂《太平寰宇記》、郝經《續後漢書》俱有"建武"二字，疑此脱。

［23］殤安之間：漢殤帝與漢安帝之間，值公元106—125年。

［24］蔡風：趙一清《注補》云："《後漢書》'風'作'諷'，下同。"

［25］候城：縣名。治所在今遼寧沈陽市東南二十里古城子。

［26］遼隧：縣名。治所在今遼寧遼陽市西南八十餘里太子河西岸高坨子附近。（詳《〈中國歷史地圖集〉釋文匯編（東北卷）》）

［27］子伯固立：《後漢書·東夷列傳》則謂宮死，子遂成立；遂成死，子伯固立。丁謙《〈三國志·外國傳〉地理考證》又謂：據朝鮮史，宮年老，讓位於弟遂成；遂成被人所殺，又立其弟伯國。伯國即伯固。

［28］順桓之間：漢順帝、漢桓帝之間，值公元126—167年。

［29］新安：遼東郡有新昌、安市二縣，"新、安"，蓋指此二縣。新昌縣治所在今遼寧海城市東北向陽寨。安市縣治所在今遼寧海城市東南英城子古城。　居鄉：盧弼《集解》謂郝經《續後漢書》作"民鄉"。

［30］建寧：漢靈帝劉宏年號（168—172）。

［31］熹平：各本皆作"嘉平"盧弼《集解》云："此叙靈帝時事，當作'熹平'。"校點本即從盧説改，今從之。

［32］富山：未詳。

［33］沸流水：即今遼寧、吉林境内鴨緑江支流渾江。

［34］位宮：各本無"位"字，據上文增。

［35］名宮：盧弼《集解》本無"名"字，百衲本、殿本、校點本皆有。今從百衲本等。

［36］今王：錢大昕云："承祚作《志》之時，位宮久已破亡，不應云'今王'，蓋承舊史之文。"（《廿二史考異》卷一五）趙幼文《校箋》謂《太平御覽》卷三九六引《魏志》作"曾孫位生，

亦能開目視。句麗呼相似爲位，以似其曾祖，故名位"，與今本文字有異。

〔37〕力勇：趙一清《注補》云："'力勇'當依《太平寰宇記》作'勇力'。"趙幼文《校箋》謂《太平御覽》卷七八三引作"勇力"。

〔38〕太尉：官名。東漢時，與司徒、司空並爲三公，共同行使宰相職能，而位列三公之首，名位甚重。曹魏前期，基本如此。第一品。　司馬宣王：即司馬懿。其子司馬昭封晉王後，追尊他爲宣王。

〔39〕位宮：各本皆作"宮"。盧弼《集解》云："'宮'應作'位宮'，下同。"郝經《續後漢書·東夷高句麗傳》正作"位宮"。今據補。

〔40〕爲幽州刺史毌丘儉所破：王國維《觀堂集林·魏毌丘儉丸都山紀功石刻跋》云："魏毌丘儉丸都山紀功殘石，光緒丙午（1906）署奉天輯安縣事吳大令光國於縣西北九十里之板石嶺開道得之，石藏吳君所。石存左方一角五十字，隸書。""毌丘儉征句驪歲月，傳聞異辭。《魏書·少帝紀》'正始七年春二月，幽州刺史毌丘儉討高句驪，夏五月，討濊貊，皆破'。《高句麗傳》則云'正始三年宮寇西安平，其五年爲幽州刺史毌丘儉所破'。《儉傳》則於儉初討句驪，但渾言正始中，而復討則云六年。《北史》則以初討在五年，復討在六年。今據此殘刻，則第一行云'正始三年高句驪反'，以下當闕毌丘儉銜名。第二行'督七牙門討句驪五'（按原文'五'作'六'，而殘石實作'五'，蓋筆誤，故改正），'五'下所闕當是'年'字。第三行'復遣寇六年五月旋'，'復'上闕當是'無'字，'旋'下所闕當是'師'字。據此，則儉伐句驪，實以四年會師，五年出兵，六年旋師，而'無復遣寇'之文繫於五年，則《魏志·高句麗傳》所紀，獨得其實，《少帝紀》繫之正始七年二月，《儉傳》及《北史》以爲六年復伐，皆失之。"

東沃沮在高句麗蓋馬大山之東,[1]濱大海而居。[2]其地形東北狹,西南長,可千里,北與挹婁、夫餘,南與濊貊接。戶五千,無大君王,世世邑落,各有長帥。[3]其言語與句麗大同,時時小異。[4]漢初,燕亡人衞滿王朝鮮,[5]時沃沮皆屬焉。漢武帝元封二年,[6]伐朝鮮,殺滿孫右渠,分其地為四郡,以沃沮城為玄菟郡。[7]後為夷貊所侵,[8]徙郡句麗西北,今所謂玄菟故府是也。[9]沃沮還屬樂浪。漢以土地廣遠,在單單大領之東,[10]分置東部都尉,[11]治不耐城,[12]別主領東七縣,[13]時沃沮亦皆為縣。漢(光)〔建〕武六年,[14]省邊郡,都尉由此罷。其後皆以其縣中渠帥為縣侯,不耐、華麗、沃沮諸縣皆為侯國。夷狄更相攻伐,唯不耐濊侯至今猶置功曹、主簿諸曹,[15]皆濊民作之。沃沮諸邑落渠帥,皆自稱三老,[16]則故縣國之制也。國小,迫于大國之間,遂臣屬句麗。句麗復置其中大人為使者,[17]使相主領,又使大加統責其租稅,[18]貊布、魚、鹽、海中食物,千里擔負致之,又送其美女以為婢妾,遇之如奴僕。

其土地肥美,背山向海,宜五穀,善田種。人性質直彊勇,少牛馬,便持矛步戰。食飲居處,衣服禮節,有似句麗。[一]其葬作大木槨,[19]長十餘丈,開一頭作戶。新死者皆假埋之,才使覆形,皮肉盡,乃取骨置槨中。舉家皆共一槨,刻木如生形,隨死者為數。又有瓦鑑,[20]置米其中,編縣之於槨戶邊。

〔一〕《魏略》曰：[21]其嫁娶之法，女年十歲，已相設許。[22]壻家迎之，長養以爲婦。至成人，更還女家。女家責錢，錢畢，乃復還壻。

[1] 沃沮：族名。因其居地不同，分爲東沃沮（又稱南沃沮）和北沃沮。東沃沮分佈於今吉林東部及朝鮮東北部一帶。北沃沮則在東沃沮之東北，即今朝鮮咸鏡北道之北部。漢武帝滅朝鮮後，以沃沮之地屬玄菟郡，後又改屬樂浪東部都尉，皆爲屬縣。東漢以後，沃沮之名遂不見於載籍。　蓋馬大山：即今朝鮮北部之狼林山脈，介於咸鏡南道與慈江道之間。

[2] 大海：即今日本海。

[3] 世世邑落各有長帥：趙幼文《校箋》謂《太平御覽》卷七八四引作"世世有邑長"。

[4] 時時：吴金華《校詁》云："'時時'表示偶爾之義。"

[5] 衛滿：西漢初燕人。燕王盧綰反，入匈奴，衛滿聚千餘人入朝鮮，遂爲王。（見《史記》卷一一五《朝鮮列傳》）

[6] 漢武帝：殿本、盧弼《集解》本無"帝"字，百衲本、校點本有。今從百衲本等。　元封二年：公元前109年。

[7] 沃沮城：在今朝鮮咸鏡南道咸興。

[8] 爲夷貊所侵：丁謙云："其徙治古高句驪西北，在昭帝五年，正朱蒙開國後攘斥邊境，沃沮與濊爲所役屬時。傳云'爲夷貊所侵，'實即高句驪也。"（丁謙《〈後漢書·東夷列傳〉地理考證》）

[9] 玄菟故府：指漢昭帝時的高句驪縣，在今遼寧新賓滿族自治縣西南京興老城附近。漢昭帝始元五年（前82）玄菟郡治所由沃沮城遷至高句驪縣；東漢安帝時玄菟郡治所與高句驪縣又同遷至今遼寧沈陽城東上柏官屯古城。故魏晋時稱漢昭帝時的玄菟郡治所爲故府。

［10］單單大領："領"通"嶺",盧弼《集解》本即作"嶺"。單單大嶺即今朝鮮境内劍山嶺、飛虎嶺等。(本《〈中國歷史地圖集〉釋文匯編(東北卷)》)

［11］置:殿本作"治",百衲本、盧弼《集解》本、校點本作"置"。今從百衲本等。　東部都尉:官名。西漢時,都尉爲郡軍事長官,秩比二千石。協助太守典掌軍事,維持治安,統率、訓練本郡軍隊,並自置府吏,職權頗重。邊郡往往分置數部。此乃樂浪東部都尉。

［12］不耐城:在今朝鮮江原道安邊郡。一説在江原道德源附近。

［13］領東七縣:指單單大嶺以東七縣,即東曕(今朝鮮江原道江陵)、不而(即不耐)、蠶臺(今朝鮮南江原道襄陽迤北)、華麗(今朝鮮咸鏡南道永興附近)、邪頭昧(今朝鮮江原道通川附近)、前莫(今朝鮮江原道通川與高城之間)、夫租(即沃沮)。

［14］建武:各本皆作"光武"。盧弼《集解》謂當從《後漢書》作"建武"。校點本從盧說改,今從之。

［15］功曹:官名。漢代,縣功曹職掌内外,是縣廷的主要屬吏。　主簿:官名。漢代,主簿在縣廷内僅次於功曹,但比功曹親近。主典文書,辦理事務。

［16］三老:官名。漢代,縣、鄉皆置,職掌教化。

［17］使者:盧弼《集解》本作"主者",百衲本、殿本、校點本作"使者"。今從百衲本等。

［18］租税:殿本、盧弼《集解》本作"租賦",百衲本、校點本作"租税"。今從百衲本等。

［19］其葬:趙幼文《校箋》謂《太平御覽》卷七八四引"葬"下有"送之法"三字。

［20］瓦鬸(lì):即瓦鬲,亦即瓦瓶,容器,喪禮用之。《禮記·喪大記》:"陶人出重鬲。"孔穎達疏:"重鬲者謂懸重之罌也,是瓦瓶受三升。"趙幼文《校箋》謂《太平御覽》卷七八四引作

"瓦鬲"。

[21] 曰：盧弼《集解》本作"云"，百衲本、殿本、校點本作"曰"。今從百衲本等。

[22] 設許：趙幼文《校箋》謂《太平御覽》卷七八四引無"設"字。

毌丘儉討句麗，句麗王宮奔沃沮，[1]遂進師擊之。沃沮邑落皆破之，斬獲首虜三千餘級，宮奔北沃沮。北沃沮一名置溝婁，[2]去南沃沮八百餘里，其俗南北皆同，與挹婁接。挹婁喜乘船寇鈔，北沃沮畏之，夏月恒在山巖深穴中爲守備，冬月冰凍，船道不通，乃下居村落。王頎別遣追討宮，盡其東界。問其耆老："海東復有人不？"耆老言國人嘗乘船捕魚，遭風見吹數十日，東得一島，上有人，言語不相曉，[3]其俗常以七月取童女沈海。又言有一國亦在海中，純女無男。又説得一布衣，從海中浮出，其身如中（國）人衣，[4]其兩袖長三丈。又得一破船，隨波出在海岸邊，有一人項中復有面，生得之，與語不相通，不食而死。其域皆在沃沮東大海中。

[1] 宮：趙幼文《校箋》云："《通志》作'位宮'。"

[2] 置溝婁：本書卷二八《毌丘儉傳》"置溝"作"買溝"，皆同爲一地。即在今朝鮮咸鏡北道之會寧，在圖門江右岸。

[3] 不相曉：趙幼文《校箋》謂《太平御覽》卷七八四引"相"字作"可"。

[4] 中人衣：各本皆作"中國人衣"。梁章鉅《旁證》、盧弼《集解》均謂《後漢書》作"中人衣"，"國"字衍。校點本即據

《後漢書》删"國"字,今從之。

挹婁在夫餘東北千餘里,[1]濱大海,南與北沃沮接,未知其北所極。其土地多山險。其人形似夫餘,言語不與夫餘、句麗同。有五穀、牛、馬、麻布。人多勇力,無大君長。邑落各有大人。處山林之間,常穴居,[2]大家深九梯,以多爲好。土氣寒,劇於夫餘。其俗好養豬,食其肉,衣其皮。冬以豬膏塗身,厚數分,[3]以禦風寒。夏則裸袒,以尺布隱其前後,以蔽形體。其人不絜,作溷在中央,人圍其表居。其弓長四尺,力如弩,矢用楛,[4]長尺八寸,青石爲鏃,古之肅慎氏之國也。[5]善射,射人皆入(因)〔目〕。[6]矢施毒,人中皆死。出赤玉、好貂,今所謂挹婁貂是也。自漢已來,臣屬夫餘,夫餘責其租賦重,以黃初中叛之。夫餘數伐之,其人衆雖少,所在山險,鄰國人畏其弓矢,卒不能服也。其國便乘船寇盜,鄰國患之。東夷飲食類皆用俎豆,唯挹婁不,[7]法俗最無綱紀也。

[1]挹婁:族名。周代稱肅慎,漢魏稱挹婁,北朝又稱勿吉。漢晉時分布於今遼寧東北部與吉林、黑龍江東部以及黑龍江以北、烏蘇里江以東的遼闊地帶。

[2]穴居:《魏書》卷一〇〇《勿吉傳》云:"其地下濕,築城穴居,屋形似冢,開口於上,以梯出入。"

[3]厚數分:盧弼《集解》引《滿洲源流考》卷二〇云:"豕膏得熱氣則融,安能塗厚數分?"

[4]楛(hù):木名。荆屬。莖堅韌,可製箭杆及器物。

[5]古之:趙幼文《校箋》謂《太平御覽》卷七四四引無

"之"字。

　　[6] 目：各本皆作"因"，《後漢書》卷八五《東夷列傳》作"目"。校點本即據之改爲"目"。今從之。趙幼文《校箋》謂《太平御覽》卷七四四引《魏書》亦作"目"。

　　[7] 不：趙幼文《校箋》謂《後漢書》作"無"，《太平寰宇記》同。按，《後漢書》"無"上還有"獨"字，作"獨無"。

　　濊南與辰韓，[1]北與高句麗、沃沮接，東窮大海，今朝鮮之東皆其地也。户二萬。[2]昔箕子既適朝鮮，[3]作八條之教以教之，無門户之閉而民不爲盜。其後四十餘世，朝鮮侯（淮）〔準〕僭號稱王。[4]陳勝等起，天下叛秦，燕、齊、趙民避地朝鮮數萬口。[5]燕人衛滿，魋結夷服，復來王之。漢武帝伐滅朝鮮，[6]分其地爲四郡。自是之後，胡、漢稍别。無大君長，自漢已來，其官有侯、邑君、三老，統主下户。其耆老舊自謂與句麗同種。[7]其人性愿愨，[8]少嗜欲，有廉恥，不請（句麗）〔句〕。[9]言語法俗大抵與句麗同，衣服有異。男女衣皆著曲領，男子繫銀花廣數寸以爲飾。自單單大（山領）〔嶺〕以西屬樂浪，[10]自領以東七縣，都尉主之，皆以濊爲民。後省都尉，封其渠帥爲侯，今不耐濊皆其種也。漢末更屬句麗。其俗重山川，山川各有部分，不得妄相涉入。同姓不婚。多忌諱，疾病死亡輒捐棄舊宅，更作新居。有麻布，蠶桑作緜。曉候星宿，豫知年歲豐約。不以珠玉爲寶。常用十月節祭天，晝夜飲酒歌舞，名之爲舞天。又祭虎以爲神。其邑落相侵犯，輒相罰責生口牛馬，名之爲責禍。殺人者償死。少寇盜。作矛長三丈，或數人共持之，[11]能步戰。樂浪檀弓出其地。其海出班魚皮，土地饒文豹，又出果下馬，漢（桓時）〔時恒〕獻之。[一][12]

〔一〕臣松之按：果下馬高三尺，乘之可于果樹下行，故謂之果下。見《博物志》《魏都賦》。

[1] 濊：族名。又稱濊貊、濊貉。分佈於今朝鮮江原道境內。原屬朝鮮之一部，但又有相對獨立的組織系統。漢武帝滅朝鮮後，屬樂浪郡。

[2] 二萬：趙幼文《校箋》謂《太平御覽》卷七八〇引"萬"下有"餘"字。

[3] 箕子：殷紂王之諸父。紂王無道，箕子懼而佯狂，紂又囚之，周武王滅紂後被釋。（見《史記》卷三《殷本紀》）而《漢書‧地理志下》云："殷道衰，箕子去之朝鮮，教其民以禮義，田蠶織作。樂浪、朝鮮民犯禁八條：相殺以當時償殺；相傷以穀償；相盜者男沒入爲其家奴，子女爲婢，欲自贖者，人五十萬。"顏師古注："八條不具見。"

[4] 朝鮮侯準：各本皆作"朝鮮侯淮"。錢大昭《辨疑》謂《後漢書》卷八五《東夷列傳》及後裴注引《魏略》"淮"皆作"準"。校點本即據裴注與《後漢書》改"淮"爲"準"，今從之。

[5] 燕齊趙民：趙幼文《校箋》謂郝經《續後漢書》"民"字作"代"。

[6] 滅朝鮮：《後漢書》卷八五《東夷濊傳》云："至元封三年，滅朝鮮，分置樂浪、臨屯、玄菟、真番四郡。至昭帝始元五年，罷臨屯、真番，以并樂浪、玄菟。"

[7] 耆老舊：趙幼文《校箋》謂《太平御覽》卷七八〇引無"老"字。

[8]愿愨（què）：謹慎善良。《尚書·皋陶謨》："愿而恭。"孔傳："愨愿而恭恪。"孔穎達疏："愿者，愨謹良善之名。"

[9]不耐句（gài）：各本皆作"不耐句麗"，義不可通。《後漢書》卷八五《東夷濊傳》作"不耐句"，即"不耐丐"，義順。校點本即據《後漢書》改爲"不耐句"，今從之。

[10]單單大嶺：各本"嶺"字皆作"山領"。盧弼《集解》云："按此作'大山領'，或'嶺'字析爲二耳。"趙幼文《校箋》謂《太平御覽》卷七八〇引作"大嶺"，郝經《續後漢書》作"大領"，亦無"山"字。按，《後漢書》卷八五《東夷列傳》亦作"大領"，今從盧、趙説改。

[11]或數人：趙幼文《校箋》謂《太平御覽》卷七八〇引無"或"字，上有"至戰時"三字。

[12]漢時恒獻之：各本皆作"漢桓時獻之"。趙幼文《校箋》謂《藝文類聚》卷九三引作"漢時恒獻之"，《太平寰宇記》同。《白孔六帖》卷七九引作"嘗"（即"當時嘗獻之"），《通典》卷一八五引作"常"。嘗、常、恒義同。按，趙説有理。今考《後漢書·桓帝紀》亦無濊獻方物之記載，又《後漢書·東夷濊傳》載作"又多文豹，有果下馬，海出班魚，使來皆獻之"，與《藝文類聚》等所引義同。今從趙説據《藝文類聚》改。

正始六年，樂浪太守劉茂、帶方太守弓遵以領東濊屬句麗，興師伐之，不耐侯等舉邑降。其八年，[1]詣闕朝貢，詔更拜不耐濊王。居處雜在民間，四時詣郡朝謁。二郡有軍征賦調，供給役使，遇之如民。

[1]其八年：趙幼文《校箋》謂《太平御覽》卷七八〇、《册府元龜》卷九九〇引無"其"字。

韓在帶方之南,[1]東西以海爲限,南與倭接,[2]方可四千里。有三種,一曰馬韓,二曰辰韓,三曰弁韓。辰韓者,古之辰國也。馬韓在西。其民土著,種植,知蠶桑,作綿布。各有長帥,大者自名爲臣智,其次爲邑借,散在山海間,無城郭。有爰襄國、牟水國、桑外國、小石索國、大石索國、優休牟涿國、臣濆沽國、[3]伯濟國、速盧不斯國、日華國、古誕者國、古離國、怒藍國、月支國、咨離牟盧國、素謂乾國、古爰國、莫盧國、卑離國、占離卑國、臣釁國、支侵國、狗盧國、卑彌國、監奚卑離國、古蒲國、致利鞠國、冉路國、兒林國、駟盧國、内卑離國、感奚國、萬盧國、辟卑離國、臼斯烏旦國、一離國、不彌國、支半國、[4]狗素國、捷盧國、牟盧卑離國、臣蘇塗國、(莫盧國)、[5]古臘國、臨素半國、臣雲新國、如來卑離國、楚山塗卑離國、一難國、狗奚國、不雲國、不斯濆邪國、爰池國、乾馬國、楚離國,凡五十餘國。[6]大國萬餘家,小國數千家,總十餘萬戶。辰王治月支國。臣智或加優呼臣雲遣支報安邪踧支濆臣離兒不例拘邪秦支廉之號。其官有魏率善邑君、歸義侯、中郎將、都尉、伯長。

　　侯準既僭號稱王,[7]爲燕亡人衛滿所攻奪,〔一〕將其左右宮人走入海,居韓地,[8]自號韓王。〔二〕其後絶滅,今韓人猶有奉其祭祀者。漢時屬樂浪郡,四時朝謁。〔三〕

〔一〕《魏略》曰：昔箕子之後朝鮮侯，見周衰，燕自尊爲王，欲東略地，朝鮮侯亦自稱爲王，欲興兵逆擊燕以尊周室。其大夫禮諫之，乃止。使禮西說燕，燕止之，不攻。後子孫稍驕虐，燕乃遣將秦開攻其西方，取地二千餘里，至滿潘汗爲界，[9]朝鮮遂弱。及秦并天下，使蒙恬築長城，[10]到遼東。時朝鮮王否立，畏秦襲之，略服屬秦，不肯朝會。否死，其子準立。二十餘年而陳、項起，[11]天下亂，燕、齊、趙民愁苦，稍稍亡往準，準乃置之於西方。及漢以盧綰爲燕王，朝鮮與燕界於浿水。[12]及綰反，入匈奴，燕人衛滿亡命，爲胡服，東度浿水，詣準降，說準求居西界，（故）〔收〕中國亡命爲朝鮮藩屏。[13]準信寵之，拜爲博士，賜以圭，封之百里，令守西邊。滿誘亡黨，衆稍多，乃詐遣人告準，言漢兵十道至，求入宿衛，遂還攻準。準與滿戰，不敵也。

〔二〕《魏略》曰：其子及親留在國者，[14]因冒姓韓氏。準王海中，不與朝鮮相往來。

〔三〕《魏略》曰：初，右渠未破時，朝鮮相歷谿卿以諫右渠不用，東之辰國，時民隨出居者二千餘户，亦與朝鮮貢蕃不相往來。[15]至王莽地皇時，[16]廉斯鑡爲辰韓右渠帥，聞樂浪土地美，人民饒樂，亡欲來降。出其邑落，見田中驅雀男子一人，其語非韓人。問之，男子曰："我等漢人，名户來，我等輩千五百人伐材木，爲韓所擊得，皆斷髮爲奴，積三年矣。"鑡曰："我當降漢樂浪，汝欲去不？"户來曰："可。"（辰）鑡因將户來（來）出詣含資縣，[17]縣言郡，郡即以鑡爲譯，從芩中乘大船入辰韓，逆取户來降伴輩尚得千人，其五百人已死。鑡時曉謂辰韓："汝還五百人。若不者，樂浪當遣萬兵乘船來擊汝。"辰韓曰："五百人已死，我當出贖直耳。"乃出辰韓萬五千人，弁韓布萬五千匹，[18]鑡收取直還。郡表鑡功義，賜冠幘、田宅，子孫數世，至安帝延光四年時，[19]故受復除。[20]

[1] 韓：國名。在今朝鮮半島南部。我國西漢時，韓分爲辰韓、馬韓、弁韓三國。丁謙云："三韓以馬韓爲最大，其地當有忠清、全羅二道及慶尚道之半。辰韓及弁韓，惟慶州一帶而已。"（《〈後漢書·東夷列傳〉地理考證》）又云："《東藩紀要》馬韓立國，始朝鮮王箕準，在漢惠帝元年，後爲百濟王溫祚所滅，在新莽二年，計傳國二百有三載。辰韓、弁韓不知始立何時，後俱爲新羅王赫居世所滅，在漢宣帝五鳳以後。是三韓有國，均在西漢之世，至東漢初，三韓已亡，何論曹魏。陳氏此傳作於晋初，乃仍言三韓事"，"豈以百濟本馬韓列國之一，新羅亦弁、辰列國之一，雖兼并坐大，可仍以三韓視之，不必特爲之分析耶？"（《〈三國志·東夷傳〉地理考證》）

[2] 倭：國名。我國古代稱日本爲倭，韓國之南端基本上與今日本之九州島隔朝鮮海峽相望。

[3] 沽：殿本、盧弼《集解》本作"活"，百衲本、校點本作"沽"。今從百衲本等。

[4] 支：百衲本作"友"，殿本、盧弼《集解》本、校點本作"支"。今從殿本等。

[5] 莫盧國：錢大昭《辨疑》云："莫盧國已見上文，此重出。"今删之。

[6] 五十餘國：以上所列之國，除去一重複之莫盧國外，祇五十四國。而《後漢書》卷八五《東夷列傳》正謂馬韓有五十四國，與此所列相符。又盧弼《集解》引《滿洲源流考》卷二，謂三韓統名辰國，自漢初已見，後爲新羅、百濟所并。其七十八國之名備載於《魏志》。國名多繫以"卑離"二字，以滿洲語考之，當爲"貝勒"之轉音，正猶"汗"之訛爲"韓"。而三汗之統諸貝勒，於體制恰相符合也。

[7] 侯準：百衲本、殿本、盧弼《集解》本作"侯淮"。盧弼注云："'淮'當作'準'，見前濊國傳注。"校點本已作"準"，今從之。

［8］韓地：丁謙云："箕淮之王馬韓也，據朝鮮史言，避衛滿之逼，率衆奪金馬郡居之，自稱武康王。金馬，即本傳王所治月支國，今爲全羅道益山郡。"（丁謙《〈三國志·東夷傳〉地理考證》）

［9］滿潘汗：校點本作"滿番汗"，百衲本、殿本、盧弼《集解》本均作"滿潘汗"。今從百衲本等。滿潘汗，主要指今朝鮮平安北道清川江下游西岸地區。

［10］蒙恬：秦始皇將。《史記》卷八八《蒙恬列傳》云："秦已并天下，乃使蒙恬將三十萬衆北逐戎狄，收河南。築長城，因地形，用制險塞，起臨洮，至遼東，延袤萬餘里。"張守節《正義》："遼東郡在遼水東，始皇築長城東至遼水，西南至海。"

［11］陳項：指陳勝、項梁、項羽。

［12］浿水：百衲本、殿本、盧弼《集解》本作"溴水"，下同。趙一清《注補》、梁章鉅《旁證》引沈欽韓説、盧弼《集解》等均謂當作"浿水"。校點本作"浿水"，今從之。浿水，因時代不同所指不同，漢代所説之浿水，即今朝鮮之清川江；東漢末或三國起，則指今之大同江。（本《〈中國歷史地圖集〉釋文匯編（東北卷）》）

［13］收：各本皆作"故"。盧弼《集解》云："何焯曰'故'字當作'收'。"校點本即從何焯説改爲"收"。今從之。

［14］及親：百衲本"及"字作"友"，殿本、盧弼《集解》本、校點本作"及"。今從殿本等。

［15］貢蕃：盧弼《集解》云："'貢'疑作'真'。"趙幼文《校箋》云："'貢'當作'真'，'蕃'當作'番'。真番見《漢書·朝鮮傳》。"

［16］地皇：新王莽年號（20—23）。

［17］鑕因將户來：各本皆作"辰鑕因將户來來"。殿本《考證》云"辰鑕'辰'字，來出'來'字疑皆衍。校點本即從《考證》刪"辰"字、"來"字。今從之。　含資縣：治所在今朝鮮黃海北道瑞典郡。

[18] 弁韓：百衲本、殿本作"牟韓"，盧弼《集解》本、校點本作"弁韓"。今從《集解》本等。

[19] 延光四年：公元125年。

[20] 復除：免除賦役。

桓、靈之末，[1]韓、濊彊盛，郡縣不能制，民多流入韓國。建安中，公孫康分屯有縣以南荒地爲帶方郡，[2]遣公孫模、張敞等收集遺民，興兵伐韓、濊，舊民稍出，是後倭、韓遂屬帶方。景初中，明帝密遣帶方太守劉昕、樂浪太守鮮于嗣越海定二郡，諸韓國臣智加賜邑君印綬，其次與邑長。其俗好衣幘，下戶詣郡朝謁，皆假衣幘，自服印綬衣幘千有餘人。部從事吳林以樂浪本統韓國，[3]分割辰韓八國以與樂浪，吏譯轉有異同，臣智激韓忿，[4]攻帶方郡崎離營。時太守弓遵、樂浪太守劉茂興兵伐之，遵戰死，二郡遂滅韓。

其俗少綱紀，國邑雖有主帥，邑落雜居，不能善相制御。無跪拜之禮。居處作草屋土室，形如冢，其戶在上，舉家共在中，無長幼男女之別。其葬有棺無槨，[5]不知乘牛馬，牛馬盡於送死。以瓔珠爲財寶，或以綴衣爲飾，或以縣頸垂耳，不以金銀錦繡爲珍。其人性彊勇，魁頭露紒，[6]如炅兵，衣布袍，足履革蹻蹋。[7]其國中有所爲及官家使築城郭，諸年少勇健者，皆鑿脊皮，以大繩貫之，又以丈許木鍤之，通日嚾呼作力，[8]不以爲痛，既以勸作，且以爲健。常以五月下種訖，祭鬼神，群聚歌舞，飲酒晝夜無休。其舞，數十人俱起相隨，踏地低昂，手足相應，節奏有似鐸舞。[9]十月農功畢，亦復如之。信鬼神，國邑各立一人主祭天神，名之天君。又諸國各有別邑，名之爲蘇塗。立大木，縣鈴鼓，事鬼神。諸亡逃至其中，皆不還之，好作賊。其立蘇塗之義，有似浮屠，[10]而所行善惡有異。其北方近郡諸國差曉禮俗，其遠處直如囚徒奴婢相聚。無他珍寶。禽獸草木略與中國同。出大栗，大如梨。[11]又出細尾雞，其尾皆長五尺餘。其男子時時有文身。又有州胡在馬韓之西海中大島上，[12]其人差短小，言語不與韓同，皆髡頭如鮮卑，但衣韋，好養牛及豬。其衣有上無下，略如裸勢。乘船往來，市買韓中。[13]

　　辰韓在馬韓之東，其耆老傳世，自言古之亡人避秦役來適韓國，馬韓割其東界地與之。有城柵，其言語不與馬韓同，名國爲邦，弓爲弧，賊爲寇，行酒爲行觴。相呼皆爲徒，有似秦人，非但燕、齊之名物也。名樂浪人爲阿殘；東方人名我爲阿，謂樂浪人本其殘餘人。今有名之爲秦韓者。始有六國，稍分爲十二國。

　　弁辰亦十二國，[14]又有諸小別邑，各有渠帥，大者名臣智，其次有險側，[15]次有樊濊，[16]次有殺奚，次有邑借。[17]有已柢國、不斯國、弁辰彌離彌凍國、弁辰接塗國、勤耆國、難彌離彌凍國、弁辰古資彌凍國、弁辰古淳是國、冉奚國、弁辰半路國、弁〔辰〕樂奴國、[18]軍彌國（弁軍彌國）、[19]弁辰彌烏邪馬國、如湛國、弁辰甘路國、户路國、州鮮國、馬延國、[20]弁辰狗邪國、弁辰走漕馬國、弁辰安邪國（馬延國)、[21]弁辰瀆盧國、斯盧國、優由國。弁、辰韓合二十四國，大國四五千家，小國六七百家，總四五萬戶。其十二國屬辰王。辰王常用馬韓人作之，世世相繼。辰王不得自立爲王。〔一〕土地肥美，宜種五穀及稻，[22]曉蠶桑，作縑布，乘駕牛馬。嫁娶禮俗，男女有別。以大鳥羽送死，其意欲使死者飛揚。〔二〕[23]國出鐵，韓、濊、倭皆從取之。[24]諸市買皆用鐵，如中國用錢，又以供給二郡。[25]俗喜歌舞飲酒。有瑟，其形似筑，[26]彈之亦有音曲。兒生，便以石壓其頭，[27]欲其褊，[28]今辰韓人皆褊頭。[29]男女近倭，亦文身。便步戰，兵仗與馬韓同。其俗，行者相逢，皆住讓路。

〔一〕《魏略》曰：明其爲流移之人，故爲馬韓所制。

〔二〕《魏略》曰：其國作屋，橫累木爲之，有似牢獄也。

[1] 桓靈之末：趙幼文《校箋》謂《太平御覽》卷七八〇引句上有"馬韓漢"三字。

[2] 屯有縣：治所在今朝鮮黃海北道黃州。(本《〈中國歷史地圖集〉釋文匯編（東北卷）》)又梁章鉅《旁證》云："沈欽韓曰：《通典》引此作'分屯有、有鹽縣'。《方輿紀要》引《通典》作'分屯有、昭明二縣'。按，《晉志》屯有，屬遼西部；有鹽，地無考，疑此《志》脱二字，而《通典》'有鹽'亦傳寫之誤。"趙幼文《校箋》又云："考《寰宇記》亦作'分屯有、有鹽二縣'。而《通典》注云：'屯有、有鹽漢遼東屬縣，今並爲東夷地。'是'有鹽'又非訛字也，惟其地望不可考耳。"《〈中國歷史地圖集〉釋文匯編（東北卷）》則云："案兩漢未曾在遼東郡置有鹽縣，杜書誤。"

［3］部從事：官名。即部郡國從事史，州牧刺史的屬吏，每郡國一人，主督促文書，察舉非法。

［4］臣智激韓：殿本、盧弼《集解》本、校點本皆如此，百衲本作"臣幘沾韓"。今從殿本等。

［5］有棺無槨：校點本作"有槨無棺"，百衲本、殿本、盧弼《集解》本均作"有棺無槨"。今從百衲本等。

［6］魁頭：頭不戴帽。 紒（jì）：髮結。

［7］蹻（jué）蹋：靴子。

［8］嚾（huān）：玄應《一切經音義》卷一二引《聲韻》："嚾，呼也。"

［9］鐸舞：漢代舞曲名。舞人持鐸隨曲而舞。

［10］浮屠："佛陀"之異譯，本指佛（覺者），此指佛寺。

［11］大如梨：吳金華《〈三國志〉待質錄》謂"如梨"二字文義已足，《後漢書》卷八五《東夷傳》即無"大"字。又《齊民要術‧種栗》引《魏志》作"狀如栗"，則"大"字或許是"狀"的殘訛。

［12］大島：當指今朝鮮半島西南端隔濟州海峽之濟州島。（本丁謙《〈後漢書‧東夷列傳〉地理考證》）

［13］韓中：百衲本、殿本、盧弼《集解》本作"中韓"。盧弼謂《後漢書》作"韓中"。趙幼文《校箋》謂《太平寰宇記》《太平御覽記》俱引作"韓中"。按，校點本作"韓中"，今從之。

［14］弁辰：即弁韓。殿本《考證》云："此'弁辰'疑作'弁韓'，下別有'弁辰'。"按，《後漢書》卷八五《東夷傳》云："韓有三種：一曰馬韓，二曰辰韓，三曰弁辰。"又謂三韓"皆古之辰國也"。是弁辰即弁韓，蓋習慣稱之如此。

［15］險側：《後漢書》卷八五《東夷傳》作"儉側"。

［16］樊濊：《後漢書》卷八五《東夷傳》作"樊祇"。李賢於末句"邑借"下注云："皆其官名。"

［17］邑借：殿本、盧弼《集解》本作"借邑"，百衲本、校

點本作"邑借",《後漢書》亦作"邑借"。今從百衲本等。

[18] 弁辰樂奴國:各本皆作"樂奴國"。盧弼《集解》云:"沈家本曰:'弁'下疑奪'辰'字。弁辰十二國,前後列其十,尚少其一,疑即此樂奴國及下弁軍彌國也。"校點本即從沈說增"辰"字,今從之。

[19] 軍彌國:"軍彌國"下,各本皆有"弁軍彌國",校點本亦從沈家本說刪,今從之。

[20] 馬延國:各本此皆有"馬延國",校點本誤刪。今從百衲本等。

[21] 弁辰安邪國:"弁辰安邪國"下,各本皆有"馬延國",校點本亦據沈家本說刪,今從之。

[22] 宜種:盧弼《集解》本作"宜移種",百衲本、殿本、校點本均作"宜種"。今從百衲本等。

[23] 飛揚:趙幼文《校箋》謂《太平寰宇記》"飛"上有"神魂"二字。

[24] 取之:趙幼文《校箋》謂《太平御覽》卷八一三引"取"字作"市"。

[25] 二郡:指樂浪、帶方二郡。

[26] 筑:古代弦樂器。有弦十三,左手按弦,右手以竹尺擊之,即發樂音。

[27] 壓:百衲本、校點本作"厭",殿本、盧弼《集解》本作"壓"。二字雖通,今仍從殿本等。

[28] 欲:趙幼文《校箋》謂《册府元龜》卷九五九引"欲"字作"令",《太平寰宇記》同。

[29] 今辰韓人:趙幼文《校箋》謂《太平御覽》卷三六三引《魏志》"今"上有"故"字。

弁辰與辰韓雜居,亦有城郭。衣服居處與辰韓同。

言語法俗相似，祠祭鬼神有異，施竈皆在户西。其瀆盧國與倭接界。[1]十二國亦有王，其人形皆大。衣服絜清，長髮。亦作廣幅細布。法俗特嚴峻。

[1] 瀆盧國：丁謙云："瀆盧部地當即今慶尚道南巨濟島。此島與日本之對馬島東西相距不遠，故曰接界。"（丁謙《〈三國志·東夷傳〉地理考證》）

倭人在帶方東南大海之中，依山島爲國邑。舊百餘國，漢時有朝見者，[1]今使譯所通三十國。從郡至倭，循海岸水行，歷韓國，乍南乍東，[2]到其北岸狗邪韓國，[3]七千餘里，[4]始度一海，千餘里至對馬國。[5]其大官曰卑狗，副曰卑奴母離。[6]所居絕島，方可四百餘里，土地山險，多深林，道路如禽鹿徑。有千餘户，無良田，食海物自活，乘船南北市糴。又南渡一海千餘里，名曰瀚海，至（一大國）〔一支國〕，[7]官亦曰卑狗，副曰卑奴母離。方可三百里，多竹木叢林，有三千許家，差有田地，耕田猶不足食，亦南北市糴。又渡一海，千餘里至末盧國，[8]有四千餘户，濱山海居，草木茂盛，行不見前人，好捕魚鰒，[9]水無深淺，皆沈没取之。東南陸行五百里，到伊都國，[10]官曰爾支，副曰泄謨觚、柄渠觚。有千餘户，世有王，皆統屬女王國，[11]郡使往來常所駐。東南至奴國百里，[12]官曰兕馬觚，副曰卑奴母離，有二萬餘户。東行至不彌國百里，[13]官曰多模，副曰卑奴母離，有千餘家。南至投馬國，[14]水行二十日，官曰彌彌，副曰彌彌那利，可五萬餘户。南至（邪馬壹國）〔邪馬臺國〕，[15]女王之所都，水行十日，陸行一月。官有伊支馬，次曰彌馬升，[16]次曰彌馬獲支，次曰奴佳鞮，可七萬餘户。自女王國以北，其户數道里可得略載，[17]其餘旁國遠絶，不可得詳。次有斯馬國，[18]次有已百支國，[19]次有伊邪國，[20]次有郡支國，[21]次有彌奴國，[22]次有好古都國，[23]次有不呼國，[24]次有姐奴國，[25]次有對蘇國，[26]次有蘇奴國，[27]次有呼邑國，[28]次有華奴蘇奴國，[29]次有鬼國，[30]次有爲吾國，[31]次有鬼奴國，[32]次有邪馬國，[33]次有躬臣國，[34]次有巴利國，[35]次有支惟國，[36]次有烏奴國，[37]次有奴國，此女王境界所盡。其南有狗奴國，[38]男子爲王，其官有狗古智卑狗，[39]不屬女王。自郡至女王國萬二千餘里。

　　男子無大小皆黥面文身。[40]自古以來，[41]其使詣中國，皆自稱大夫。夏后少康之子封於會稽，[42]斷髮文身以避蛟龍之害。今倭水人好沈没捕魚蛤，文身亦以厭大魚水禽，後稍以爲飾。諸國文身各異，或左或右，或大或小，尊卑有差。計其道里，當在會稽、東冶之東。[43]其風俗不淫，男子皆露紒，以木緜招頭。[44]其衣横幅，但結束相連，略無縫。婦人被髮屈紒，作衣如單被，穿其中央，貫頭衣之。種禾稻、紵麻、蠶桑、緝績，出細紵、縑緜。其地無牛、馬、虎、豹、羊、鵲。[45]兵用矛、楯、木弓。木弓短下長上，竹箭或鐵鏃或骨鏃，所有無與儋耳、朱崖同。[46]倭地温暖，[47]冬夏食生菜，皆徒跣。有屋室，父母兄弟卧息異處，以朱丹塗其身體，如中國用粉也。食飲用籩豆，[48]手食。其死，有棺無椁，封土作冢。始死停喪十餘日，當時不食肉，喪主哭泣，他人就歌舞飲酒。已葬，舉家詣水中澡浴，以如練沐。其行來渡海詣中國，[49]恒使一人不梳頭、不去蟣蝨、衣服垢污、不食肉、不近婦人，如喪人，名之爲持衰。[50]若行者吉善，共顧其生口財物；若有疾病，遭暴害，便（欲）〔共〕殺之，[51]謂其持衰不謹。出真珠、青玉。其山有丹，其木有柟、杼、豫樟、楺櫪、投橿、烏號、楓香，[52]其竹篠簳、桃支。有薑、橘、椒、蘘荷，不知以爲滋味。有獮猴、黑雉。[53]其俗舉事行來，有所云爲，輒灼骨而卜，以占吉凶，先告所卜，其辭如令龜法，[54]視火坼占兆。[55]其會同坐起，父子男女無別，人性嗜酒。〔一〕見大人所敬，但搏手以當跪拜。其人壽考，或百年，或八九十年。其俗，國大人皆四五婦，[56]下户或二三婦。婦人不淫，不妒忌。不盜竊，少諍訟。其犯法，輕者没其妻子，重者滅其門户。[57]及宗族尊卑，各有差序，足相臣服。收租賦。有邸閣。[58]國國有市，交易有無，使大倭監之。自女王國以北，特置一大率，檢察諸國，諸國畏憚之。[59]常治伊都國，於國中有如刺史。王遣使詣京都、帶方郡、諸韓國，及郡使倭國，皆臨津搜露，傳送文書賜遺之物詣女王，不得差錯。下户與大人相逢道路，逡巡入草。傳辭説事，或蹲或跪，兩手據地，爲之恭敬。[60]對應聲曰"噫"，比如然諾。[61]

〔一〕《魏略》曰：其俗不知正歲四節，[62]但計春耕秋收爲年紀。

[1] 漢時有朝見者：《漢書·地理志下》云："樂浪海中有倭人，分爲百餘國，以歲時來獻見云。"

[2] 乍南乍東：丁謙云："乍南乍東者，先南行，後轉而東行。"（丁謙《〈三國志·倭人傳〉地理考證》）

[3] 狗邪韓國：梁章鉅《旁證》云："《後漢書》'狗'作'拘'。"丁謙云："蓋即今慶尚道極南金海郡地，《明史》所謂釜山是也。"（丁謙《〈三國志·倭人傳〉地理考證》）

[4] 七千餘里：據現代學者研究，本傳中所記里程均不可靠，里數太大（詳見汪向榮《邪馬臺國》，中國社會科學出版社 1982 年版）。

[5] 對馬國：百衲本作"對海國"，殿本、盧弼《集》本、校點本作"對馬國"。今從殿本等。對馬國，在今日本對馬島。

[6] 卑奴母離：百衲本、殿本"母"字作"毋"，盧弼《集解》本、校點本作"母"。趙幼文《校箋》謂《太平御覽》卷七八二引作"母"。今從《集解》本等。

[7] 一支：各本皆作"一大國"。丁謙所引《三國志·倭人傳》作"一支國"，《北史》卷九四《倭國傳》、《梁書》卷五四《諸夷倭傳》亦作"一支國"，今據改。丁謙對支國注云："日本人稱壹岐。"即今與對馬島隔對馬海峽相望之壹岐島。

[8] 末盧國：在今北九州佐賀縣松浦郡（本崔連仲主編《世界史·古代史》，人民出版社 1983 年版）。

[9] 好捕魚鰒：趙幼文《校箋》謂《太平御覽》卷七八二引作"善捕魚"。按，魚鰒，盧弼《集解》云："何焯校改作'鰒魚'。"

[10] 伊都國：在今北九州福岡縣，係島郡（舊稱怡土郡，本崔連仲主編《世界史·古代史》）。

[11] 女王國：指卑彌呼爲王的國家，即邪馬臺國。（本平賀延《日本史資料選集·語彙編》）

[12] 奴國：在九州舊築前那珂郡博多。（本汪向榮《邪馬臺國》所列日本學者研究諸國概況簡表。其中又取邪馬臺國九州説一派之意見。以下未注明者，均本此）

[13] 不彌國：在九州舊太宰相附近。

[14] 投馬國：在九州舊薩摩（高城托摩鄉）。

[15] 邪馬臺國：各本皆作"邪馬壹國"。丁謙所引《三國志·倭人傳》作"邪馬臺國"，《後漢書》卷八五《東夷傳》亦作"邪馬臺國"。趙幼文《校箋》謂《太平御覽》卷七八二引《魏志》"壹"字亦作"臺"。今據改。邪馬臺國在九州舊肥後菊池郡山門鄉。

[16] 彌馬升：趙幼文《校箋》謂《太平御覽》卷七八二引"升"字作"叔"。

[17] 可得略載：殿本、盧弼《集解》本無"得"字，百衲本、校點本有。今從百衲本等。

[18] 斯馬國：在九州舊築前或志摩。

[19] 已百支國：在九州舊肥後或合志。

[20] 伊邪國：在九州舊伊邪早。

[21] 郡支國：百衲本、殿本、標點本作"都支國"，盧弼《集解》作"郡支國"，日本學者之研究亦稱"郡支國"。今從《集解》本。郡之國在九州舊肥前或小城。

[22] 彌奴國：在九州舊肥前或三根。

[23] 好古都國：在九州舊菊池。

[24] 不呼國：在九州舊肥前或伊福。

[25] 姐奴國：在九州舊築後或竹野。

[26] 對蘇國：在九州舊阿蘇。

[27] 蘇奴國：在九州舊肥後或佐野。

[28] 呼邑國：在九州舊肥後或川内。

[29] 華奴蘇奴國：在九州舊肥前或神崎。

　　[30] 鬼國：在九州舊肥後或彼杵。

　　[31] 爲吾國：在九州舊築後或生葉。

　　[32] 鬼奴國：在九州舊肥後或城野。

　　[33] 邪馬國：在九州舊八女。

　　[34] 躬臣國：在九州舊肥前或巨勢。

　　[35] 巴利國：在九州舊肥後或波良。

　　[36] 支惟國：在九州舊肥後或基肆。

　　[37] 烏奴國：在九州舊築前或大野。

　　[38] 狗奴國：在九州舊伊予或河野鄉。

　　[39] 狗古智卑狗：趙幼文《校箋》謂《太平御覽》卷七八二引"古"字作"石"。

　　[40] 男子：趙幼文《校箋》謂《太平御覽》引"男"上有"其俗"二字。　黥面文身：盧弼《集解》引沈欽韓曰："《御覽》'文身'下有'聞其舊語，自謂太伯之後'十字。"趙幼文《校箋》謂此《太平御覽》見卷七八二。

　　[41] 自古：趙幼文《校箋》謂《太平御覽》卷七八二引"古"上有"上"字，《晉書》同。

　　[42] 少康：夏代國君，帝相之子。帝相被寒浞攻殺，少康生母逃歸有仍氏而生少康。後少康得有鬲氏之助，滅寒浞，復興夏朝，史稱少康中興。（見《左傳》襄公四年與哀公元年）又據《史記》卷二《夏本紀》，少康子名予（zhù），《左傳》與《國語·魯語上》又作"杼"。但諸書均未言杼封會稽之事。　會稽：地名，其地有會稽山，在今浙江紹興市東南。秦始置會稽郡，而治所在吳縣，在今江蘇蘇州市；東漢永建四年（129）移治所於山陰縣，在今浙江紹興市。

　　[43] 東冶：百衲本、殿本、盧弼《集解》本作"東治"，《後漢書》卷八五《東夷傳》作"東冶"，盧弼謂當作"東冶"。校點本正作"東冶"，今從之。東冶，縣名。治所在今福建福州市。丁

謙謂,會稽,今江浙地;東冶,今福建地,與日本方位均不相應,殊屬臆測。(見丁謙《〈後漢書·東夷傳〉地理考證》)

[44] 招頭:謂繫在頭上。

[45] 無牛馬:汪向榮《邪馬臺國》謂此記載有誤,在日本的考古發掘中,已發見了這一時期的馬齒、馬骨等遺迹、遺物。

[46] 儋耳:郡名。漢武帝元鼎六年(前111)置,治所儋耳縣,在今海南儋縣西北南灘。漢昭帝始元五年(前82)廢。錢大昭《辨疑》云:"儋耳郡自漢昭帝既罷之後,不知復置於何時。吳郡陸凱赤烏中爲儋耳太守。"赤烏,吳大帝孫權年號(238—251)。

朱崖:即珠崖。郡名。漢武帝元鼎六年置,治所瞫都縣,在今海南瓊山縣東南。漢元帝初元三年(前46)廢。吳增僅《三國郡縣表附考證》云:"(朱崖郡)前漢舊郡,《晋志》吳赤烏五年復立。疑治徐聞。"徐聞縣治所在今廣東徐聞縣南。

[47] 温暖:趙幼文《校箋》謂《藝文類聚》卷八二引"暖"字作"和"。

[48] 籩豆:古代祭祀或宴會時盛果品等之竹容器。

[49] 行來:出行。

[50] 持衰(cuī):盧弼《集解》本作"持哀",百衲本、殿本、校點本作"持衰",下皆同。今從百衲本等。持衰,猶言持服,服喪,守孝。

[51] 便共:各本作"便欲"。《後漢書》卷八五《東夷傳》"欲"字作"共"。趙幼文《校箋》謂《通典·邊防典》亦作"共"。今據《後漢書》改。

[52] 杼:趙幼文《校箋》謂《册府元龜》卷九五九引作"梓",是也。 櫲樟:趙幼文《校箋》謂《册府元龜》引"櫲"字作"櫟"。

[53] 獼猴:殿本"猴"字作"猿",百衲本、盧弼《集解》本、校點本作"猴"。今從百衲本等。

[54] 令龜法:謂用龜甲占卜法。此法盛行於殷商。做法是:

先將龜甲整治幹净，然後在龜甲的背面鑽圓形的窩或鑿梭形的槽。占卜時，先將所卜之事告鬼神，然後用硬木枝燒成炭，用炭火沿龜甲背面的窩槽邊沿燙灼，使龜甲正面的相應部位呈現"卜"字形的裂紋，這就是卜兆。卜人即根據卜兆裂紋的長短、粗細、曲折、隱顯等以判斷問事之吉凶。

[55] 火坼（chè）：謂用炭火燙灼骨窩槽而出現之裂紋。

[56] 國大人：趙幼文《校箋》謂《後漢書·東夷傳》"國"下有"多女子"三字。

[57] 滅其門户：百衲本"滅"字作"没"，殿本、盧弼《集解》本、校點本作"滅"。今從殿本等。

[58] 邸閣：官府儲存糧食或物資之處所。

[59] 諸國：百衲本無此"諸國"二字，殿本、盧弼《集解》本、校點本有。今從殿本等。

[60] 爲之：趙幼文《校箋》謂《太平御覽》卷七八二引"爲"字作"謂"是。按，二字可通。王引之《經傳釋詞》卷二："家大人曰：爲，猶謂也。"

[61] 對應聲曰噫比如然諾：趙幼文《校箋》謂《太平御覽》卷七八二引"對應聲"作"其呼應聲"，"噫比"作"噫噫"。疑"比"字當作"噫"。古重文符號多類"匕"，因訛爲"比"也。

[62] 正歲：夏曆之正月。　四節：殿本作"四時"，百衲本、盧弼《集解》本、校點本作"四節"。今從百衲本等。四節，謂春、夏、秋、冬四時節。

其國本亦以男子爲王，住七八十年，倭國亂，[1]相攻伐歷年，乃共立一女子爲王，名曰卑彌呼，事鬼道，能惑衆，年已長大，無夫壻，有男弟佐治國。自爲王以來，少有見者。以婢千人自侍，唯有男子一人給飲食，傳辭出入。居處宫室樓觀，城柵嚴設，常有人持兵守衛。

女王國東渡海千餘里，復有國，[2]皆倭種。又有侏儒國在其南，人長三四尺，去女王四千餘里。又有裸國、黑齒國復在其東南，船行一年可至。參問倭地，絕在海中洲島之上，或絕或連，周旋可五千餘里。

景初（二）〔三〕年六月，[3]倭女王遣大夫難升米等詣郡，[4]求詣天子朝獻，太守劉夏遣吏將送詣京都。其年十二月，詔書報倭女王曰："制詔親魏倭王卑彌呼：帶方太守劉夏遣使送汝大夫難升米、次使都市牛利奉汝所獻男生口四人、女生口六人、班布二匹二丈，以到。汝所在踰遠，乃遣使貢獻，是汝之忠孝，我甚哀汝。[5]今以汝爲親魏倭王，假金印紫綬，[6]裝封付帶方太守假授汝。其綬撫種人，勉爲孝順。汝來使難升米、牛利涉遠，道路勤勞，今以難升米爲率善中郎將，牛利爲率善校尉，[7]假銀印青綬，引見勞賜遣還。今以絳地交龍錦五匹、〔一〕[8]絳地縐粟罽十張、蒨絳五十匹、紺青五十匹，答汝所獻貢直。又特賜汝紺地句文錦三匹、細班華罽五張、[9]白絹五十匹、金八兩、五尺刀二口、銅鏡百枚、真珠、鉛丹各五十斤，皆裝封付難升米、牛利還到錄受。悉可以示汝國中人，使知國家哀汝，故鄭重賜汝好物也。"

〔一〕臣松之以爲"地"應爲"綈"，[10]漢文帝著皂衣謂之弋綈是也。此字不體，非魏朝之失，則傳寫者誤也。

[1]倭國亂：《太平御覽》卷七八二引《魏志》云："漢靈帝

光和中,倭國亂。"《北史》卷九四《倭國傳》、《梁書》卷五四《諸夷倭傳》皆謂漢靈帝光和中倭國亂。《後漢書》卷八五《東夷傳》則云:"桓、靈間,倭國大亂。"趙幼文《校箋》謂"住七八十年"之"住"疑爲"往"字之誤。往七八十年,猶言過去七八十年也。《後漢書》作"桓靈間",桓靈至景初約七八十年。作"住"字不可解。

[2] 復有國:《後漢書》卷八五《東夷傳》謂爲拘奴國。

[3] 景初三年:各本皆作"景初二年"。《太平御覽》卷七八二引《魏志》作"景初三年",《梁書》卷五四《諸夷倭傳》、校點本《北史·倭國傳》亦作"景初三年"。今據改。

[4] 郡:指帶方郡。

[5] 哀:《釋名·釋言語》:"哀,愛也。愛乃思念之也。"

[6] 金印:盧弼《集解》云:"傅雲龍《日本金石志》載,此印尚存。"

[7] 校尉:官名。漢代軍職之稱。東漢末,位次于中郎將。魏晋沿置,而名號繁多,品秩亦高低不等。此率善校尉與上句率善中郎將,皆名譽官職。

[8] 地:質地,底子。

[9] 班:盧弼《集解》本作"斑",百衲本、殿本、校點本作"班"。按,二字通,今從百衲本等。

[10] 地應爲綈:周壽昌《注證遺》云:"蓋'地'猶'質'也。絳地、紺地,其本質之色;交龍、縐粟、句文,則錦罽所織之文。裴注自誤,非本文誤也。"

　　正始元年,[1]太守弓遵遣建中校尉梯儁等奉詔書印綬詣倭國,拜假倭王,并齎詔賜金、帛、錦罽、刀、鏡、采物,倭王因使上表答謝詔恩。[2]其四年,倭王復遣使大夫伊聲耆、掖邪狗等八人,[3]上獻生口、倭錦、絳青縑、緜衣、帛布、丹木、㺃、短弓矢。[4]掖邪狗等壹拜率善中郎將印綬。其六年，詔賜倭難升米黄幢，[5]付郡假授。其八年，太守王頎到官。倭女王卑彌呼與狗奴國男王卑彌弓呼素不和，遣倭載斯、烏越等詣郡説相攻擊狀。遣塞曹掾史張政等因齎詔書、黄幢，[6]拜假難升米爲檄告喻之。卑彌呼以死，[7]大作冢，徑百餘步，狥葬者奴婢百餘人。更立男王，國中不服，更相誅殺，當時殺千餘人。[8]復立卑彌呼宗女（壹與）〔臺與〕，[9]年十三爲王，國中遂定。政等以檄告喻（壹與）〔臺與〕，（壹與）〔臺與〕遣倭大夫率善中郎將掖邪狗等二十人送政等還，因詣臺，獻上男女生口三十人，貢白珠五千孔，[10]青大句珠二枚，異文雜錦二十匹。

［1］正始元年：《晉書》卷一《宣帝紀》云："正始元年春正月，東倭重譯納貢。"

［2］詔恩：百衲本、殿本作"詔恩"，盧弼《集解》本、校點本作"恩詔"。今從百衲本等。

［3］掖邪狗：百衲本"狗"字作"拘"，殿本、盧弼《集解》本、校點本作"狗"。今從殿本等。

［4］㺃（fù）：本作"䍧"，獸名。《集韻》謂似羊，四耳，無尾，目附於背。

［5］黄幢：用作儀仗的黄色旗幟。

［6］塞曹掾史：官名。曹魏置，郡屬官。僅置於邊郡，掌邊郡事宜。

［7］以死：趙幼文《校箋》謂《太平御覽》卷七八二引無"以"字。

［8］更相誅殺當時殺千餘人：趙幼文《校箋》謂《太平御覽》

引作"更相殺數千人",無"誅當時"三字(當言無"誅殺當時"及"餘"五字)。

[9] 臺與:各本皆作"壹與"。盧弼《集解》云:"《寰宇記》'與'作'奧'。"按,《太平御覽》卷七八二引作"臺舉",《梁書》卷五四《諸夷傳》作"臺與",《北史》卷九四《倭傳》亦作"臺與",《通典·邊防一》作"臺興"。今從《梁書》《北史》等。

[10] 五千孔:五千顆。(參吳金華《校詁》附《考釋集錦》引劉世儒説)

評曰:《史》《漢》著朝鮮、兩越,東京撰録西羌。魏世匈奴遂衰,更有烏丸、鮮卑,爰及東夷,使譯時通,記述隨事,豈常也哉![一]

〔一〕《魏略·西戎傳》曰:氐人有王,[1] 所從來久矣。自漢開益州,[2] 置武都郡,[3] 排其種人,分竄山谷間,或在福禄,[4] 或在汧、隴左右。[5] 其種非一,稱槃瓠之後,[6] 或號青氐,或號白氐,或號蚺氐,此蓋蟲之類而處中國,人即其服色而名之也。其自相號曰盍稚,各有王侯,多受中國封拜。[7] 近去建安中,興國氐王阿貴、(白項)〔百項〕氐王千萬各有部落萬餘,[8] 至十六年,[9] 從馬超爲亂。超破之後,阿貴爲夏侯淵所攻滅,千萬西南入蜀,其部落不能去,皆降。國家分徙其前後兩端者,置扶風、美陽,[10] 今之安夷、撫夷二部護軍所典是也。[11] 其(太)〔本〕守善,[12] 分留天水、南安界,[13] 今之(廣平魏郡)〔廣魏郡〕所守是也。[14] 其俗,語不與中國同,及羌雜胡同,各自有姓,姓如中國之姓矣。其衣服尚青絳。俗能織布,善田種,畜養豕、牛、馬、驢、騾。其婦人嫁時著袿襡,其緣飾之制有似羌,袿襡有似中國袍。皆編髮。多知中國語,由與中國錯居故也。其自還種落間,則自氐語。其嫁娶有似於羌，此蓋乃昔所謂西戎在于街、冀、獂道者也。[15]今雖都統於郡國，然故自有王侯在其虛落間。又故武都地陰平街左右，[16]亦有萬餘落。贅虜，本匈奴〔之奴〕也，[17]匈奴名奴婢爲贅。[18]始建武時，匈奴衰，分去其奴婢，亡匿在金城、武威、酒泉北黑水、西河東西，[19]畜牧逐水草，鈔盜涼州，[20]部落稍多，[21]有數萬，不與東部鮮卑同也。其種非一，有大胡，[22]有丁令，或頗有羌雜處，由本亡奴婢故也。[23]當漢、魏之際，其大人有檀柘，死後，其枝大人南近在廣魏、令居界，[24]有禿瑰來數反，爲涼州所殺。今有劭提，或降來，或遁去，常爲西州道路患也。[25]

燉煌西域之南山中，[26]從婼羌西至蔥領數千里，[27]有月氏餘種蔥茈羌、白馬、黃牛羌，[28]各有酋豪，北與諸國接，不知其道里廣狹。傳聞黃牛羌各有種類，[29]孕身六月生，南與白馬羌鄰。西域諸國，漢初開其道，時有三十六，[30]後分爲五十餘。從建武以來，更相吞滅，于今有二十。[31]道從燉煌玉門關入西域，[32]前有二道，[33]今有三道。從玉門關西出，經婼羌轉西，越蔥領，經縣度，[34]入大月氏，爲南道。[35]從玉門關西出，發都護井，回三隴沙北頭，經居盧倉，從沙西井轉西北，過龍堆，[36]到故樓蘭，[37]轉西詣龜茲，至蔥領，爲中道。從玉門關西北出，經橫坑，辟三隴沙及龍堆，出五船北，[38]到車師界戊己校尉所治高昌，[39]轉西與中道合龜茲，爲新道。[40]凡西域所出，有前史已具詳，今故略說。南道西行，且(志)〔末〕國、小宛國、精絶國、樓蘭國皆并屬鄯善也。[41]戎盧國、(扞)〔扜〕彌國、渠勒國、(穴山國)〔皮山國〕皆并屬于寘。[42]罽賓國、大夏國、高附國、天竺國皆并屬大月氏。[43]

臨兒國，《浮屠經》云其國王生浮屠。[44]浮屠，太子也。父曰屑頭邪，母云莫邪。浮屠身服色黃，髮(青)如青絲，[45]乳〔有〕青毛，[46](蛉)〔爪〕赤如銅。[47]始莫邪夢白象而孕，及生,從母(左)〔右〕脅出,[48]生而有結,[49]墮地能行七步。此國在天竺城中。[50]天竺又有神人,名沙律。昔漢哀帝元壽元年,[51]博士弟子景盧受大月氏王使伊存口受《浮屠經》,[52]曰復(立)〔豆〕者其人也。[53]《浮屠》所載臨蒲塞、桑門、伯聞、疏問、白疏閒、比丘、晨門,[54]皆弟子號也。《浮屠》所載與中國《老子經》相出入,蓋以爲老子西出關,過西域之天竺,教胡〔爲〕浮屠,[55]屬弟子別號,合有二十九,不能詳載,故略之如此。

　　車離國一名禮惟特,[56]一名沛隸王,在天竺東南三千餘里,其地卑溼暑熱。其王治沙奇城,[57]有別城數十,[58]人民怯弱,月氏、天竺擊服之。其地東西南北數千里,人民男女皆長一丈八尺,[59]乘象、橐駝以戰,[60]今月氏役稅之。

　　盤越國一名漢越,[61]王在天竺東南數千里,[62]與益部相近,[63]其人小與中國人等,[64]蜀人賈似至焉。南道而西極轉東南盡矣。

　　中道西行尉梨國、危須國、山王國皆并屬焉者,[65]姑墨國、溫宿國、尉頭國皆并屬龜茲也。[66]楨中國、莎車國、竭石國、渠沙國、西夜國、依耐國、蒲犁國、億若國、榆令國、捐毒國、休脩國、琴國皆并屬疏勒。[67]自是以西,大宛、安息、條支、烏弋。[68]烏弋一名排特,[69]此四國次在西,本國也,無增損。前世謬以爲條支在大秦西,[70]今其實在東。前世又謬以爲彊於安息,今更役屬之,號爲安息西界。前世又謬以爲弱水在條支西,[71]今弱水在大秦西。前世又謬以爲從條支西行二百餘日,近日所入,今從大秦西近日所入。

　　大秦國一號犂靬,在安息、條支西大海之西,[72]從安息界安谷城乘船,[73]直截海西,遇風利二月到,風遲或一歲,無風或三歲。其國在海西,故俗謂之海西。有河出其國,西又有大海。海西有遲散城,[74]從國下直北至烏丹城,[75]西南又渡一河,乘船一日乃過。西南又渡一河，一日乃過。凡有大都三，[76]卻從安谷城陸道直北行之海北，[77]復直西行之海西，[78]復直南行經之烏遲散城，[79]渡一河，乘船一日乃過。周迴繞海，[80]凡當渡大海六日乃到其國。[81]國有小城邑合四百餘，東西南北數千里。其王治濱側河海，以石爲城郭。其土地有松、柏、槐、梓、竹、葦、楊柳、梧桐、百草。[82]民俗，田種五穀，畜乘有馬、騾、驢、駱駝。[83]桑蠶。俗多奇幻，口中出火，自縛自解，跳十二丸巧妙。[84]其國無常主，國中有災異，輒更立賢人以爲王，而生放其故王，[85]王亦不敢怨。其俗人長大平正，似中國人而胡服。自云本中國一別也，常欲通使於中國，而安息圖其利，不能得過。其俗能胡書。其制度，公私宮室爲重屋，旌旗擊鼓，白蓋小車，郵驛亭置如中國。從安息繞海北到其國，人民相屬，十里一亭，三十里一置，終無盜賊。但有猛虎、獅子爲害，行道不羣則不得過。其國置小王數十，其王所治城周回百餘里，有官曹文書。王有五宮，一宮間相去十里，[86]其王平旦之一宮聽事，至日暮一宿，明日復至一宮，[87]五日一周。置三十六將，每議事，一將不至則不議也。王出行，常使從人持一韋囊自隨，有白言者，[88]受其辭投囊中，還宮乃省爲決理。以水精作宮柱及器物。[89]作弓矢。其別枝封小國，曰澤散王，曰驢分王，曰且蘭王，[90]曰賢督王，曰汜復王，曰于羅王，其餘小王國甚多，不能一一詳之也。國出細絺。作金銀錢，金錢一當銀錢十。[91]有織成細布，言用水羊毳，[92]名曰海西布。此國六畜皆出水，或云非獨用羊毛也，亦用木皮或野繭絲作，織成氍毹、毾㲪、罽帳之屬皆好，[93]其色又鮮于海東諸國所作也。又常利得中國絲，[94]解以爲胡綾，故數與安息諸國交市於海中。海水苦不可食，故往來者希到其國中。山出九色次玉石，一曰青，二曰赤，三曰黃，四曰白，五曰黑，六曰綠，七曰紫，八曰紅，九曰紺。今伊吾山中有九色石，[95]即其類。陽嘉三年時，[96]疎勒王臣槃獻海西青石、金帶各一。又今《西域舊圖》云罽賓、條支諸國出琦石，[97]即次玉石也。大秦多金、銀、銅、鐵、鉛、錫、神龜、白馬、朱髦、[98]駭雞犀、瑇瑁、玄熊、赤螭、[99]辟毒鼠、大貝、車渠、[100]瑪瑙、南金、翠爵、[101]羽翮、象牙、符采玉、明月珠、夜光珠、真白珠、虎珀、珊瑚、赤白黑綠黃青紺縹紅紫十種流離、璆琳、琅玕、水精、玫瑰、雄黃、雌黃、[102]碧、五色玉、黃白黑綠紫紅絳紺金黃縹留黃十種氍毹、五色氍㲪、五色九色首下氍㲪、金縷繡、雜色綾、金塗布、緋持布、發陸布、緋持渠布、火浣布、[103]阿羅得布、巴則布、度代布、溫宿布、五色桃布、絳地金織帳、[104]五色斗帳、一微木、二蘇合、狄提、迷迭、兜納、白附子、薰陸、鬱金、芸膠、薰草木十二種香。[105]大秦道既從海北陸通，又循海而南，與交趾七郡外夷比，[106]又有水道通益州、永昌，[107]故永昌出異物。前世但論有水道，不知有陸道，今其略如此，其民人戶數不能備詳也。自蔥領西，此國最大，置諸小王甚多，故錄其屬大者矣。

澤散王屬大秦，[108]其治在海中央，北至驢分，[109]水行半歲，風疾時一月到，最與安息安谷城相近，西南詣大秦都不知里數。驢分王屬大秦，其治去大秦都二千里。從驢分城西之大秦渡海，飛橋長二百三十里，[110]渡海道西南行，繞海直西行。且蘭王屬大秦。[111]從思陶國直南渡河，[112]乃直西行之且蘭三千里。道出河南，乃西行，從且蘭復直西行之汜復國六百里。[113]南道會汜復，乃西南之賢督國。[114]且蘭、汜復直南，乃有積石，[115]積石南乃有大海，出珊瑚，真珠。且蘭、汜復、斯賓、阿蠻北有一山，[116]東西行。大秦海（西東）〔東西〕各有一山，[117]皆南北行。賢督王屬大秦，其治東北去汜復六百里。[118]汜復王屬大秦，其治東北去于羅三百四十里渡海也。[119]于羅屬大秦，其治在汜復東北，渡河，從于羅東北又渡河，斯羅東北又渡河。[120]斯羅國屬安息，與大秦接也。大秦西有海水,[121]海水西有河水,河水西南北行有大山,西有赤水,赤水西有白玉山,白玉山有西王母,西王母西有脩流沙,流沙西有大夏國、堅沙國、屬繇國、月氏國,四國西有黑水,[122]所傳聞西之極矣。

北新道西行,至東且彌國、西且彌國、單桓國、畢陸國、蒲陸國、烏貪國,[123]皆并屬車師後部王。王治于賴城,[124]魏賜其王壹多雜守魏侍中,[125]號大都尉,[126]受魏王印。轉西北則烏孫、康居,本國無增損也。北烏伊別國在康居北,[127]又有柳國,[128]又有嚴國,[129]又有奄蔡國一名阿蘭,[130]皆與康居同俗。西與大秦東南與康居接。其國多名貂,畜牧逐水草,臨大澤,[131]故時羈屬康居,今不屬也。

呼得國在蔥嶺北,[132]烏孫西北,[133]康居東北,勝兵萬餘人,隨畜牧,出好馬,有貂。堅昆國在康居西北,[134]勝兵三萬人,隨畜牧,[135]亦多貂,有好馬。丁令國在康居北,勝兵六萬人,隨畜牧,出名鼠皮,白昆子、青昆子皮。[136]此上三國,堅昆中央,俱去匈奴單于庭安習水七千里,[137]南去車師六國五千里,西南去康居界三千里,西去康居王治八千里。或以爲此丁令即匈奴北丁令也,而北丁令在烏孫西,[138]似其種別也。又匈奴北有渾窳國,[139]有屈射國,有丁令國,有隔昆國,[140]有新梨國,[141]明北海之南自復有丁令,非此烏孫之西丁令也。[142]烏孫長老言北丁令有馬脛國,[143]其人音聲似雁鶩,從膝以上身〔至〕頭,[144]人也,膝以下生毛,馬脛馬蹄,不騎馬而走疾〔於〕馬,[145]其爲人勇健敢戰也。短人國在康居西北,[146]男女皆長三尺,人衆甚多,去奄蔡諸國甚遠。康居長老傳聞常有商度此國,去康居可萬餘里。

魚豢議曰:俗以爲營廷之魚不知江海之大,[147]浮游之物不知四時之氣,[148]是何也?以其所在者小與其生之短也。余今氾覽外夷大秦諸國,猶尚曠若發蒙矣,[149]况夫鄒衍之所推出，[150]《大易》、《太玄》之所測度乎！[151]徒限處牛蹄之涔，[152]又無彭祖之年，[153]無緣託景風以迅游，[154]載騑裹以遐觀，[155]但勞眺乎三辰，[156]而飛思乎八荒耳。

[1] 魏略：上句"魏略"下，百衲本、殿本、盧弼《集解》本皆有"曰"字。殿本《考證》謂此"曰"字衍。校點本正無"曰"字，今從之。　氐：族名。在先秦載籍中常氐羌並稱，氐與羌是一族還是兩族，很難分辨，學術界至今亦無定論。而至秦漢之際，氐與羌顯然係兩族。他們雖然都分佈於西方，但仍有相對集中之地域。大體說來，氐族集中於汧、隴地區，羌族則集中於河、湟一帶。他們的語言不同，風俗習慣和經濟生活也有差異。（詳見楊耀坤《古代氐族的演變》，《文史知識》1983年第7期）

[2] 益州：漢武帝分全國為十三部，部置刺史一人監察之。益州即其一部，其轄境約有今四川、雲南、貴州之大部分及甘肅、陝西、湖北之小部分。

[3] 武都郡：西漢時治所武都縣，在今甘肅西和縣南。

[4] 福祿：盧弼《集解》本作"祿福"，百衲本、殿本、校點本作"福祿"。今從百衲本等。《續漢書·郡國志》"酒泉郡福祿"王先謙《集解》云："前漢縣，作'祿福'，三國魏因。咸熙元年安彌、福祿各言嘉禾生。見《少帝紀》。"按，福祿縣治所在今甘肅酒泉市。盧弼《集解》則云："'福祿'或為'上祿'之誤。合以下文'汧隴左右'，皆在今陝甘交界地，若酒泉之祿福縣，則遠在今甘肅之西北邊界；然據范書《西南夷傳》，有'分徙酒泉'之語，則又當在福祿也。"趙幼文《校箋》又謂《通典·邊防五》"氐"條正作"或在上祿"。作"上祿"是也。按，上祿縣治所在今甘肅西和縣東南。

[5] 汧：山名。在今陝西隴縣西南。　隴：山名。在今陝西隴縣、寶雞市與甘肅清水縣、張家川回族自治縣之間。

［6］槃瓠：上古神話傳説中之神狗。《後漢書》卷八六《南蠻傳》等皆謂武陵、長沙蠻等之祖先爲槃瓠。這反映了這些民族最早的圖騰崇拜，他們崇拜狗，便以狗爲圖騰，因而有生於狗之説。

［7］多受中國封拜：《後漢書》卷八六《西南夷列傳》云："建武初，氐人悉附隴蜀，及隗囂滅，其酋豪乃背公孫述降漢，隴西太守馬援上復其王侯君長，賜以印綬。"

［8］興國：城名。在今甘肅秦安縣東北。　百頃：百衲本、盧弼《集解》本、校點本作"白項"，殿本作"自項"。盧弼謂"白項"當作"百頃"，並引《通鑑》胡三省注及《宋書·氐胡傳》《後漢書·西南夷列傳》李賢注引《三秦記》《仇池記》等爲證。盧氏之説正確，今從之。百頃，即仇池山。《後漢書》卷八六《西南夷列傳》謂白馬氐"居於河池，一名仇池，方百頃，四面斗絶"。《太平御覽》卷四四引辛氏《三秦記》曰："仇池山，上有百頃地，平如砥。"仇池山在今甘肅西和縣西南。

［9］十六年：本書卷一《武帝紀》謂建安十八年"馬超在漢陽，復因羌胡爲害，氐王千萬叛應超，屯興國"。

［10］扶風：郡名。治所槐里縣，在今陝西興平市東南。　美陽：縣名。治所在今陝西武功縣西北武功鎮西。

［11］安夷撫夷二部護軍：皆官名。安夷護軍，曹魏置，第五品。主降氐事務，治所美陽。撫夷護軍，魏明帝時司馬懿鎮關中，罷雲陽縣（今陝西淳化縣西北），置撫夷護軍於此，主降氐事務，第五品。

［12］本：各本皆作"太"。盧弼《集解》云："'太'疑作'本'。"校點本從盧説改，今從之。

［13］天水：郡名。治所冀縣，在今甘肅甘谷縣東。　南安：郡名。治所獂（huán）道，在今甘肅隴西縣東南渭水東岸。

［14］廣魏郡：各本皆作"廣平魏郡"。梁章鉅《旁證》云："'平'字衍，下云'近在廣魏'即此。《晉志》略陽郡本名廣魏。"校點本從梁説刪"平"字，今從之。廣魏郡治所臨渭縣，在今甘肅

秦安縣東南。

[15] 街：指街泉縣。西漢置，治所在今甘肅莊浪縣東南。冀：即冀縣。 獂道：百衲本、殿本、盧弼《集解》本"獂"字作"貗"。按，二字通，今從校點本作"獂"。

[16] 陰平街：丁謙云："陰平街，《漢志》作'陰平道'。"（《〈三國志·附魏略西戎傳〉地理考證》）陰平道，治所在今甘肅文縣西北。

[17] 本匈奴之奴也：各本皆作"本匈奴也"，無"之奴"二字。趙幼文《校箋》謂《太平御覽》卷七九七引作"本匈奴之奴也"，是今本"匈奴"下脱"之奴"二字，當增。今從趙説增補。

[18] 貲：丁謙云："貲，貨財也。匈奴以奴僕爲貨財，可隨時市易，故名。然其人多由他部虜掠而來，所以種類不一。"（《〈三國志·東夷傳〉地理考證》）

[19] 金城：郡名。治所允吾縣，在今甘肅永靖縣西北湟水南岸。 武威：郡名。治所武威縣，在今甘肅武威市。 黑水：當即今甘肅西北部之弱水與黑水。 西河：即河西。指黄河上游以西一帶，即今甘肅河西走廊一帶。

[20] 涼州：東漢時刺史治所在隴縣，在今甘肅張家川回族自治縣；曹魏時刺史治所在姑臧縣，在今甘肅武威市。

[21] 部落：殿本作"郡落"，百衲本、盧弼《集解》、校點本作"部落"。今從百衲本等。

[22] 大胡：丁謙云："大胡即東胡。"（《〈三國志·附魏略西戎傳〉地理考證》）

[23] 亡奴婢：殿本作"匈奴婢"，盧弼《集解》本作"亡匈奴"，百衲本、校點本作"亡奴婢"。今從百衲本等。

[24] 令居：百衲本、殿本、盧弼《集解》本均作"今居"。盧弼謂何焯校改作"令居"，成都局本亦作"令居"。校點本作"令居"，今從之。令居，縣名。治所在今甘肅永登縣西北。

[25] 西州：指涼州。

［26］燉煌西域：敦煌西部之區域。　南山：指今新疆南境之崑崙山、阿爾金山與甘肅南界之祁連山。

［27］婼羌：漢代西域屬國之一。《漢書》卷九六上《西域傳上》云："出陽關，自近者始，曰婼羌。婼羌國王號去胡來王，去陽關千八百里。"丁謙又以爲："婼羌，猶言諸羌，非一部之名。"（《〈三國志·附魏略西戎傳〉地理考證》）　葱領：即今帕米爾高原與喀喇崑崙山脈之總稱。

［28］月氏餘種：據《史記》卷一二三《大宛列傳》，月氏本居敦煌、祁連間，西漢初，爲匈奴所敗，大部分遂西去（稱大月氏），小部分不能去者（稱小月氏），乃保南山（祁連山），與羌人雜居。故《後漢書》卷八七《西羌傳》説小月氏"被服飲食言語略與羌同"。現代還有學者認爲月氏就屬氐羌族系。

［29］各有種類：趙幼文《校箋》謂《太平御覽》卷七九六引《通典》無"各有"二字，今本《通典》同。疑此"各有"二字，蓋涉上文"各有酋長"之"各有"而衍。《通志》無此四字。

［30］三十六：《漢書·西域傳》云："西域以孝武時始通，本三十六國，其後稍至五十餘。"顏師古注："司馬彪《續漢書》云至哀、平，有五十五國也。"

［31］有二十：盧弼《集解》云："西域諸國見於《後漢書》者二十二國，其事與前書同者不錄，是不僅二十國也。此云'二十'恐誤。"

［32］玉門關：漢代之玉門關在今甘肅敦煌市西北小方盤城。

［33］二道：《漢書·西域傳》云："自玉門、陽關出西域有兩道。從鄯善傍南山北，波河西行至莎車，爲南道；南道西逾葱嶺則出大月氏、安息。自車師前王廷隨北山，波河西行至疏勒，爲北道；北道西逾葱嶺則出大宛、康居、奄蔡焉。"按此所叙，兩道皆在今新疆南半部，南道是沿崑崙山北麓西行，北道是沿天山南麓西行。

［34］縣度：《漢書·西域傳》謂烏秅國，"其西則有縣度"；

又云："縣度者，石山也，溪谷不通，以繩索相引而度云。"顏師古亦注"縣度"云："縣繩而度也。縣，古'懸'字耳。"

[35] 大月氏：余太山《魏略西戎傳要注》謂此大月氏"並非自伊犁河、楚河流域西遷的大月氏，乃指貴霜帝國"。　南道：余太山又云："本傳的敘述說明曹魏時的取向與兩漢時有所不同。另一種可能便是婼羌的位置發生了變化。因爲《漢書·西域傳》所說'不當孔道'的婼羌國不過是西域婼羌族之一支，其王稱'去胡來王'。這一支其實在西漢已經消亡，或其餘衆聚居之處在曹魏時正當自玉門關往赴鄯善之道。"

[36] 龍堆：地名。亦稱龍沙，全稱白龍堆。以上都護井、三隴沙、居盧倉、沙西井以及龍堆，均在今新疆羅布泊與甘肅敦煌古玉門關之間。

[37] 樓蘭：西域國名。漢昭帝元鳳四年（前77）更名鄯善。樓蘭故都城在今新疆羅布泊西北。

[38] 五船：《漢書·西域傳》已云："元始中，車師後王國有新道，出五船北，通玉門關，往來差近。"車師後國治所務塗谷，在今新疆奇臺縣西南。則五船當在今奇臺縣以東一帶。

[39] 戊己校尉：官名。魏時秩比二千石，第四品，職責是安撫西域。治所高昌，在今新疆吐魯番市東。

[40] 新道：盧弼《集解》本作"西道"，百衲本、殿本、校點本作"新道"。今從百衲本等。余太山《魏略西戎傳要注》謂："'新道'之'新'僅在於銜接玉門關與'北道'的一段路綫。在《漢書·西域傳》的編者看來，徐普雖有新闢，與'北道'幹綫無涉，故傳文序仍稱'出西域有兩道'。本傳編者不明此理，纔有'前有二道，今有三道'之說。"

[41] 且末：各本皆作"且志"。盧弼《集解》引李慈銘曰："且志，兩漢及《後魏書》皆作'且末'。"又引王先謙謂且末爲鄯善所并，後國復立。《梁書》稱"末國"，《魏書》仍稱"且末"。今據《漢書》《後漢書》之《西域傳》及《魏書·西域傳》改

"志"字爲"末"。且末國治所且末城,在今新疆且末縣。 小宛國:治所扜零城,在今新疆且末縣南。 精絶國:治所精絶城,田繼周《秦漢民族史》謂在今新疆民豐縣北之大沙漠中的尼雅遺址。

[42] 戎盧國:治所卑品城。《漢書·西域傳》謂在精絶國南四日行程之地。 扜彌國:百衲本"扜"字作"扞",殿本、盧弼《集解》本、校點本作"扜"。盧弼《集解》謂《漢書》(《西域傳》)作"扜彌"。又引王先謙謂《後漢書》(《西域傳》)作"拘彌"。又引丁謙謂"扜彌"即《史記·大宛傳》之"扜罙",《後漢書》之"拘彌","拘"即"扜"字轉音,《史記》作"扜彌"似誤。盧弼云:"此作'扞'亦誤。"今從諸家説改作"扜"。扜彌國治所扜彌城,田繼周《秦漢民族史》謂在今新疆于田縣。余太山《魏略西戎傳要注》謂在策勒縣城北偏東約九十公里。 渠勒國:治所鞬都城。在扜彌國之南。 皮山國:百衲本作"皮穴國",殿本、盧弼《集解》本作"皮宂國"。校點本據《漢書·西域傳》作"皮山國",今從之。皮山國治所在今新疆皮山縣。

[43] 罽賓國:當漢代時治所循鮮城,上海辭書出版社1982年8月第2版《辭海》歷史地理分冊謂在今克什米爾斯利那加附近。余太山《魏略西戎傳要注》則謂罽賓"原指由南下塞人建立的政權,大致位於喀爾河下游地區。本傳所謂'罽賓',則指乾陁羅地區"。 大夏國:當漢代時在今阿富汗北部興都庫什山與阿姆河上游之間。《漢書·西域傳》謂其"本無大君長,城邑往往置小長,民弱畏戰,故月氏徙來,皆臣畜之"。 高附國:丁謙云:"今爲阿富汗國都喀布爾地。"(《〈後漢書·西域傳〉地理考證》) 天竺國:古印度之别稱。《大唐西域記》云:"詳夫天竺之稱,異議糾紛,舊云身毒,或曰賢豆,今從正音,宜云印度。"又《後漢書·西域傳》云:"身毒有别城數百,城置長。别國數十,國置王。雖各小異,而俱以身毒爲名,其時皆屬月氏。月氏殺其王而置將,令統其人。"

[44] 臨兒國:當即迦毗羅衛國。 浮屠:此浮屠即佛陀,亦

即釋迦牟尼。按，《修行本起經》《瑞應本起經》《佛本行經》等，謂釋迦牟尼爲古印度北部迦毗羅衛國（在今尼泊耳南部提羅拉科特附近）淨飯王之太子。

　　[45] 髮如：各本皆作"髮青如"。《世說新語·文學》"殷中軍見佛經云"條劉孝標注引《魏略》與《史記·大宛列傳》張守節《正義》引《浮屠經》作"髮如"。今據二書刪"青"字。

　　[46] 乳有青毛：各本皆作"乳青毛"。《太平御覽》卷七九七引《魏略》作"乳有青毛"，《史記·大宛列傳》張守節《正義》引《浮屠經》作"乳有青毛"。今據二書增"有"字。

　　[47] 爪赤如銅：各本皆作"蛉赤如銅"。《世說新語·文學篇》"殷中軍見佛經云"條劉孝標注引《魏略》作"爪如銅"；《史記·大宛列傳》張守節《正義》引《浮屠經》作"爪赤如銅"。今據二書改"蛉"爲"爪"。

　　[48] 右脅：各本皆作"左脅"。《世說新語·文學篇》注引《魏略》作"右脅"；《史記·大宛列傳》張守節《正義》引《浮屠經》亦作"右脅"。今據二書改。

　　[49] 結：髮結。《世說新語·文學篇》注引《魏略》"結"作"髻"；《史記·大宛列傳》張守節《正義》引《浮屠經》又作"髮"。

　　[50] 城：《通典》卷一九三注引晉、宋時《浮圖經》作"域"。於義較長。

　　[51] 元壽元年：公元前2年。

　　[52] 博士：官名。此爲太學博士，秩比六百石，掌以五經教諸弟子。　景盧：《世說新語·文學篇》注引《魏略》作"景廬"，《太平御覽》卷七九七引作"景庸"。《通典·邊防九》注引作"秦景館"（校點本已改作"景盧"），《魏書·釋老志》作"秦景憲"，《隋書·經籍志》作"秦景"。　受：《太平御覽》卷七九七引作"從"。　口受：《太平御覽》引作"口授"。

　　[53] 復豆：各本皆作"復立"。《世說新語·文學篇》注引

《魏略》作"復豆";丁謙轉録《三國志》注引《魏略》亦作"復豆",並注云:"復豆,即浮屠之轉音。"今據改。

〔54〕疏問:趙幼文《校箋》謂《通典·邊防九》引"問"字作"間"。 白疏間:殿本作"白疏聞",今從百衲本、盧弼《集解》本、校點本作"白疏間"。又《通典·邊防九》引無"疏"字。

〔55〕爲:各本皆無"爲"字。盧弼《集解》謂《太平御覽》卷七九七引《魏略》有"爲"字,湯用彤《漢魏兩晉南北朝佛教史》第四章云:"魚氏所云'之天竺,教胡浮屠弟子別號合有二十九',《御覽》'教胡'下有'爲'字。《廣川畫跋》引《晉中經》,作'之天竺,教胡爲浮屠,屬弟子其名二十有九',襄楷亦謂'入夷狄爲浮屠'。則《魏略》'教胡'下原有'爲'字。"趙幼文《校箋》亦云:"考《通典·邊防》'天竺'條下注引亦有'爲'字。"今從諸説增補"爲"字。

〔56〕車離國:古印度之小邦。《後漢書·西域傳》作"東離國"。丁謙云:"此國據英人恭寧翰考,謂即《大唐西域記》'耽摩栗底國',《佛國記》作'多摩梨帝',又作'多摩梨軒',今爲孟加拉部耽摩魯克城,在加爾各搭南二百餘里海濱,地圖作'達蒙德哈'。"(《〈三國志·附魏略西戎傳〉地理考證》)

〔57〕沙奇城:丁謙云:"即《佛國記》沙祇國,在烏德部北境,今所稱沙遮亨普爾者是。"(《〈三國志·附魏略西戎傳〉地理考證》)

〔58〕有別城數十:余太山《魏略西戎傳要注》謂應據《後漢書·西域傳》補"皆稱王"三字。

〔59〕一丈八尺:《後漢書·西域傳》作"八尺"。丁謙云:"人民一丈八尺,殊近荒誕,范蔚宗作《後漢書》删去'一丈'字甚是。今北印度人多長八尺餘,即其遺種。"(《〈三國志·附魏略西戎傳〉地理考證》)

〔60〕馳:百衲本、殿本、校點本作"馳",盧弼《集解》本

作"駞"。按二字同，今從百衲本等。　戰：百衲本作"載"，今從殿本、盧弼《集解》本、校點本作"戰"。

[61] 盤越國：《後漢書·西域傳》作"磐起國"。古印度之小邦。丁謙云："其國當在東印度境今孟加拉部地。"（《〈三國志·附魏略西戎傳〉地理考證》）即今孟加拉國境內。　漢越：余太山《魏略西戎傳要注》云："'漢越'，疑爲'滇越'之誤。滇越，首見《史記·大宛列傳》。"

[62] 王：盧弼《集解》本作"正"，百衲本、殿本、校點本作"王"。今從百衲本等。

[63] 益部：即益州。漢魏間之益州，約有今四川、重慶、雲南、貴州的大部分及甘肅、陝西、湖北的小部分。丁謙云："'與益部相近'，蓋當時臆度之語，實則中隔藏衛諸地，道里甚遠。"（《〈三國志·附魏略西戎傳〉地理考證》）

[64] 其人小：趙幼文《校箋》謂《太平御覽》卷七九七引"小"下有"大"字。下"等"字作"同"。

[65] 尉梨國：《漢書·西域傳》作"尉梨國"，《後漢書》又作"尉黎"，西域國名。治所尉梨城，在今新疆庫爾勒市。　危須國：西域國名。《漢書·西域傳》謂王治危須城，西至焉耆百里。　山王國：即山國。西域國名。《漢書·西域傳》謂其西北至焉耆百六十里，西至危須二百六十里。　焉耆：西域國名。治所員渠城，在今新疆焉耆回族自治縣。

[66] 姑墨國：西域國名。治所南城，在今新疆阿克蘇市。溫宿國：西域國名。治所溫宿城，在今新疆烏什縣。　尉頭國：西域國名。《漢書·西域傳》謂王治尉頭谷，南與疏勒接，山道不通。

[67] 楨中：西域國名。丁謙云："本疏勒屬城，當在喀什噶爾之西。"（《〈三國志·附魏略西戎傳〉地理考證》）即當在今新疆喀什市之西。　莎車國：西域國名。治所莎車城，在今新疆莎車縣。　竭石國：趙幼文《校箋》引沙畹《魏略西戎傳箋證》曰："竭石至唐爲怯沙、迦師，即今之喀什噶爾。"渠沙國：丁謙云：

"渠沙，即漢莎車，今葉爾羌城南地。"（《〈三國志·附魏略西戎傳〉地理考證》）亦即今新疆莎車縣南之地。　西夜國：西域國名。《漢書·西域傳》謂西夜國治所呼犍谷。《後漢書·西域傳》王先謙《集解》引《清一統志》謂西夜國在今新疆葉城縣地。　依耐國：西域國名。當在今新疆英吉沙縣西南。（本丁謙《〈漢書·西域傳〉地理考證》）蒲犁國：殿本、校點本作"滿犂國"，盧弼《集解》本作"滿梨國"，并注云："'滿梨'當即'蒲梨'，字形相近，地望與西夜、依耐亦相連也。"按，百衲本正作"蒲犁"，今從百衲本。蒲犁國，當在今新疆英吉沙縣與莎車縣之間。（本盧弼《集解》引《水經圖説》）　億若國：《後漢書·西域傳》作"德若國"。丁謙云："德若國，前書無，亦游牧小部，云與子合接，當在今果什帖咧克地。"（《後漢書西域傳地理考證》）　捐毒國：西域國名。《漢書·西域傳》謂捐毒國治所衍敦谷。王先謙《補注》謂《後漢書》無捐毒，有天竺，云一名身毒。遂有以爲即捐毒者，誤也。天竺即今之五印度，在蔥嶺東南；捐毒與休循接壤，在北道之西，迥不相涉。　休脩國：《漢書·西域傳》作"休循國"，並謂東至捐毒衍敦谷二百六十里。丁謙云："休循、捐毒二國相距衹二百餘里，蓋一在蔥嶺山顛，一在蔥嶺平原。以西圖核之，當在喀什噶爾（今喀什市）至霍罕道間。休循爲蘇約克山口地，捐毒爲察提爾湖邊地，今額德格訥布魯特駐牧處也。"（《〈漢書·西域傳〉地理考證》）　琴國：丁謙謂琴國、竭石國、榆令國俱無考。（《〈三國志·附魏略西戎傳〉地理考證》）

[68] 大宛：西域國名。治所貴山城，在今吉爾吉斯安集延西北卡散賽地。　安息：西域國名。爲阿爾薩息之簡稱，外國史書稱帕提亞。公元前三世紀中葉獨立爲國，後領有全部伊朗高原及兩河流域，爲西亞大國。　條支：西域國名。《後漢書·西域傳》謂在安息西界，臨西海。西海指波斯灣，則當在今伊拉克境內。　烏弋：西域國名。《漢書·西域傳》稱爲烏弋山離國，謂西與條支接，行可百餘日乃至條支，國臨西海；安息役屬之，以爲外國（蕃國）。

據此，則當在今伊朗西南部。

［69］排特：百衲本、殿本、盧弼《集解》本作"排持"，殿本《考證》云："北宋本作'排特'。"校點本作"排特"，今從之。

［70］大秦：西域國名。《後漢書·西域傳》云："大秦國一名犁鞬，以在海西，亦云海西國。地方數千里，有四百餘城。"學術界對大秦國相當於何地，有三種說法：一指羅馬帝國，一指羅馬帝國東部，一指犁軒即亞歷山大城。大概後一種說法較妥當。

［71］弱水：丁謙云："弱水本荒誕語，今歐洲西境不聞有是水，惟西史嘗言，古人航海，皆在地中海四隅，從不敢出大西洋。以地中海西口北有直布羅陀，南有阿比拉兩石山，故目此峽爲天柱，謂出峽即天盡處，舟往不能反，弱水之說想由此起，此峽正在大秦西，近日所入，意亦猶是。"（《〈三國志·附魏略西戎傳〉地理考證》）

［72］大海：丁謙云："此大海在安息、條支西，則爲地中海無疑。"（《〈三國志·附魏略西戎傳〉地理考證》）

［73］安谷城：即幼發拉底河下流之鄂爾柯城（Orchoë），亦古代之大商埠。此城又名烏路庫（Uruku），猶太人曰愛萊克（Erek），希臘人曰Orxóe，現代名爲瓦兒喀（Warka）。（參見張星烺編注、朱傑勤校訂《中西交通史料匯編》第一册《〈魏略·西戎傳〉記大秦》，中華書局1977年版）

［74］遲散城："夏德謂遲散二字古音讀如的散（Disan），或爲埃及尼羅河口亞歷山大港之訛音。"（《中西交通史料匯編》第一册《〈魏略·西戎傳〉記大秦》）

［75］烏丹城："烏丹二字古音讀如俄丹（Odan）。僅依讀音考之，莫近於阿丹那（Adana）矣。阿丹那即今亞丁港（Aden）。唯依地位考之，則紅海兩岸之密俄斯忽爾謨斯（MyosHormus）似烏丹也。此地古代爲埃及紅海濱大商港，有商道自此市西南行至闊勃脱斯城（Koptos），與尼羅河水道接。再順流下至亞歷山大港。古代東方印度等國貨物由此西往者甚多。"（《中西交通史料匯編》第一

册《〈魏略·西戎傳〉記大秦》）

［76］大都三：丁謙云："三大都者，一米蘭，一馬撒利亞（今法南馬撒兒海口），一達拉根。皆羅馬盛時著名大城也。"（《〈三國志·附魏略西戎傳〉地理考證》）米蘭，即今意大利米蘭。馬撒利亞，即今法國馬賽。達拉根，即今西班牙塔拉戈納。

［77］海北：丁謙云："海北，地中海北也。"（《〈三國志·附魏略西戎傳〉地理考證》）

［78］海西：丁謙云："海西，即孔士但丁城地。不言過海者，當時有橋故。"（《〈三國志·附魏略西戎傳〉地理考證》）孔士但丁城，今譯爲君士坦丁堡，即今土耳其伊斯坦布爾。

［79］烏遲散城："烏遲散古音讀如俄的散（Odisan），亦即亞歷山大港。"（《中西交通史料匯編》第一册《〈魏略·西戎傳〉記大秦》）

［80］周迴繞海：丁謙云："周迴繞海，蓋由馬海南經群島海北而出其西，又逾陸地，至阿得拉海東濱，東西南北皆傍海行，故曰周迴。"（《〈三國志·附魏略西戎傳〉地理考證》）馬海，即馬爾馬拉海。阿得拉海，即亞得里亞海。

［81］渡大海六日：丁謙云："渡大海六日，蓋由伊呂利國都亞波羅尼城西渡至意大利境須六日也。大秦國都即羅馬城，其城築於泰庇斯河入海處，濱側河海，形勢吻合。"（《〈三國志·附魏略西戎傳〉地理考證》）伊呂利即伊利里亞。亞波羅尼，即阿波羅尼亞，在今阿爾巴尼亞西海岸費里附近的阿波羅尼亞遺址。泰庇斯河，即今意大利臺伯河。

［82］梧桐：百衲本作"胡桐"，殿本、盧弼《集解》本、校點本作"梧桐"。郝經《續後漢書》荀宗道注引亦作"梧桐"。今從殿本等。吳金華《〈三國志集解〉箋記》以《漢書·西域傳》爲證，謂當作"胡桐"。但《漢書·西域傳》所言者，乃鄯善國之物。鄯善國即樓蘭國，在今新疆若羌縣一帶，與大秦相距甚遠。

［83］畜乘：殿本、盧弼《集解》本無"乘"字，百衲本、校

點本有。今從百衲本等。

［84］十二丸：盧弼《集解》本作"二十丸"，百衲本、殿本、校點本作"十二丸"。今從百衲本等。　巧妙：趙幼文《校箋》謂《後漢書·西域傳》李賢注引《魏略》作"巧妙非常"。

［85］生放：盧弼《集解》本無"生"字，百衲本、殿本、校點本有。今從百衲本等。

［86］一宮間相去十里：趙幼文《校箋》謂此句《藝文類聚》卷六二引作"相去各五十里"，《太平御覽》卷七〇四引亦有"各"字，無"五"字。《晋書》同。

［87］一宿：趙幼文《校箋》謂《太平御覽》卷七〇四引"一"字作"止"。　明日：趙幼文《校箋》謂《北堂書鈔》卷一三六、《太平御覽》引"日"字俱作"旦"。

［88］白言者：趙幼文《校箋》謂《太平御覽》引"白"字作"上"。

［89］水精：百衲本作"水精"，殿本、盧弼《集解》本、校點本作"水晶"。按，二者同，且後文又皆作"水精"，故從百衲本。　器物：趙幼文《校箋》謂《太平御覽》卷八〇八、卷一七三俱作"食器"。

［90］且蘭：余太山《魏略西戎傳要注》謂"且蘭"乃"旦蘭"之訛。

［91］金錢一當銀錢十：百衲本作"金錢一當銀十"，盧弼《集解》本作"金錢一當十"，殿本、校點本作"金錢一當銀錢十"。今從殿本等。

［92］毳（cuì）：鳥獸的細毛。

［93］氍（qú）毹（yú）：用毛或毛麻混織的毛布、地毯等織物，其細者稱毾（tà）㲪（dēng）。　罽（jì）帳：毛織品製的帳幕。

［94］又常利得中國絲：趙幼文《校箋》謂《藝文類聚》卷八五引"又"下有"有金縷繡雜色綾，其國利得中國絲素"。《太平

御覽》卷八一五引作"月金縷繡色綾，其國利得中國絲素"，卷八一六引亦作"有金縷繡雜色綾，其色利得中國絲素"。疑此句有訛脫。

［95］伊吾：地名。即伊吾盧，在今新疆哈密市。

［96］陽嘉：漢順帝劉保年號（132—135）。趙幼文《校箋》謂《太平御覽》卷六二六、卷六九六、《册府元龜》卷九六〇引"陽嘉"上有"漢"字。

［97］西域舊圖：盧弼《集解》云："《隋書·經籍志》已無此書，蓋佚已久矣。"

［98］朱氂：趙幼文《校箋》謂《太平御覽》卷七九二引"氂"下有"馬"字。按，《太平御覽》實作"朱鬣馬"。

［99］赤螭（chī）：中國古代傳説之赤色無角小龍。

［100］車渠：玉石之一種。余太山《魏略西戎傳要注》云："車渠原産地爲印度，佛家視爲七寶之一。此處視爲大秦特産，可能有誤。"

［101］翠爵：余太山《魏略西戎傳要注》云："一説應與下文'羽翮'聯讀。'翠爵羽翮'，非翠鳥之羽毛，乃指如翡翠一類的珍寶。"

［102］流離：即"琉璃"。一種半透明之玉石。　璆（qiú）琳：泛指美玉。　琅玕（gān）：似珠玉之美石。　玫瑰：余太山《魏略西戎傳要注》云："應即雲母。"　雄黄：礦物名。亦名石黄、鷄冠石。古分爲雄黄、雌黄兩種，可作顔料，亦供藥用。

［103］緋持布：余太山《魏略西戎傳要注》云："烏弋山離所産。'緋持'，應作'排特'；本傳：'烏弋，一名排特'。"　緋持渠布：余太山又謂，亦指烏弋山離所産，可能"排特渠"即"排特"，被誤爲二種。　火浣布：石綿織成之布。詳見本書卷四《少帝齊王芳紀》注及裴注引《異物志》。

［104］阿羅得布：余太山《魏略西戎傳要注》云："埃及亞歷山大城所産。"　巴則布：余太山云："Damascus 所産。"　度代

布：《太平御覽》卷八二〇引《魏略》作"鹿代布"，百衲本、殿本作"度伐布"，盧弼《集解》本、校點本作"度代布"。今從《集解》本等。余太山謂度代布Tadmora所產。　温宿布：盧弼《集解》本作"温色布"，百衲本、殿本、校點本、《太平御覽》均作"温宿布"。今從百衲本等。余太山謂温宿布Antiochia所產。五色桃布：《太平御覽》卷八二〇引作"五色枕布"。　金織帳：趙幼文《校箋》謂《太平御覽》卷八一〇引"織"下有"成"字，卷八一六引《魏國傳》云："大秦、天竺皆出，金縷織成。"疑此"金"下脱"縷"字，"織"下脱"成"字。按，《太平御覽》卷八一六引《魏略》亦作"金織成帳"。

[105] 蘇合：《後漢書·西域大秦國傳》云："合會諸香，煎其汁以爲蘇合。"則蘇合非天然香料。　狄提：《禮記·王制》："西方曰狄鞮，北方曰譯。"以西方之翻譯爲狄鞮。則此"狄提"，或因西方譯人所帶之香稱之。　迷迭：百衲本、盧弼《集解》本、校點本作"迷迷"，殿本作"迷迭"。今從殿本。迷迭，爲常緑小灌木，有香氣，葉和花均可提取芳香油。原產南歐，後傳入我國。魏文帝曹丕《迷迭香賦》序云："余種迷迭於中庭，嘉其揚條吐香，馥有令芳。"　兜納：《漢武故事》："兜末香，兜渠國所獻。"盧弼《集解》云："未知即兜納否。"　薰陸：即乳香。爲橄欖科常緑喬木之凝固樹脂，薰香原料，又供藥用。　鬱金：多年生草本植物。塊莖及塊根黃色，有香氣，古人用作香料。　芸膠：有芸香草，爲多年生草本植物，其下部爲木質，故又稱芸香樹。夏季開黃花。花葉香氣濃郁。

[106] 交趾：又作"交阯"，郡名。治所在今越南河内東天德江北岸。　外夷比：殿本、盧弼《集解》本作"外夷北"，百衲本、校點本作"外夷比"，義均不通。丁謙校改作"外夷市"，謂"市"原誤作"北"。（見《〈三國志·附魏略西戎傳〉地理考證》）作"外夷市"，字義通順，但缺文獻依據，故暫不改字，仍從百衲本等。丁謙又云："循海而南與交阯市，謂由埃及（時屬羅馬）入

紅海，越印度洋而至中國南洋。"（《〈三國志·附魏略西戎傳〉地理考證》）

［107］益州：郡名。治所滇池縣，在今雲南晉寧縣東北晉城鎮。　永昌：郡名。治所不韋縣，在今雲南保山市東北金鷄村。丁謙云："又有水道通永昌、益州，即緬甸之伊拉瓦諦江也。"（《〈三國志·附魏略西戎傳〉地理考證》）伊拉瓦諦江，今譯作伊洛瓦底江。

［108］澤散："澤散，古音讀如大散（Dasan），亦爲亞歷山大之訛音，此城似即幼發拉底河口之察拉格司斯巴錫奴（CharaxSposinu）大商港也。此港古代希臘人確有AlexandriaprosTigrichi之名。'其治在海中央'者，或指四周有幼發拉底河水環繞也。'最與安息安谷城相近'者，近Orehoë城也。"（《中西交通史料匯編》第一册《〈魏略·西戎傳〉記大秦》）

［109］驢分："驢分即幼發拉底河上游之尼斯福流姆城（Nicephorium），此城爲由東方溯幼發拉底河往安都城（Antioch）必經之路也。"（《中西交通史料匯編》第一册《〈魏略·西戎傳〉記大秦》）

［110］飛橋長二百三十里：余太山《魏略西戎傳要注》云："指從Propontis西向越過架設在Helespont海峽上的橋，可至意大利半島。橋長'二百三十里'，恐係傳聞之誤。"

［111］且蘭："且蘭或爲叙利亞東部之柏爾米拉城（Palmyra），又名塔德摩爾（Tadmor）。"（《中西交通史料匯編》第一册《〈魏略·西戎傳〉記大秦》）

［112］思陶國："思陶或爲底格里斯河右岸錫塔克（Sittake）城，在克泰錫封（Ktesiphon）之北。"（《中西交通史料匯編》第一册《〈魏略·西戎傳〉記大秦》）

［113］汜復國："汜復似爲俄倫泰斯河（Orontes）右岸之愛買沙城（Emesa），在大道上，南通倍脱拉，北通安都城。"（《中西交通史料匯編》第一册《〈魏略·西戎傳〉記大秦》）

[114] 賢督國："賢督國或即大馬色克城（Damask），在愛買沙之南。"（《中西交通史料匯編》第一冊《〈魏略·西戎傳〉記大秦》）

[115] 積石：余太山《魏略·西戎傳要注》云："指阿拉比亞北部、Hamad 以西的重要交通樞紐 Petra。"

[116] 斯賓："斯賓即克泰錫封。"（《中西交通史料匯編》第一冊《〈魏略·西戎傳〉記大秦》） 阿蠻："阿蠻即愛克巴塔那（Acbatana），今名哈馬丹（Hamadan）。"（《中西交通史料匯編》第一冊《〈魏略·西戎傳〉記大秦》）

[117] 海東西：百衲本、殿本、盧弼《集解》本作"海東東"，丁謙、盧弼皆謂下"東"字應作"西"；校點本作"海西東"。今從丁、盧説，作"海東西"。丁謙對此注云："大秦海，即意大利西面之海。其南北行山，在東為意大利中間阿比奈士山，在西為西班牙中間瓜達拉麻山。"

[118] 其治：百衲本"治"字作"地"，殿本、盧弼《集解》本、校點本作"治"。今從殿本等。

[119] 于羅："于羅即希拉城（Hira），在幼發拉底河西岸，古巴比倫城舊址西南，與後代苦法（Kufa）城相鄰。"（《中西交通史料匯編》第一冊《〈魏略·西戎傳〉記大秦》）

[120] 斯羅："斯羅國即賽流西亞城（Selaucia），在底格里斯河西岸，與克泰錫封城隔河相對。"（《中西交通史料匯編》第一冊《〈魏略·西戎傳〉記大秦》）

[121] 大秦西有海水：自此至"所傳聞西之極矣"，丁謙謂"此段係本《山海經》之文而加以附會者"。（《〈三國志·附魏略西戎傳〉地理考證》）

[122] 四國：丁謙云："以上四國，均東距葱嶺不遠，乃妄指大秦以西。其餘如白玉山、西王母、修流沙及黑水，皆任意牽扯。蓋魚氏僅據傳聞書之，不足辨也。"（《〈三國志·附魏略西戎傳〉地理考證》）

[123] 至東且（jū）彌國：百衲本、殿本、盧弼《集解》本作"東至且彌國"；盧弼《集解》云："或云當作'至東且彌國'。"丁謙轉録本即作"至東且彌國"，校點本亦同。今從校點本。《漢書·西域傳下》謂東且彌國"王治天山東兑虛谷"，又謂西且彌國"王治天山東於大谷"。王先謙《補注》曰："《西域圖考》云，兩且彌在今呼圖壁河至馬納斯河以南一帶。"　單桓國：《漢書·西域傳下》謂單桓國"王治單桓城"。王先謙《補注》："《西域圖考》云，在烏魯木齊地。"　畢陸國：即卑陸國。《漢書·西域傳下》謂卑陸國"王治天山東乾當國"。王先謙《補注》："《西域圖考》云，今之阜康縣地。"阜康縣，今稱阜康市。　蒲陸國：即蒲類國。《漢書·西域傳下》謂蒲類國"王治天山西疏榆谷"。疏榆谷在蒲類海（今巴里坤湖）南。　烏貪國：即烏貪訾離國。《漢書·西域傳下》謂烏貪訾離國"王治於類谷"。王先謙《補注》："《西域圖考》云，在今綏來縣地。"綏來縣即今瑪納斯縣。

[124] 于賴城：《後漢書·西域傳》謂車師"後王居務塗谷"，此作"于賴城"，未詳。務塗谷在今新疆吉木薩爾縣南。余太山《魏略西戎傳要注》則謂于賴"或爲'于婁'之異譯，于婁谷原爲烏貪訾離國王治。在本傳描述的年代，烏貪訾離國已并屬車師後國，或後王移都于婁谷，且築城該處。于婁谷，一說應位於瑪納斯附近，以 Khorgoss 河與烏孫爲界"。

[125] 侍中：官名。曹魏時，第三品。爲門下侍中寺長官。職掌門下衆事，侍從左右，顧問應對，拾遺補闕，與散騎常侍、黃門侍郎等共平尚書奏事。按此"魏侍中"乃名譽官銜。

[126] 大都尉：本爲匈奴官名。位次左、右大將，以單于同姓貴族任之。

[127] 北烏伊別國：丁謙云："今俄烏拉爾省南有烏伊里斯科鹽城，當即其地。"（《〈三國志·附魏略西戎傳〉地理考證》）

[128] 柳國：丁謙云："柳國未詳。"（《〈三國志·附魏略西戎傳〉地理考證》）余太山《魏略西戎傳要注》云："柳國，一說在

伏爾加河流域。"

［129］嚴國：《後漢書·西域傳》作"嚴國"。丁謙云："嚴國當在烏拉山南境。"（《〈後漢書·西域傳〉地理考證》）余太山《魏略西戎傳要注》云："嚴國，一説位於伏爾加河支流 Kama 河流域。"

［130］奄蔡國：古代游牧民族。西漢時游牧於康居西北，即咸海、裏海北部草原。東漢時屬康居。後因匈奴西遷，奄蔡亦逐漸西遷，部分去歐洲，停於伏爾加河與頓河間，部分則滯留在高加索以北。

［131］大澤：丁謙云："今黑海北阿速海也。"（《〈三國志·附魏略西戎傳〉地理考證》）

［132］呼得國：丁謙云："呼得，《漢書·匈奴傳》作'烏揭'。今恰克圖城北有烏的河西北流，會色楞格河入拜噶爾湖。呼得國地必在此河濱。故匈奴既降烏揭，北收丁令（此北丁令），西擊堅昆，地勢瞭然。《傳》云'在葱嶺北'，蓋北徼中俄交界處大山，古人通稱葱嶺也。"（《〈三國志·附魏略西戎傳〉地理考證》）

［133］烏孫西北：丁謙謂"西北"二字衍文。（《〈三國志·附魏略西戎傳〉地理考證》）

［134］堅昆國：丁謙云："堅昆國地在今唐努烏梁海境。"（《〈三國志·附魏略西戎傳〉地理考證》）　西北：丁謙謂當作"東北"。

［135］隨畜牧：趙幼文《校箋》謂《通典》（見《邊防九》）引"隨"下有"水草"二字。

［136］昆子：盧弼《集解》謂《太平御覽》卷九一二引《魏略》作"獯子"。獯子即鼵鼠，亦稱黄鼠。

［137］安習水：余太山《魏略西戎傳要注》云："安習水，指今鄂爾渾（Orkhon）河。'安習'當爲'安侯'之訛。'安侯水'，首見《漢書·匈奴傳》。"

［138］北：盧弼《集解》謂應作"此"。丁謙轉録本正作

"此"。　西：丁謙謂作"西"誤，應作"北"。（《〈三國志·附魏略西戎傳〉地理考證》）

［139］渾窳（yǔ）：丁謙云："渾窳、屈射，不知所在。"（《〈三國志·附魏略西戎傳〉地理考證》）余太山《魏略西戎傳要注》謂"渾窳"即《史記·匈奴列傳》之"渾庾"。屈射，亦首見《史記·匈奴列傳》。渾庾、屈射，原游牧於匈奴之北，曾爲冒頓單于征服。

［140］隔昆國：丁謙云："隔昆，亦即'堅昆'轉音，非別有一國也。"（《〈三國志·附魏略西戎傳〉地理考證》）

［141］新梨國：丁謙謂"新梨"爲"鮮卑"之轉音。（《〈三國志·附魏略西戎傳〉地理考證》）

［142］西丁令：余太山《魏略西戎傳要注》云："'西丁令'，應即位於蒙古高原的匈奴之北的'北丁令'，本傳誤一種爲二種。"

［143］丁令：吳金華《校詁》謂此"丁令"即《山海經·海内經》之"釘靈"。《海内經》云："有釘靈之國，其民從膝已下有毛，馬蹄，善走。"

［144］從膝以上身至頭：各本無"至"字。盧弼《集解》云："《文獻通考·四裔門》引《魏略》'身'下有'至'字。"趙幼文《校箋》亦云："《魏書》'身'下有'至'字，《通典》同。"今從盧、趙說補。

［145］走疾於馬：各本無"於"字。盧弼《集解》謂《太平寰宇記》卷一八五"疾"下有"於"字。趙幼文《校箋》謂《通典》"疾"下有"於"字，《太平御覽》卷三七二、卷七九六引同。今從盧、趙說補。

［146］短人國：余太山《魏略西戎傳要注》云："短人國，位置不詳。一説短人或小人，應即《山海經·海外南經》所見周饒國、同書'大荒南經'和'大荒東經'所見焦僥國（'菌人'）和靖人。'周饒''焦僥'，'菌人''靖人'和'侏儒'均爲同名異譯。"

［147］營廷：吳金華《校詁》謂"營廷"當爲"濚濚"之假

借。《文選》卷七揚雄《甘泉賦》"梁弱水之濚瀯兮"李善注:"濚瀯,小水貌也。"

[148] 浮游:同"蜉蝣",蟲名。幼蟲生活水中,成蟲褐綠色,有四翅,生存期極短,短者數小時,長者六、七日。

[149] 發蒙:百衲本"蒙"字作"矇",殿本、盧弼《集解》本、校點本作"蒙"。今從殿本等。

[150] 鄒衍:戰國齊人。善陰陽五行説,並形成五德終始論。曾著《終始》《大聖》等十餘萬言,皆宏大不經。又以中國爲赤縣神州,其内自有九州。赤縣神州之外,又有同類之州九,皆有大海環之,人民禽獸莫能相通。此皆推論之言。(見《史記》卷七四《孟子荀卿列傳》)

[151] 太玄:西漢揚雄撰。揚雄以爲經莫大於《易》,故仿《易》而作《太玄》三卷(今本分爲十卷)。認爲"玄"可使人知陰陽,知止行,知晦明,知宇宙萬物。

[152] 涔(cén):路上之積水。《淮南子·俶真訓》"夫牛蹄之涔,無尺之鯉"高誘注:"涔,潦水也。"

[153] 彭祖:傳説帝顓頊玄孫陸終氏之第三子,堯封之於彭城,因其道可祖,故謂之彭祖。彭祖在商爲守藏史,在周爲柱下史,年八百歲。(見舊題漢劉向《列僊傳》上)

[154] 景風:夏至後暖和之風。

[155] 騕(yǎo)裊(niǎo):良馬名。《史記》卷一一七《司馬相如列傳》載《上林賦》:"胥騕裊,射封豕。"裴駰《集解》引郭璞曰:"騕裊,神馬,日行萬里。"

[156] 三辰:日、月、星。